三晋儒家思想文化与价值传承研究

刘莉萍 著

中国社会科学出版社

图书在版编目(CIP)数据

三晋儒家思想文化与价值传承研究／刘莉萍著．—北京：中国社会
科学出版社，2017.7
　ISBN 978-7-5203-0631-7

　Ⅰ.①三…　Ⅱ.①刘…　Ⅲ.①儒家—文化研究—山西
Ⅳ.①B222.05

中国版本图书馆 CIP 数据核字（2017）第 149049 号

出 版 人　赵剑英
责任编辑　王莎莎
责任校对　张爱华
责任印制　张雪娇

出　　版　中国社会科学出版社
社　　址　北京鼓楼西大街甲 158 号
邮　　编　100720
网　　址　http：//www.csspw.cn
发 行 部　010-84083685
门 市 部　010-84029450
经　　销　新华书店及其他书店

印　　刷　北京君升印刷有限公司
装　　订　廊坊市广阳区广增装订厂
版　　次　2017 年 7 月第 1 版
印　　次　2017 年 7 月第 1 次印刷

开　　本　710×1000　1/16
印　　张　16.75
插　　页　2
字　　数　273 千字
定　　价　69.00 元

目　　录

导论　孔子回车　流风余韵

　　太行横拥巨川回，三晋由来产异才。展墓乘春走乡陌，负书拂晓下兰台。河阳路侧花应合，天井关头雪未开。会使乡人惊六印，莫羞今日敝裘来。

——宋·司马光《送仲更归泽州》

　　三晋的儒家学者和儒家思想文化，缘起于有史料记载和民间传说的历史故事——孔子回车。在晋城的天井关拦车处现存实物证据——项橐拦车处石刻和孔子回车石碑，《三字经》中"昔仲尼，师项橐。古圣贤，尚勤学"更是流传久远。我们从晋城历史文献之中来重新梳理孔子回车的历史记述，以此开启三晋儒家思想文化和价值传承的研究之旅。

　　现存孔子回车的历史记述如下①：

朝代	作者	题　名	类型
明代	王大学	题回车庙	
明代	董其昌	辙迹篇	
明代	刘　龙	拦车镇谒孔庙	
清代	赵　介	孔子回车迹	诗歌
清代	席敬事	过回车庙	
清代	姬鼎燕	回车辙	
清代	朱　樟	天井关谒回车庙	

----

　　① 注：本书仅收集和整理山西籍或在晋出仕者的部分文论题目作为例证。

朝代	作 者	题 名	类型
元代	刘德盛	重修天井关夫子庙记略	记文
明代	陈棐	先师孔子回车庙解	
明代	贺盛瑞	重修天井关孔子庙记	
清代	马鸣佩	重修回车岭文庙序	
清代	孔衍栴	回车庙碑记	
清代	姚学瑛	移建天井关孔子庙记	

至于孔子是否来过，民间传说和历史记载各有千秋：

民间传说：此地名天井关，然俗亦名拦车者，父老传为孔子见黄鼠拱立，或曰小儿拱揖，因之回车也。这为其一。孔子周游列国，从郑国至晋国，途遇顽童项橐，因顽童为保护其游戏中筑之石城而口出"只有车绕城，而无城让车"之言论，孔子因觉言之有理而绕"城"；又至天井关遇松鼠口衔核桃跑行礼鸣叫之事，因之回车也。这为其二。

历史记载：《史记·世家》：孔子不得用于卫，将西见赵简之，至河而闻窦鸣犊、舜华之死，临河叹曰："美哉水，洋洋乎！丘之不济此，命也夫"，乃还。

孔子终究没有踏上这片土地，却留下了流传至今的故事过往。如果说天井关的车辙多少有些牵强，那么天井关的孔子庙又是怎么回事呢？它还是一个传说吗？

据《回车庙碑记》（清·孔衍栴）一文记载："后人因夫子于此回车，故于此立庙。春秋二仲致奠一如郡县礼。庙庭有前给事陈公棐所撰碑记，盖汉时夫子十九代孙孔昱建也。孔昱，字元世，东汉人。遭党事禁锢。迨灵帝继位，建宁二年，征拜仪郎，补洛阳令。思夫子有临河之叹，为之立庙于太行天井关，亦犹刘累迁鲁立尧祠于山东云尔"①。遵此记文，天井关的孔子庙，一是来源正宗——夫子十九代孙孔昱所建，二是时间确凿——东汉建宁年间，或是建宁二年，即公元 169 年所建。

孔子、车辙、夫子庙……这一切都与孔子有关，更与儒学有关。儒学

---

① 孔衍栴：《回车庙碑记》，《晋城市教育志》，山西人民出版社 2008 年版，第 633 页。

的正尊地位及孔子自身的文化符号表征，成为历代统治者所尊崇和崇拜的真实动因。正如《重修回车岭文庙序》一文所论述①：

> 予曰："即曲阜宅立庙，自鲁哀公始；立庙京师，自梁天监始；郡学各立庙，自北齐始；州县学皆立庙，自唐贞观始；遵独祀配享之制，易为先师，木其主，自明洪武、嘉靖始。而岭上庙则始于唐贞元九年知州皇甫琰，相承增修有人。"

> 司马太史立为《世家》云："以布衣而学者宗之，自天子王侯言人艺者，必折衷焉。"韩昌黎处州碑文云："自天子郡邑有司通得祠，惟社稷与孔子为然"，而社主土，稷主谷，句龙与弃义其佐享，位不屋而坛。岂如用王者事，巍然当坐，配以群贤，天子北面跪享，进退诚敬，礼如亲弟子者？今称先师，更尊于帝王。而岭之庙，又在国学、郡州邑之外，庙貌之盛与祀事之烈，不更著钦！

> 天下大干三，而太行独为北干，虽居晋地而首秦垮豫，盘礴于燕，釜崎于三韩，连斗杓以临南极，向明之所以出治也，巽离之所以由生也。兹祀于曲阜之林相望，秦、燕、豫、鲁之文运，率于是司禽辟焉。我朝定鼎御极以来，首重释奠，丕承文学，内而胄子，外而茂才之兴亦既彬彬郁郁矣。予以兹庙之隆所助不渺也。虽临河而返，适晋未果，子夏之教行西河，亦所过而化，所存则神之验也。

马鸣佩之文不仅梳理了文庙祭祀之变迁历程——曲阜、京师、郡学、州县等各地设立文庙之大致年代，而且重申从司马迁之始就尊崇孔子及其学术，历朝历代尊孔祭祀香火连绵。太行之重要地理方位，使得文庙之地位自然而生。虽然经过考证孔子可能确实未到晋地，但子夏之学尤其在西河设教，让孔子回车之流风余韵恩惠三晋大地。三晋大地之儒家蒙回车之恩泽，以子夏之学为开端，流转绵延……荀子、王通、柳宗元、孙复、郝

---

① 马鸣佩：《重修回车岭文庙序》，《晋城市教育志》，山西人民出版社 2008 年版，第617页。

经、薛瑄等，就是三晋儒家传承之历史明证，他们共同筑就了三晋儒家思想文化之大厦，让孔子回车"所过而化"之流风余韵在三晋大地厚积薄发。

第一章　三晋儒家思想文化的根源和流变

唐叔子燮，是为晋侯。晋侯子宁族，是为武侯，武侯之子服人，是为成侯。成侯子福，是为厉侯。厉侯之子宜臼，是为靖侯。靖侯以来，年纪可推。自唐叔至靖侯五世，无其年数。

——《史记·晋世家》

晋由唐叔而来，至子燮为晋侯。根植于晋的三晋文化也由此而生……

第一节　三晋文化:三晋儒家思想文化的根源

三晋文化有狭义与广义之分。狭义的三晋文化指"西周初年至战国末年晋国文化和魏、韩、赵三晋文化的统称"[①];广义的三晋文化除三晋文化自身之外，还包括三晋文化之源和三晋文化之流。其中，三晋文化之源指"西周初年晋国立国以前山西地区远古文化的漫长发展"[②]，三晋文化之流指"秦汉以后中国封建时代山西地区文化的发展流变"[③]。本文所论述的三晋文化就是包括三晋文化自身及三晋文化之源流在内的、山西地区的文化统称。

一　三晋文化：华夏文明的发祥地

黄河流域文化区、长江流域文化区、珠江流域文化区、运河流域文化

---

① 李元庆：《源远流长的三晋文化》，《民主》1997 年第 9 期，第 29 页。
② 同上。
③ 同上书，第 30 页。

区"四大区域",是华夏文明的发祥地。"四大区域"形成三种不同类型的古文化,即中原古文化、南方古文化和北方古文化。位于中原黄河流域、以河东为中心的古三晋地区,形成了较为深厚的原始文化积存和相对稳定的文化发展序列,对其他各区域的文明进程起到了先导和推动作用,从文化发展的进程上形成了华夏文明的中心发源地。"如果把史前时期中国原始文化的漫长延续和华夏文明起源及其发展的历史进程作为中华民族文化的'总根系',那么,以河东为中心的中原三晋区域的古代文化便是纵观其中的一根'直根'或'主根',并且在一定意义上可以看作中华民族文化的'总源头'①,足见三晋文化在华夏文明中的价值和地位——原始人类活动中心和政治文化中心。

(一)以河东为中心的古人类文化

古三晋地区有着无比优越的自然地理环境条件,地处黄土高原腹地、位于黄河流域中下游、气候温润、林草茂密、物产丰富等,为我国早期农业经济的形成和发展提供了良好的条件。早在180万年前,古三晋地区就有原始人类活动。芮城西侯度文化是旧石器时代古三晋区域文化的代表,同样也是古三晋地区原始人类活动的历史明证。从西侯度文化出土的文物中,特别值得关注三个方面的文物价值:第一,经过人工打制的数十件石器工具。这就是说石片石器是由西侯度人开创,为中国旧石器文化的主要特征,并且可以用来证明中国是世界上最早应用石片技术的国家;第二,被火烧过的兽骨、鹿角和马牙化石。西侯度人用火遗址的发现,把中国古人类用火的时间向前推了100多万年,这不但是迄今所知中国人类用火最早的记录,也是世界上人类用火的最早记录;第三,两件带有明显人工切割和刮削痕迹的鹿角化石。从鹿角化石可以推断,中国可能是最早制作和使用角、骨之类工具的国家。西侯度古人类作为迄今所知生活在黄河流域和我国境内的第一代原始居民,创造了目前在我国首屈一指的原始文化。随后的三晋地区古人类就是在继承和发扬西侯度古人类文化的基础上,逐渐形成了在华北地区占据主导地位的旧石器文化发展序列。在旧石器时代,除芮城西侯度文化之外,还有芮城匼河文化、襄汾丁村文化、垣曲南海峪文化、阳高许家窑文化、朔县峙峪文化、沁水下川文化等。我们从时

① 李元庆等主编:《三晋一百名人传》,山西人民出版社1992年,(前言)第7—8页。

间线索和地理位置来梳理的话，不难发现，古三晋地区从南至北都存在古
人类活动的足迹，事实上构成和体现了我国旧石器时代文化发展序列的一
根主线，是旧石器时代古人类活动的历史生动写照和文明史实缩影。

　　在以原始农耕文化为主体的新石器时代，华山脚下的仰韶文化与燕山
地带的红山文化，正是在古三晋地区接触、交流和碰撞的过程中发展起来
的，而仰韶文化和红山文化正是构成我国新石器文化的两个主要部分。尤
其是距今约五千年至四千年的龙山文化，为华夏文明起源和古代文明社会
走向成熟的文化标志。而"在中原龙山文化遗址中，陶寺遗址是已知规
模最大的一处，非一般氏族部落可以比拟"①，可见襄汾陶寺遗址的历史
文化地位。据考古发现表明：陶寺早期约略早于夏代一二百年，或相当传
说中的尧舜时期；陶寺中、晚期已在夏代纪年范围之内。同样，考古学家
指出："陶寺类型龙山文化，是夏代以前帝尧陶唐氏时代的文化，陶寺遗
址可能就是陶唐氏的文化遗址之一"②。陶寺文化的历史地位为：第一，
高度发展的原始农业。主要表现为：农业生产工具更加完备、已经掌握了
凿井技术、发明了储存谷物的粮仓、出现了供长期定居的房屋建筑；第
二，勃勃兴起的原始畜牧业。主要表现为：以猪、牛、羊、狗等为代表的
大量家畜和家禽的饲养和繁殖；第三，不断繁荣的原始手工业。主要表现
为：制陶工艺、木器和漆器制作工艺、玉、石、骨器镶嵌工艺、早期冶铜
工业等工业手段和技术的成熟和发展；第四，阶级和国家的形成。从陶寺
墓地的遗物和遗址，可以清楚地看到：陶寺先民已经分裂为富人和穷人，
剥削者和被剥削者。这些考古史实说明，陶寺先民中阶级已经产生，出现
了奴隶制国家的雏形。

　　处于早期青铜器时代的夏县东下冯文化，既是对陶寺文化的继承和发
展，更是直接影响了河南二里头文化，"河南二里头文化基本是东下冯类
型的发展"③。这就是说"从中国新石器时代晚期到青铜器时代早期，在
由山西晋南到晋西南，再到河南豫西的这片土地上，以东下冯类型文化为
中介，上承陶寺类型文化晚期，下启二里头类型文化三期，形成了一个具

---

① 田昌五主编：《华夏文明》（第1集），北京大学出版社1997年版，第53页。
② 同上书，第106页。
③ 同上书，第119页。

有内在渊源关系的文化发展序列"①。可见，夏县东下冯文化对于探索夏族文化和夏王朝的兴衰具有重要的历史意义。从芮城西侯度文化到夏县东下冯文化，时间跨度为旧石器时代到青铜器时代，古三晋区域文化不仅体现三晋文化的变迁历程，而且成为华夏文化不可或缺的重要组成部分，与其他流域文化共同成为华夏文化的发祥地。

（二）以传说为记载的古先贤文化

尧、舜、禹古三贤据古史传说都在以河东为中心的晋南地区活动，"由于尧、舜、禹皆都河东，而我国古史传说的系统又是以尧、舜、禹的系统传下来地，因而尧舜禹集团活动的冀州之地在远古时期也就自然而然地被视为中心"②。冀州之地属于"中土"，就顺理成为"中国"的代称③，足见河东之地的政治文化地位。此外，传说中的盘古、女娲及伏羲、炎帝、黄帝等在三晋地区的活动遗迹也十分丰富。除夸父逐日、女娲补天、女娲造人、精卫填海、愚公移山、共工怒触不周山等大量神话传说外，炎、黄二帝与蚩尤曾在晋南盐池附近展开阪泉大战，并取得了胜利，等等。

据古史传说"尧都平阳、舜都蒲坂、禹都安邑"，不仅在相关史书中有所记载，而且得到了考古发掘的不断证实。平阳、蒲坂、安邑都在河东文化圈之内，现今在民间依然流传许多关于尧、舜、禹仁爱的品德、民主的作风、俭朴的生活、勤勉的政道的传说故事，并且存在以相应故事命名的地理标记。尧、舜、禹之间存在历史连贯性的故事传承，据传说尧先后被封为陶侯和唐侯，古时人们以地为氏，所以又称他陶唐氏。在那"十日并出"、万国争雄的英雄时代，帝尧团结亲族、联合友邦、征讨四夷，统一了华夏诸族，被推举为部落方国联盟首领并建都城于平阳（现今临汾依然保留尧都及尧都区等行政建制）。据传尧在位70年，遍访天下贤士而得舜并辅政20年之后，将帝位传给了舜。舜姓姚名重华，属有虞氏。舜无论是辅佐帝尧治理天下，还是后来独立治世，都有显赫功绩。晚年即效仿帝尧将帝位禅让给禹。禹姓姒名文命，相传是夏后氏部落的首领，又

---

① 李元庆：《三晋古文化源流》，山西古籍出版社1997年版，第125页。

② 田昌五主编：《华夏文明》（第1集），北京大学出版社1997年版，第285页。

③ 注：顾炎武在《日知录》中就曾指出，"古之天子常居冀州，后人因之，遂以冀州为中国之号"。

称夏禹。禹继位后，推进和发展了尧、舜开创的初始文明，并成为中国奴隶制王朝——夏朝的前身。

　　尧、舜、禹三位先贤的政治文化贡献为：第一，制定了我国历史上第一部历法。炎帝之时，我们的先祖已开始告别狩猎为食的阶段进入原始农业经济。但是，由于人们对于天地自然缺乏正确的认识，农业耕种处于混乱状态，时常因为掌握不准物候，而使寒霜侵杀禾苗，出现颗粒无收的情况。《尧典》记载：帝尧命令羲氏与和氏观察天象，遵循天数，推算日月星辰运行规律，制定了历法形成了春夏秋冬四时季节。这就把无序的农耕变得井然有序，有效推进了农业经济的向前发展；第二，开创了我国历史上兴修水利的先河。《史记》记载：帝尧统领天下的时候曾经遇到过两次大的灾祸——水祸和旱灾，"汤汤洪水方割，荡荡怀山襄陵，浩浩滔天"。帝尧根据众臣的推荐命鲧治水，鲧采取堵塞的办法，九年时间非但无效反而洪水泛滥更甚。后命鲧的儿子禹治水，禹躬行山川大泽，摸清水流脉络，采用疏导方法理顺江河渠道，使肆虐的洪水畅流入海，天下万民得以安生。大禹治水三过家门而不入的故事，成了千古美谈。大旱之时，帝尧发现了水井的妙用，发动子民、广泛凿用，解除了忧患。至今人们还把水井和尧联系起来，以尧井怀念尧的恩德；第三，谱写了中国教育史上的社会教育和学校教育的重要篇章。《尧典》记载：帝尧时契作司徒"敬敷五教"，注重和加强社会教育，并建构"父子有亲、君臣有义、夫妇有别、长幼有序、朋友有信"的伦理关系，以顺天之则、行地之道，建立伦理道德的新秩序。舜时不仅光大尧的传统，而且让夔作典乐，教导贵族卿士的儿子，让孩子们在称作"庠"（我国最早的学校教育名称之一）的学校集中接受教育。以诗歌舞蹈陶冶人的心性情趣，用和谐的音律感染人们友好团结。禹继位后继续强化教育，大大加快了子民由荒蛮向文明转化的进程；第四，建立了我国历史上第一个统一的国家体制。"中国"的概念最早形成于尧、舜、禹时期，以帝都为中国，以冀州为中国之号。《尧典》记载：尧治理天下"协和万邦"，协调理顺了各方国的关系。虽然在黄帝时缔造了统一的部落联盟，但黄帝之后盟主更迭，导致中原大地邦国林立各自称雄。尧继位后重新统一中原，宾服四夷、平治水土、划为九州，形成了"中国"的雏形。舜继位后"流四凶族"设立十二州，进一步巩固了这种联盟。禹主政时恢复九州，"中国"的格局明晰形成，到他的儿子启建立了我国第一个统一的奴隶制国家——夏王朝。

"唯天为大，唯尧则之"（孔子）足见帝尧之文化地位和历史影响，"其仁如天，其知如神，就之如日，望之如云"（司马迁）体现了帝尧之伟大人格和精神特质。尧、舜、禹之人格和特质深深地印记在华夏儿女的心中。在全国（不仅是晋南）普通民众心中，尧、舜、禹等古先贤不仅仅是文化的代表，更是他们心中顶礼膜拜的神灵，并形成了相应的祭祀活动和祭祀文化圈。如：山西临汾在举办首届"中国·临汾尧文化高层论坛"的基础之上，还借鉴曲阜"三孔"模式（孔府、孔庙、孔林）打造临汾"三尧"模式（尧庙、尧都、尧陵），以此来大力推进尧文化的研究与开发，就是新时期对尧文化的价值传承和开发利用。总之，如果说黄帝是人文初祖的话，那么帝尧就应是华夏民族的文明始祖。

华夏文明的始祖就在三晋大地，足见三晋文化对于华夏文明的历史贡献。

二 儒家文化：三晋文化的发端者

从原始社会的旧石器时代、新石器时代到文明社会早期的青铜器时代，从芮城西侯度文化、襄汾陶寺文化再到夏县东下冯文化，从原始人类活动中心再到以尧、舜、禹为代表的政治文化中心，为三晋文化的崛起奠定了坚实的物质积淀和精神基础，共同构成了三晋文化的历史渊源。以河东为中心的古三晋地区所形成的"河东古文化"和以雁门为中心的"雁门古文化"在三晋大地交织，共同构成了独具地域特色的三晋地域文化。从三晋文化的总体特质来看，以晋国为代表的春秋时期和以韩、赵、魏为代表的战国时期，是一个个性较为鲜明的独特的文化形态阶段，具有积极进取的革命精神和兼容并蓄的开放性，在整个中华民族优秀文化传统之中占有十分重要的地位。秦汉以后，作为中华封建统一疆域的有机组成部分，三晋思想文化的发展融入中国封建文化发展的历史长河之中。三晋文化既具有中华民族优秀文化传统的共同特征和发展历程，也具有某种相对独立的地域性特征。纵观三晋文化的发展历程，形成了各具特色的文化派别：儒家文化、法家文化、兵家文化、纵横文化、佛教文化、道教文化，及具有地域特点的民族文化和商业文化，共同构成了三晋思想文化的总体系。从先秦时期至明清时期代表性的三晋名人如下①：

朝代	代表人物
先秦	姬虞、晋文公、魏绛、子产、邓析、子夏、慎到、李悝、魏文侯、吴起、尉缭、申不害、尸佼、惠施、赵武灵王、荀况、韩非、公孙龙
汉唐	霍光、王沈、裴秀、裴頠、石勒、郭璞、鲁胜、孙盛、慧远、法显、拓跋珪、裴松之、拓跋宏、裴駰、裴子野、昙鸾、薛道衡、裴蕴、温大雅、王通、裴矩、王绩、武则天、狄仁杰、窥基、王勃、裴耀卿、王昌龄、王维、澄观、裴度、吕温、白居易、柳宗元、温庭筠、张彦远、司空图
宋元	孙复、文彦博、司马光、郭若虚、毕仲游、宋德方、赵鼎、李俊民、元好问、石君宝、刘祁、郝经、白朴、郑光祖、乔吉、关汉卿
明清	罗贯中、高巍、薛瑄、常伦、王国光、张慎言、傅山、毕振姬、于成龙、魏象枢、戴廷栻、范鄗鼎、阎若璩、吴琠、陈廷敬、刘璋、孙嘉淦、靳荣藩、安清翘、祁寯藻、徐继畬、张穆、乔松年、耿文光、杨笃、李宏龄、杨深秀、刘奋熙、渠本翘

　　上述百位三晋代表性名人，与特点鲜明的三晋文化派别有着千丝万缕的联系：有的为学派的创始人、有的为学派的继承者、有的为学派的创新者……他们共同构成了丰富的三晋文化生活。我们试从特点鲜明的文化派别和别样风采的儒家文化两个方面，来呈现三晋文化的总体特征和三晋儒家在三晋文化的历史地位。

　　（一）特点鲜明的文化派别

　　三晋文化中特点鲜明的文化派别主要包括：法家、名家和纵横家、佛教和道教的思想文化。我们试从对法家思想文化、名家和纵横家的思想文化、净土宗与佛教文化、全真教与道教思想文化入手，来呈现三晋思想文化的大致特征，为研究三晋儒家文化及从总体上来认识三晋儒家文化的历史地位和文化价值奠定基础。

　　1. 引领潮流的法家思想文化

　　三晋思想文化以"法家为代表"，"法家主要源于三晋"（侯外庐、任

_____

① 注：本书根据《三晋一百名人评传》一书的目录，列出三晋名人目录表格。

继愈），足见三晋法家思想文化在三晋思想文化的地位。春秋时代的晋国因较早地彻底摧毁旧的宗法制度，使得法治文化在春秋中晚期得到了比较充分的发展，晋国的社会政治文化环境使其成为中国古代法治文化的孵化场。以"铸刑鼎"为标志的晋国法律条文，在维护新兴地主阶级既得利益的同时，按照军功赐田宅、定爵位的新法，使得新兴地主阶级的法权地位获得了制度保障。三家分晋之后，魏（天下之胸腹）、韩（天下之咽喉）、赵（中央之国）的特殊地理优势，使得各国统治者为了在弱肉强食的诸侯兼并之中立于不败之地，而高度重视变法革新，提倡耕战、重视法治，魏文侯、韩昭侯等君王就是积极倡导变法革新的代表。故此，三晋国家便成为法家学派的策源地，战国时期著名的法家代表人物大多出生或主要活动于三晋国家，他们关于法治的思想也大都源起于或直接来源于三晋国家，同样，三晋国家也成为法家思想的实践场和验证场。法家思想在适合的环境中产生，反过来又指导和参与了三晋国家的法治改革，二者之间形成了良性的互动和共生。

战国法家学派主要分为三大学术流派：以李悝和商鞅为代表的"重法"派、以申不害为代表的"重术"派和以慎到为代表的"重势"派。韩非则主张以法为本与法、术、势相结合，是法家思想的集大成者。李悝、申不害、慎到、韩非都是山西人，李悝为子夏高徒，韩非为荀子高徒，他们之间都有千丝万缕的师徒和学术联系，并且都或多或少受到子夏思想的影响。因此，三晋之法和三晋之儒之间就有着紧密的联系。李悝在总结魏国变法实践经验，并在吸收和借鉴其他各国法律思想的基础之上，编撰而成我国历史上第一部系统比较完整的法典——《法经》，由此奠定了战国法家学派的学术理论基础，而被誉为法家学派的始祖。《法经》重法，商鞅对于《法经》中之"法"的法治实践在秦国获得了成功，并为秦最终实现统一奠定了坚实的基础。申不害以"术"治国的思想和实践，韩昭侯时期在韩国得到了充分的运用和实践，为韩国政治经济社会的发展提供了必要的支撑。慎到"重势"的法学思想形成于齐国，在稷下学宫中衰之际由齐至韩，并直接影响了韩非的思想。韩非本人生于韩，毕生活动于韩，其在对三大法家学术流派的法学思想和法治实践进行总结的基础上，提出了更加适应战国社会现实的法治学说，进而把三晋法家的学术思想推动到一个新的高度。韩非在《孤愤》《五蠹》《说难》等政论文之中，将法、术、势有机结合起来，认为君主只有利用自己的威严掌握必要的法治手段，才能使法治得到全面的贯彻和实施。

2. 名家和纵横家的思想文化

"白马非马"之说让三晋名辩之士得以扬名，公孙龙因此而誉满天下。从三晋名家的发展历程来看，其大致的发展线索为：郑国人邓析为创始人，是大约与孔子同时代的人物，倡导"刑（名）之学"，提出了"循名责实"的主张，强调名称与事物应该保持一致性，特别是要根据新事物或旧事物的新发展而确定或修改名称；名家学派至战国中期发展到鼎盛期，并因其学术观点不同而形成两大不同的派别，一是以魏国著名思想家惠施为代表的"合同异"派，提出"至大无外，谓之大一；至小无内，谓之小一""无厚不可积也，其大千里""天与地卑，山与泽平""日方中方睨，物方生方死""大同而与小同异，此之谓小同异；万物毕同结异，此之谓大同异""南方无穷而有穷""今日适越而昔来""连环可解也""我知天下之中央，燕之北，越之南是也""泛爱万物，天地一体也"等十大命题，强调事物的联系性和同一性；二是以赵国著名思想家公孙龙为代表的"离坚白"派，在《白马论》《通变论》《坚白论》中提出"白马非马""二无一""坚白离"等语言诡辩命题，注重事物的分离性和差异性。以惠施和公孙龙为代表的三晋名家学派对我国古代逻辑科学的形成和发展做出了巨大的贡献，对战国时期社会大变革起了积极的促进作用，同样也极大补充和丰富了三晋思想文化的内涵。

"三晋多权变之士"之说让三晋纵横家得以扬名天下，战国时代的主要纵横家出自三晋地区，"三晋多权变之士，夫言从横（纵横）强秦者，大抵皆三晋之人也"（《史记·张仪列传》），就是说战国纵横之徒大多出生或活动于三晋，尤其是魏国（公孙衍和张仪同为魏惠王时代的魏国人）。纵横家的显赫代表人物是苏秦、张仪、公孙衍等人，鬼谷子是纵横家的理论奠基者，"苏秦、张仪纵横，习之鬼谷先生"（《论衡·答佞》）。所谓"合纵"就是主张纵向（即南北向）联合各国诸侯抗击秦国，即"合众弱以攻一强"（《韩非子·五蠹》），代表人物为苏秦、公孙衍；所谓"连横"，就是主张横向（即东向西）随从秦国进攻其他国家，即"事一强以攻众弱"（《韩非子·五蠹》），代表人物为张仪。三晋纵横家的所作所为，虽然由于世易事移而未能在此后的中国古代历史中得以进一步的展现，而后人对纵横家代表人物的反复无常、朝秦暮楚等也多有争议，但是他们个人的个性和智慧值得后人深思，"公孙衍、张仪岂不大丈夫哉！一怒而诸侯惧，安居而天下熄"（《孟子·滕文公下》），何其威武与意气风发！

3. 净土宗与佛教思想文化

佛教自汉代传入中国，至隋唐时代达到鼎盛。佛教传入中国的过程，使得佛教经典在中国大量传播、佛教文化与中国传统文化相互渗透及形成具有中国地域文化特点的、中国化的佛教宗派。发源于山西地域文化的佛教净土宗就是中国化的佛教宗派。

在净土宗的形成和发展过程中，慧远和昙鸾起了关键性的作用，慧远的佛教思想是净土宗的思想先河，昙鸾是净土宗思想的奠基者。慧远是雁门楼烦（今山西原平）人，出家后在其家乡建立了胜井院和白仁寺。后来，慧远南下至今江西庐山，深感"庐峰清静，足以息心"，遂定居庐山，创建白莲社，宣扬弥陀净土，最终创立净土宗，慧远本人也被视为中国净土宗的始祖。慧远一生"所著论、序、铭、赞、诗、书，集为十卷，五十余篇"（《高僧传·慧远传》），通过著书立说，形成了以佛教义理为核心，又广泛吸收儒、道各家学说的中国化的佛教思想。并以此来论证佛教文化和中国传统文化的一致性，不但成功地解决了关于沙门是否礼敬王者的争论，而且也保证了佛教在中国的合法地位，从而在佛教中国化的道路上迈开了决定性一步。特别是慧远结合道家"以无为本"的出世主义，宣扬佛教的因果报应说，并结合传统文化中的命运主宰权从天、上帝、鬼神手中夺回，引导人们从主体自身内部加强修养，提倡通过念佛投生西方净土，进而为中国佛教净土宗思想的产生起到了先导作用。如果说慧远为净土宗之创建起到了思想启蒙和理论倡导的话，那么昙鸾则为净土宗的实际开创者，"北方大宏净土念佛之业者，实为北魏之昙鸾，故常推为净土教之初祖"（汤用彤语）。

昙鸾是北魏雁门（今山西代县）人，因"家近五台山，闻其神迹灵怪，幼即往寻之，便出家"（《续高僧传·昙鸾传》）。昙鸾出家初期学习龙树的《中论》等，中途曾随道士陶弘景学习长生不老之术，最终还是皈依佛门，晚年在汾州北山的玄中寺，进行净土宗的研究和实践。玄中寺为昙鸾在北魏孝文帝时初建，昙鸾之后，此寺成为净土宗的根据地，直到唐代，玄中寺一直是传布净土信仰的中心。在玄中寺期间，昙鸾首次比较系统地注释、论证弥陀净土教义，初步建立了弥陀净土的教义体系，为净土宗的创立奠定了理论基础；到唐代，昙鸾的再传弟子、山西文水人道绰继续在玄中寺传道；后来，道绰的弟子善导来到长安，建立起了完备的净土宗派，使净土宗的发展达到了一个极盛时期。净土宗在唐代正式形成后传入日本，日本僧人依据善导之教义，使净土教在日本得到广泛流传，成为日本众多佛教宗派中的一个重要宗派。昙鸾、道绰、善导一直被净土宗供奉为净土三祖师，对促进中日之间佛教文化的交流起到了重要的桥梁作用。

4. 全真教与道教思想文化

道教在三晋地区的发展，主要体现在道教中的一个重要派别——全真教的发展上。全真教在三晋地区的发展，对于推动道教的官方化和"三教合一"思想的形成，都做出了颇具特色的贡献。全真教是道教的一个教派，在金、元之际，道教在全国形成遥相呼应的南北两大教派，即北方的全真教和南方的正一教。北方的全真教在三晋地区获得了最为广泛的发展，其发展谱系可以表述为：吕洞宾——王重阳——丘处机——宋德方及其再传弟子。

全真教由王重阳创立，因其弟子丘处机受到元太祖重用，而使得全真教风靡一时。丘处机为隰州（今山西隰县）人，被道教宗奉为"长春演道主教真人"。宋德方为丘处机的弟子，道号披云真人，主持刊刻《玄都道藏》，为中国道教文化的发展做出了重要的贡献。据史料记载，在王重阳创建全真教之时，就主张融合道、佛、儒三家的思想，"儒门释户道相通，三教从来一祖风"，并"欲援儒、释为辅，使其教不孤立"。从而使得全真教在利用佛教因果报应理论、儒学孝文化，在吸收信众和发展自身理论方面，起到了非常积极有效的作用。同时，全真教把民间传说的"八仙"之一"纯阳子"吕洞宾奉为"祖师""天尊"，更是把全真教推向更为广阔的民间世俗生活，为全真教教义和信仰的世俗化做出了重要的贡献。吕洞宾为唐代河中府永乐县（今山西芮城永乐镇）人，有关他的修仙成道的传说在民间影响很大，全真教把吕洞宾奉为开山鼻祖，从而确立了吕洞宾和王重阳之间的师承关系，为神化王重阳自身的形象及提高全真教在民众之间的信仰起到了重要作用。宋德方于元太宗九年，遵其师丘处机的遗志和嘱托，来到平阳（今临汾市）玄都观主持刊刻《玄都道

藏》，历时近 10 年，最终刻成 7800 余卷的道教著作。宋德方因刊刻道藏
之贡献，而被赐号"玄都至道真人"，死后被追为"玄通弘教披云真人"。
1234 年到 1236 年，宋德方主持修建了太原西山昊天观和平阳长春观，还
在太原龙山主持开凿了 10 个道教石窟，并倡议把吕公观改建为大纯阳万
寿宫，又称全真教东祖庭。以宋德方为代表的全真教在三晋大地的传教和
布道活动，是三晋道教思想文化发展的一个新高峰。明清以降，道教整体
上呈现出衰微之状；清朝以后，三晋地区流布的道教派别主要是全真教的
三丰派、龙门派和正一道的武当派。总而言之，三晋地区既是中国道教发
展的一个不可或缺的重要区域，也是一个颇具地域文化特色的重要区域。
尤其是以三晋为主要活动区域的全真教，对于实现道教的官方化和在
"三教合一"方面所作出的学术贡献，更是一段在道教文化和中国传统文
化（尤其是理学文化）发展史上值得铭记的历史贡献。

（二）别样风采的儒家文化

三晋儒家和三晋法家之间具有内在的联系，这既是三晋儒家的独特之
处也是三晋法家的地域特色。孔子弟子子夏创立三晋儒学，到战国中后期
出现了荀子之儒，最终形成了三晋儒学的整体脉络。子夏曾在魏国的西河
地区设教，教授弟子，李悝和吴起是子夏弟子中最有成就的学生。荀子思
想的形成深受子夏思想的影响，按照子夏与荀子的生平年代来看，李悝思
想很可能就是子夏思想和荀子思想之间的过渡者和传递者。同样，依据清
代学者章学诚的观点，荀子之学就是出自子夏儒学。韩非是荀子的学生，
是三晋法家思想的集大成者，其思想必然受到荀子思想的影响。李悝作为
三晋法家的开创者和最早的代表人物，韩非作为三晋法家的集大成者，他
们都与三晋儒学有着密切的关系和紧密的学术传承，或者说与子夏之间有
着师徒或学术之间的传承和延续。儒家和法家在三晋大地上相遇，或可以
说由儒而生法，足见春秋战国时期三晋儒学之别样风采。纵观春秋战国时
代之三晋儒家，在魏文侯时代因子夏等后期弟子对孔子学说的调整和创
新，而使得儒学受到重视；子夏之后，随着儒学的创新精神的弱化，儒学
地位也随着下降；至战国后期，荀子之儒的努力使得儒学向法家过渡，并
最终造就出了不同于儒家的法家及其代表人物。中国儒学地位（包括三
晋儒学）的再次复兴，是汉儒重新承继儒学之创新精神，把儒学定位在
国家意识形态的位置上，最终使得儒家及儒学获得了新生。

如果说春秋战国时期子夏为代表之三晋儒家为三晋诸家（尤其是三晋法家）之思想发端者的话，那么在整个中国封建社会三晋儒家几乎是唯一一个延续学术传承的三晋学术派别；如果说春秋战国时期之三晋儒学具有特色鲜明的学术特点的话，那么在整个封建社会大一统的思想文化背景之下，三晋儒学在融入儒学整体的思想文化体系的过程，也呈现出了鲜明的学术个性特点及独特的地域文化特征，在儒学整体思想文化发展历程中作出了应有的学术贡献。杨瑞武在《三晋文化与儒家思想》[①] 一文中对三晋儒家之发展历程作了精彩的言语评述[②]：

> 尧舜禹德盖华夏，弘扬传承赖儒家。[1]
> 三晋故地育唐风，儒家学说最推崇。[2]
> 百家争鸣树一帜，三晋变士促统一。[3]
> 罢黜百家尊儒术，汉代三晋文武德。[4]
> 唐代诗人唱大风，"不平则鸣"出河东。[5]
> 儒术斗法不得志，辉煌巨著弥社稷。[6]
> 罗氏塑造"武圣"公，青主之儒"觉"为宗。[7]
> 以诚取信通天下，三晋儒商誉华夏。[8]

《三晋文化与儒家思想》中标题语段概括了三晋儒家思想文化的大致发展历程，其中：[1]"尧舜禹德盖华夏，弘扬传承赖儒家"指儒家颂扬尧舜禹在伦理道德方面的理想人格典范[③]，历代儒家包括中国传统文化都以尧舜禹为楷模和典范，中华文明史以尧舜禹为开端。儒家在中国传统文化中的地位，使得其弘扬尧舜禹伟大人格方面起到了更大的推动作用。[2]"三晋故地育唐风，儒家学说最推崇"指以河东为中心的原始社会末期的唐虞之世孕育了三晋文化，在三晋文化之中儒家学说的地位最为崇

---

① 杨瑞武：《三晋文化与儒家思想》，《山西社会主义学院学报》2006 年第 2 期，第 41—43 页。

② 注：本文根据作者原文中的小标题整理而成。

③ 注：儒家从其创始人孔子开始就颂扬尧之理想人格，"大哉！尧之为君也！巍巍乎！唯天为大，唯尧则之。荡荡乎，民无能名焉。巍巍乎！其有成功也，焕乎其有文章"（《论语·泰伯》）。

高。[3]"百家争鸣树一帜,三晋变士促统一"指儒家在百家争鸣中所拥有的学术地位,并且荀子学生韩非、李斯的法家思想,最终帮助秦国实现国家统一。据此,司马迁在《史记·张仪列传》中指出,"三晋多权变之士,夫言纵横强秦者,大抵皆三晋人也",权变之士出三晋至此产生。[4]"罢黜百家尊儒术,汉代三晋文武德"指汉代董仲舒之后,开启了儒家学说在封建社会的正统地位,三晋大地涌现出了一代又一代尊崇儒学之士。尤其是出现了以"武圣"著称的关公,至此"文圣"和"武圣"并列,成为影响三晋乃至全国文人雅士之理想人格追求。[5]"唐代诗人唱大风,'不平则鸣'出河东"指唐代三晋诗人白居易对于儒学文化传统之弘扬,特别是以王通和柳宗元为代表的三晋儒家,对于儒家正统地位的维护和提倡,为宋代儒学的复兴奠定了思想文化基础。[6]"儒术斗法不得志,辉煌巨著弥社稷"指辉煌巨著就是夏县司马光之《资治通鉴》,记载了16个朝代1362年史实,被人们称为史学瑰宝。其实在宋元时期以孙复、郝经为代表之三晋儒家在儒学发展史上占有十分重要的地位。[7]"罗氏塑造'武圣'公,青主之儒'觉'为宗"指"武圣"随罗贯中之《三国演义》而得以在更加广阔的范围流传,关公之忠义形象是儒家思想的生动体现。以薛瑄为代表的三晋儒家推动了明代理学的发展,清代傅山对于儒学思想的反思,实则体现了明清之际在实学思潮影响之下,有识之士对于宋明理学的再认识和新发展。[8]"以诚取信通天下,三晋儒商誉华夏"指明清之际晋商以诚信赢得天下,也可以说是三晋儒学在商业文化领域所形成的文化影响,在晋商的商业活动之中得以彰显和体现。三晋儒学随晋商之商业活动的脚步,在全国乃至世界范围之内都产生了十分重要的影响。

第二节　子夏后学:三晋儒家思想文化的流变

孔子周游海内,再干世主,如齐至卫,所见八十余君,委质为弟子者三千人,达徒七十人;七十人者,万乘之主得一用可为师,不为无人,以此游仅次于鲁司寇,此天子之所以时绝也,诸侯之所以大乱也。

——《吕氏春秋》

《吕氏春秋》对孔子及其弟子的评价言语之中，确有诸如孔子游说80余君等言过其实之表述，但也足见孔子及其学说在当时的学术地位及其历史影响……

一 三晋儒家之代际传承

正如《庄子·天下篇》所言："其在于《诗》《书》《礼》《乐》者，邹鲁之士，缙绅先生多能明之。《诗》以道志，《书》以道事，《礼》以道行，《乐》以道和，《易》以道阴阳，《春秋》以道名分。其数散于天下而设计于中国者，百家之学时或称而道之"[①]。《诗》《书》《礼》《乐》《易》《春秋》就是保存古代礼法和度数方面的文献，儒学就是以此古代文献为基础，通过兴办私学、开展争鸣和广出游说，使儒家学派得到壮大和传承并最终成为中国古代社会的主流思想文化。

（一）儒家之代际传承

1. 道统的儒家

儒家对于儒学的起源以及代际传承有自己的内在体系和学派继承，《论语·尧曰》之中将尧舜禹汤、文武周孔一脉相承地连接起来。《论语·尧曰》曰：

> 尧曰："咨！尔舜！天之历数在尔躬，允执其中。四海困穷，天禄永终。"舜亦以命禹。
>
> 曰："予小子履，敢用玄牡，敢昭告于皇皇后帝：有罪不敢赦。帝臣不蔽，简在帝心。朕躬有罪，无以万方；万方有罪，罪在朕躬。"
>
> 周有大赉，善人是富。"虽有周亲，不如仁人。百姓有过，在予一人。"
>
> 谨权量，审法度，修废官，四方之政行焉。兴灭国，继绝世，举逸民，天下之民归心焉。
>
> 所重：民、食、丧、祭。
>
> 宽则得众，信则民任焉。敏则有功，公则说。

---

① 庄子：《庄子》，中华书局 2006 年版，第 568 页。

尧、舜、禹之间按照"天之历数"即上天安排的帝王次序，实现了帝位之间的禅让和传承；同样，商汤、武王的帝位也是天命之安排，孔子承接天之命数，"仲尼祖述尧舜，宪章文武"（《中庸》），足见儒家学派之起源的传承关系。孔子曾说："殷因于夏礼，所损益，可知也；周因于殷礼，所损益，可知也。其或继周者，虽百世，可知也"（《论语·为证》），"周监于二代，郁郁乎文哉！吾从周"（《论语·八佾》）。足见，夏商周之礼和孔子崇礼的本质上的一致性，进而明证儒家之学术道统①。

同样，对于"乃所愿，则学孔子"的孟子来说，传承孔子之学说、继承孔子之遗志，就成为其必然之选择。《孟子·尽心下》曰：

> 由尧、舜至于汤，五百有余岁，若禹、皋陶，则见而知之；若汤，则闻而知之。由汤至于文王，五百有余岁，若伊尹、莱朱，则见而知之；若文王，则闻而知之。由文王至于孔子，五百有余岁，若太公望、散宜生，则见而知之；若孔子，则闻而知之。由孔子而来至于今，百有余岁，去圣人之世若此其未远也，近圣人之居若此其甚也，然而无有乎尔，则亦无有乎尔！

正如孟子所言，"然而无有乎尔，则亦无有乎尔！"既没有亲眼看见圣人之道而继承的人，也没有听说圣人之道而继承的人，这难道不是一个需要亟待解决的问题吗？按照儒家的道统，孟子的出现就是"天之历数"，就是那个承接孔子学术之传人。"孔孟之道"即成为儒家思想之简称。

韩愈在《原道》之中，对儒者之道作了进一步的阐释：

> 尧以是传之舜，舜以是传之禹，禹以是传之汤，汤以是传之文武周公，文武周公传之孔子，孔子传孟轲。轲之死，不得其传焉。②

依据韩愈之说，儒家道统由尧舜禹汤文武周公至孔子再传至孟子，脉

---

① 注：虽然孔子没有提出"道统"这个概念，但是在其言语表述之中体现出思想之倾向和学派之传承。道统说虽由唐代韩愈提出，但道统意识却是儒家自孔子以来的一贯思想。

② 《原道》卷十一。

络分明，一脉相承。韩愈和孟子面临同样的困境，一个是"然而无有乎尔，则亦无有乎尔！"一个是"轲之死，不得其传焉"。之后，孟子以传承孔子学说为己任，当然韩愈也把自己置于传播孔孟之学的地位，并自谦说："韩愈之贤不及孟子。孟子不能救之于未亡之前，而韩愈乃欲全之于已坏之后"①，韩愈不仅有继任道统的意味，而且还有学为正宗的味道。

正如孟子的道统地位受到韩愈承认一样，韩愈的道统地位也得到朱熹的认同：

此道更前后圣贤，其说始备。自尧舜以下，若不生下个孔子，后人去何处讨分晓？孔子后若无孟子，也未有分晓。孟子后数千载，乃始得程先生兄弟发明此理。今看来汉唐以下诸儒说道理见在史策者，便直是说梦！只有个韩文公依稀说得略似耳。②

可见，汉唐之世韩愈的道统地位——上承孔孟下续程朱。同样，朱熹也把自己看作为儒家道统的真正继承者，并以继承二程的儒学思想著称。

有宋元丰八年，河南程颢伯淳卒。潞公文彦博题其墓曰："明道先生"。而其弟颐正叔序之曰：周公殁，圣人之道不行。孟轲死，圣人之学不传。道不行，百世无善治；学不传，千载无真儒。无善治，士犹得以明夫善治之道，以淑诸人，以传诸后；无真儒，则天下贸贸焉莫知所之，人欲肆而天理灭矣。先生生乎千四百年后，得不传之学于遗经，以兴起斯文为己任。辨异端，辟邪说，使圣人之道焕然复明于世。盖自孟子之后，一人而已，然学者于道不知所向，则孰知斯人之为功？不知所至，则孰知斯名之称情哉！③

朱熹接着说：

---

① 《与孟尚书书》卷十八。
② 宋靖德编：《朱子语类》（卷九十三），中华书局1986年版。
③ 朱熹：《孟子集注·尽心下》，《四书集注》，齐鲁书社1992年版。

　　宋德隆盛，治教休明，于是河南程氏两夫子出，而有以接乎孟氏之传……然后古者大学教人之法、圣经贤传之指，粲然复明于世。虽以熹之不敏，亦幸私淑而与有闻焉。（《大学章句序》）

在朱熹看来，程颐程颢上承孟子，而其本人以较为含蓄的方式表达出其得道统之嫡传的意味。朱熹继承二程之学术，并作为道统之传承人的地位，在其弟子陈淳的言语表述之中得以确认。

　　轲之后失其传，天下骛于俗学，盖千四百余年，昏昏冥冥，醉生梦死，不自觉也。及我宋之兴，明圣相承，太平日久，天地真元之气复会，于是濂溪先生与河南二程先生，卓然以先知先觉之资，相继而出。……河洛之间，斯文洋洋，与洙泗并，闻而知者有朱文公，又即其微言遗旨，益精明而莹白之。……盖所谓集诸儒之大成，而嗣周程之嫡统，萃乎洙泗濂洛之渊源者也。①

朱熹弟子陈淳把周敦颐、张载等都纳入儒家道统，这就是朱子后学所称谓的"周程之统""濂洛之统"或"伊洛之统"，而朱熹正是宋代儒学道统的集大成者。

我们如果按照朱熹及其弟子的学术梳理，不难发现他们心中承续的儒家道统，以及儒家学者之间的代际传承。并且这个代际传承的学术脉理清晰明了：

　　尧舜禹、汤、文武周公——孔子和孟子——（韩愈）——程颐、程颢和朱熹

韩愈本人虽最早提出儒者之"道"的传授谱系思想，但是其儒学地位在朱熹或陆九渊心中，并没有得到足够的确认。"道统"——这个虽由韩愈提出并经朱熹明证的学术谱系，却是自孔子以来的一贯思想。

我们知道，孔子之后，孔子后学存在多个分支，而对于各个分支的学术

---

① 陈淳：《严陵讲义·师友渊源》，《北溪字义》，中华书局 1983 年版。

地位和学术谱系众说纷纭。正如陆九渊把孔子后学分为"里出"和"外入"一样，"孔门惟颜、曾传道，他未有闻。盖颜、曾从里面出来，他人外面入去。今所传者，乃子夏、子张之徒，外入之学。曾子所传，至孟子不复传矣"①，其实质在于标榜和倡导孟子之学或孔孟之学为儒学正统，其余孔子后学则为旁支之学，并不被纳入儒学正统。以继道统而自命的儒家学者具有强烈的担当意识，都认为自己是儒家道统或者说孔孟之道的继承者，故此传续和弘扬道统就成了他们义不容辞的责任和使命——"夫天未欲平治天下也，如欲平治天下，当今之世，舍我其谁也?"(《孟子·公孙丑上》)

儒家学者的道统意识对于儒学本身而言，其积极作用是不言而喻的。道统意识本身所包含的认同意识、正统意识和弘道意识，成为支撑儒家思想延续发展的一个重要的内生力，以儒家道统自居的各代的儒者，都以传续和弘扬儒学为己任，从其实质来看就是为了更好地促进和推动儒学的发展，让儒学在各种学术文化的发展潮流之中立于不败之地。当然，我们也应该认识到道统意识的消极作用，持正统意识的儒者一定程度上会贬斥甚至打压异己之见的其他儒家学派，并试图以自己的一家之言来建立学术话语权和学术文化圈，这样必然对儒学的发展和繁荣造成一定的学术障碍，必然造成儒学发展自身内部的狭隘化和封闭化，不利于儒学自身的创新和发展。

2. 学统的儒家

学统的儒家是包括道统的儒家在内的、从儒家学术自身发展的历程之中，来梳理儒家学者及其学术贡献的学术思维路径。我们试以汤一介、李中华主编的《中国儒学史》的先秦、两汉、魏晋南北朝、隋唐、宋元、明代、清代卷为参照，来全面梳理中国古代儒家学者的代际传承和学术脉理，以此来呈现学统儒家的思想文化发展历程。

卷 次	目 录 章 节	儒 家 学 者
第一卷 先秦卷	第一章 前儒家的一些重要观念	
	第二章 孔子与儒家的成立	孔子
	第三章 早期儒家的开展	孔子弟子及其分化
	第四章 郭店竹简的意义	

① 陆九渊:《语录下》(卷三十五),《陆九渊集》,中华书局1980年版。

续表

卷次	目录章节	儒家学者
第一卷 先秦卷	第五章 孟子	孟子
	第六章 《易传》与易学	
	第七章 《诗》学与经典诠释	
	第八章 荀子	荀子
第二卷 两汉卷	第一章 汉初儒学的复兴	
	第二章 董仲舒《春秋》公羊学的儒学思想体系	董仲舒
	第三章 《盐铁论》：儒家与法家经济理念的冲突	
	第四章 儒学统治地位的确立和儒学的发展	孟喜、京房、刘向
	第五章 两汉之际谶纬的盛行	
	第六章 古文经学的形成及其与今文经学的纷争	
	第七章 扬雄、桓谭的儒学思想	扬雄、桓谭
	第八章 白虎观经学会议与《白虎通》的儒学思想	
	第九章 王充的儒学思想及其对谶纬的批评	王充
	第十章 东汉后期经学的发展	何休、郑玄
	第十一章 汉末官方儒学的衰落与社会批判思潮的兴起	王符、仲长统
	第十二章 汉代儒学对道教和佛教的影响	
第三卷 魏晋南 北朝卷	第一章 绪论	
	第二章 三国魏晋之际的儒学	蒋济、桓范、杜恕
	第三章 西晋时期的儒学	袁準、傅玄、裴頠

续表

卷次	目 录 章 节	儒 家 学 者
第三卷 魏晋南 北朝卷	第四章　东晋时期的儒学	葛洪、孙盛、戴逵
	第五章　南朝的儒学	何承天、范缜、刘勰
	第六章　北朝的儒学	苏绰、刘昼、颜之推
	第七章　魏晋南北朝经学及经学思想	王肃、王弼
第四卷 隋唐卷	第一章　隋代的儒学	刘焯、刘炫
	第二章　河汾之学的兴起	王通
	第三章　初唐的儒学	魏征、颜师古、陆德明
	第四章　唐代的经学成就	孔颖达
	第五章　唐代儒家的史学理论	吴兢、刘知几、杜佑
	第六章　盛唐时期的儒学及其制度化	张说
	第七章　中唐儒家的经世思想	刘晏、陆贽
	第八章　唐代古文运动——儒学复兴	韩愈、李翱
	第九章　柳宗元、刘禹锡的儒学思想	柳宗元、刘禹锡
	第十章　晚唐五代的儒学改革	林慎思、张弧、皮日休、罗隐、陆龟蒙
第五卷 宋元卷 （宋代 部分）	绪说　北宋前期的儒学与经学	胡瑗、孙复、刘敞
	第一章　范仲淹的儒学思想	范仲淹
	第二章　欧阳修的儒学思想	欧阳修
	第三章　司马光的儒学思想	司马光
	第四章　王安石的儒学思想	王安石
	第五章　周敦颐的儒学思想	周敦颐
	第六章　张载的儒学思想	张载
	第七章　程颢的儒学思想	程颢
	第八章　程颐的儒学思想	程颐
	第九章　苏轼的儒学思想	苏轼
	第十章　吕大临的儒学思想	吕大临
	第十一章　谢良佐的儒学思想	谢良佐

卷次	目录章节	儒家学者
第五卷 宋元卷 （宋代 部分）	第十二章 杨时的儒学思想	杨时
	第十三章 胡宏的儒学思想	胡宏
	第十四章 张栻的儒学思想	张栻
	第十五章 朱熹的儒学思想	朱熹
	第十六章 朱熹门人的儒学思想	黄幹、陈淳、程端蒙
	第十七章 陆九渊的儒学思想	陆九渊
	第十八章 陈亮与叶适的儒学思想	吕祖谦、陈亮、叶适
第五卷 宋元卷 （金元 部分）	第一章　金代儒学述略	赵秉文、李纯甫
	第二章　许衡的儒学思想	许衡
	第三章　刘因的儒学思想	刘因
	第四章　吴澄的儒学思想	吴澄
	第五章　许谦与金华朱学	金履祥、许谦
	第六章　元代陆学	刘埙、陈苑、危素、赵偕、郑玉
第六卷 明代卷	第一章　明代初年的儒学	宋濂、方孝孺
	第二章　明代前期的儒学	曹端、薛瑄、吴与弼、胡居仁
	第三章　陈献章、湛若水与明代心学的起始	陈献章及其弟子、湛若水及其弟子
	第四章　王阳明的儒学思想	王阳明
	第五章　浙中王门的儒学思想	徐爱、王畿、钱德洪、黄绾、季本
	第六章　江右王门的儒学思想	邹守益、欧阳德、聂豹、罗洪先、王时槐
	第七章　泰州诸人的儒学	王艮、王栋、颜山农、何心隐、罗汝芳、焦竑
	第八章　明代中后期王门以外的著名儒者	罗钦顺、王廷相、吕坤、黄道周
	第九章　丘濬与张居正的儒学与吏治	丘濬、张居正
	第十章　东林与蕺山的儒学思想	顾宪成、高攀龙、刘宗周

续表

卷次	目录章节	儒家学者
第七卷 清代卷	第一章　理学的发展与衰落	
	第二章　王学德延续与余波	孙奇逢、黄宗羲、李颙、李绂
	第三章　朱子学的发展	张履祥、陆世仪、李光地
	第四章　张载之学的阐扬	王夫之
	第五章　反理学与务实学风	顾炎武、阎若璩、颜李学派、唐甄
	第六章　汉学的复兴与发展	
	第七章　汉学家的义理学（上）	惠栋、戴震、洪亮吉
	第八章　汉学家的义理学（下）	凌廷勘、焦循、阮元
	第九章　汉学的别出及对汉学的批评	钱大昕、章学诚、方东树
	第十章　今文经学与经世思想	
	第十一章　春秋公羊学	庄存与、孔广森、刘逢禄

我们必须承认：虽然《中国儒学史》因其编撰的需要，不可能罗列中国古代所有的儒家学者及其思想文化，但是相对儒家道统来说还是对儒家学者进行了较为全面的呈现。我们按照章节列出相关的150多位儒家代表人物①，对于我们详细了解儒家学术发展史具有十分重要的作用。我们只有在较为全面的了解儒家各个阶段代表人物的基础之上，才能更好地分析和体认三晋儒家学者思想文化的学术地位和学术价值。

（二）儒家代际传承中之三晋儒家

依据道统儒家的学术脉络来看，以子夏为开端的三晋儒家学者属于孔门后学。

　　自孔子卒后，七十子之徒散游诸侯，大者为师傅卿相，小者友教士大夫，或隐而不见。故子路居卫，子张居陈，澹台子羽居楚，子夏居西河，子贡终于齐。如田子方、段干木、吴起、禽滑厘之属，皆受

------

① 注：我们依据《中国儒学史》的章节目录对儒家代表人物及其所处的历史阶段和学术地位进行梳理的过程之中，对于包括中具体章节之中以综述形式呈现的儒家人物没有列出。

业于子夏之伦，为王者师。(《史记·儒林列传》)

子夏作为孔子门人，受业于孔子，在孔子死后于西河一带传授儒家学术。虽然学者们关于西河的具体地理位置存在争议，但是三晋大地开始触摸儒学确实是从子夏开始。同样，子夏本人确实有在三晋大地进行学术活动的文献记载。足见，三晋大地之儒家，从儒家学术传承体系来看，为孔子弟子之儒。我们如果对照《中国儒学史》所列出的具体儒家人物，子夏本人的位序应处于《早期儒家的开展》之章节，证明三晋大地相对我国其他区域来说，在先秦时期就存在儒者的学术活动和学术影响。

子夏在西河设教期间，"孔子既没，子夏居西河教授"，因受到魏文侯的赏识，从其学习之士众多，据《史记·儒林列传》记载：田子方、段干木、吴起、禽滑厘等皆受业于子夏，并都取得了不错的成就。如《艺文类聚》引《庄子》云：段干木者，治清节，游西河，守道不仕，魏文侯就造其门，干木窬墙而避之。文侯以客礼，出过其庐则式，其仆问之，文侯曰："干木不趋势，隐处穷苍，声驰千里，敢勿式乎?"文侯所以名过齐桓公者，能尊段干木、敬子夏、友田子方也。可见，段干木、田子方等人的学术成就和治国能力。段干木和田子方二者后来都成为道家著名代表人物，吴起成为法家著名人物，禽滑厘成为墨家巨子，足见子夏学术思想的历史影响。

子夏之后，先秦时期三晋儒家的代表人物为荀子，荀子与子夏之间有着千丝万缕的联系，虽然二人之间因出身年代的原因不可能谋面，但是由于子夏在三晋大地的活动所带来的学术影响，以及子夏弟子们的传承，就造成了二人之间的学术关系。所以才有子夏五传《诗》及于荀子的说法，清代学者章学诚在《文史通义·经解上》中就曾断言："荀、庄皆出于子夏门人"，可见子夏与荀子之间的学术传承关系。尽管在后世建构的道统中没有一席之地，但是在儒家思想史上，荀子却是一个极其重要的人物。自汉至唐，荀子和孟子多并称于世，就可以推测荀子思想的深远影响。同样，司马迁的《孟子荀卿列传》就颇具象征意义，体现了史学家视域之中的孟子和荀子并列的历史地位。

隋唐时期三晋儒家学者的代表人物为王通和柳宗元。其中《中国儒学史·隋唐卷》的第二章《河汾之学的兴起》，就是论述王通的儒学思想文化。王通为有隋一代大儒，河汾学派的创始人，是隋代杰出的思想家和教育家。王通在故乡河汾设教期间，门徒众多，其中较有影响的有：河南董常、京兆杜淹、赵郡李靖、南阳程元、扶风窦威、河南薛牧、中山贾琼、清河房玄龄、巨鹿魏征、太原温大雅、颍川陈叔达等，培养了一大批具有真才实学的人才，成为后来唐代兴邦谋国的重要力量（比如房玄龄、魏征）。同样，同卷的第九章《柳宗元、刘禹锡的儒学思想》中，柳宗元则为唐代三晋著名的儒家学者。宋石介对其评价为："述作慕仲淹，文章肩韩愈"，"述作"指承继孔子之道，可以承续王通（王通字仲淹），"文章"指文学成就，可以匹配韩愈。从石介的评价术语之中，可见王通和柳宗元之间的学术传承。

孙复、司马光、郝经则为宋元时期三晋儒家的代表人物。其中：《中国儒学史·宋元卷》的宋代部分的《绪说》的第二节主要讲授孙复与《春秋尊王发微》，第三章讲述《司马光的儒学思想》。孙复与石介、胡瑗一起被后人合称为"宋初三先生"，"上承洙泗，下启闽洛"。孙复的学术造诣高于胡瑗，石介在学术上更推崇孙复，拜孙复为师。石介甚至把孙复比作为孔子，"自周以上观之，圣人之穷唯孔子；自周以下观之，贤人之穷者唯泰山明复先生"，可见孙复在当时的学术影响和学术地位。司马光为北宋道学的代表人物，其与周敦颐、程颐、程颢、邵雍、张载被朱熹称为"道学六先生"。郝经则为元代三晋儒家的代表人物。在元初理学在北方的传播过程之中，赵复和许衡是其中的关键人物，"北方知有程朱之学，自复始"，"论者谓程朱之学，自南至北，始于复，盛于衡"。从中国儒学史宏观发展历程尤其是程朱理学的传承来看，赵复和许衡确实发挥了重要的作用，但是从三晋地方儒学自身发展的历程来看，以郝经为代表的儒家学者在金元之际对于儒学的推行同样起到了重要的作用。

有明一代三晋儒家代表人物为薛瑄，在《中国儒学史·明代卷》第二章《明代前期的儒学》的第二节主要研究《薛瑄的河东之学》。薛瑄学宗程朱，创立"文清书院"，形成"河东学派"，门徒多以陕人为主，一定程度上为明代关学之重兴起了相当重要的作用。"关学大概宗薛氏，三元又其别派也。其门下多以气节著，风土之厚，而又加之学问者也"，"是时关中之学，皆自河东派来，而一变至道"（黄宗羲），为其赢得"明初理学之冠"的学术称誉。明代关学的主要代表人物为薛瑄的五代弟子吕柟，吕柟以"薛瑄为宗"，把明代关学 推向了鼎盛。

在明末清初反理学和提倡务实学风的背景之下，三晋大地上出现了被梁启超称为"清初六大师"之一的傅山。傅山与顾炎武、黄宗羲、王夫之、李颙、颜元并称，足见其在清初的学术历史地位。蔡尚思认为，"傅山在明清间的大师中思想的解放既为黄宗羲、顾炎武、王船山等所不及，而在大河以北的大学者中，也为孙奇逢、颜习斋等所难比"①，可见傅山在"清初六大师"中的突出地位。

我们从子夏开始对三晋儒家在各个时代的代表性人物进行梳理，不难发现，三晋儒家在中国儒学发展的历程之中占有重要的学术地位，他们的学术思想成就为中国儒学发展做出了重要的学术贡献。从子夏、荀子到王通、柳宗元，再到孙复、司马光、郝经，直至薛瑄、傅山等一批三晋儒家学者，在中国儒学发展的历史长河之中留下了学术足迹。

二 三晋儒家之思想文化

中国儒家学说，源远流长，博大精深。作为华夏文明的主要传承者，自创始人孔子起就自觉地以继承夏、商、周三代文化为己任，由先秦百家中的显学而转变成为封建社会的正宗学术，并进而成为占意识形态统治地位的官方学术代表，并以社会教化形式渗入民间社会之中，最终演变成为中华民族文化的重要载体。儒家学术和儒家思想体现和渗透在中国古代社会生活之中，又以代表人物经典著述的文本形式而呈现，并以官方的文教政策和学校教育得以加强、推行，使得思想文化和意识形态高度统一，并最终以文化制度的形式得以巩固和强化，成为中国传统文化的主要文化表征。我们对于儒家思想文化的研究，就是在具体的历史文化背景的基础上，结合儒家思想文化的各个发展阶段，以代表性儒家学者为研究对象，从思想文化传承的视角来全面呈现儒家思想文化之学术本真。

（一）儒家之思想文化

我们试图从儒家思想文化的兴起和分化、独尊和变异、复兴和终结等三个主要方面，来概括性地呈现各个阶段儒家代表人物的思想文化特点，

---

① 蔡尚思：《傅山在中国学术思想史上的重要地位》，《晋阳学刊》1984 年第 5 期，第 50 页。

以此来从整体上把握儒家之思想文化。

1. 儒家思想文化的兴起和分化

自孔子开创儒家以来，儒学就成为中国传统思想的主流。儒家思想文化的兴起和分化，主要研究先秦及春秋战国时期的儒家思想文化，主要涉及儒家代表人物以孔子及其门人、孟子和荀子为主。儒家作为先秦百家中的显学，通过兴办私学、开展争鸣、广出游说等方式和手段，使儒家学派得以发展和壮大，儒家学术思想也随之得以推广和流行。作为儒学创始人的孔子，"祖述尧舜，宪章文武"，在借鉴和继承夏商周文化典章制度的基础之上，整理与传授了古代文化典籍，形成了系列德化人生的价值系统，创立了儒家学派，为儒家的兴起奠定了基础。

孔子在创办儒家学派的同时，创办私学培养了大批弟子，这些弟子从来源上看，来自鲁、齐、卫、陈、晋、宋、蔡、吴、赵、秦、楚、燕等十多个封国和地区；从出身上看，有的是贵族子弟，有的是平民庶人，地域范围和社会阶层都非常广泛，"弟子盖三千焉，身通六艺者七十有二人"（《史记·孔子世家》），为扩大儒家思想文化的影响做出了贡献。在孔子死后，孔门弟子及其后学不断分化，形成了儒学的不同派别。"自孔子之死也，有子张之儒，有子思之儒，有颜氏之儒，有孟氏之儒，有漆雕氏之儒，有仲梁氏之儒，有孙氏之儒，有乐正氏之儒"（《韩非子·显学》），这就是"儒分为八"的儒家学派的分化情况。但是，应该指出的是，韩非子所描述的这八个儒家学派，他们之间并不是并列关系，也不是同时出现的儒家学术派别，而是在韩非子之前或韩非子所处时代，孔子死去之后，韩非子认为有影响的儒家学术派别。实际上，韩非子所提到的八个儒家学派体现了孔门弟子中部分情况，并没有较为全面地呈现孔门弟子分化之后的儒家学派全貌。因为"自孔子卒后，七十子之徒散游诸侯，大者为师傅卿相，小者友教士大夫，或隐而不见。故子路居卫，子张居陈，澹台子羽居楚，子夏居西河，子贡终于齐"（《史记·儒林列传》），而形成诸如"大者""小者""隐者"等生活状态和学术活动方式，不过像以文学而著称的子夏却没有受到韩非子的关注，其中的原因确实有待进一步考证。但不可否认的是，孔子的思想文化正是通过孔子弟子及再传弟子的努力，或出仕为官，或守道隐逸，或四方游历，或招收弟子等多种多样的途径，得以传播、继承和弘扬，并最终成为先秦百家中的显学。

孔子弟子及其后学对于孔子学说思想的继承和弘扬，为孔子与孟子、荀子之间的学术联系起到了桥梁和中介作用。同样，孔门弟子对于孟子和荀子学术思想的影响，以及孟子和荀子在先秦儒家学派中的重要学术地位，成为先秦时期儒家思想文化发展的一个重要成就。孟子曾说："予未得为孔子徒也，予私淑诸人也"（《孟子·离娄下》），"私淑诸人"即指孔门后学；荀子也曾说："今夫仁人也，将何务哉？上则法舜、禹之制，下则法仲尼、子弓之义，以务息十二子之说，如是则天下之害除，仁人之事毕，圣王之迹著矣"（《荀子·非十二子》），足见仲尼、子弓（注：学术界多认为是仲弓）在荀子心目中的位置和地位，荀子思想明显受到了仲弓思想的影响。以性善论和性恶论为代表的孟子和荀子，在儒家心性论发展史上占有十分重要的学术地位。

2. 儒家思想文化的独尊和变异

儒家思想文化的独尊和变异，主要研究汉唐时期的儒家思想文化，主要涉及的儒家代表人物有汉代的董仲舒、隋代的王通、唐代的韩愈和柳宗元等。

以董仲舒为代表的汉代儒家，用阴阳五行宇宙论来安排一切，认为人事政治伦常规范与自然规律是同一构造，并在其策动之下，汉武帝实行了"罢黜百家，独尊儒术"的政策，使儒学取得了独尊的历史地位。儒学的独尊，使儒学主体由私学而转变为官学，由一派之学而转变为统治之学，从而使得儒学在诸学中的社会地位发生了一次重大的历史转折，并实现了为统治阶级服务的社会功能。两汉时期儒学独尊地位的确立，使儒学呈现出官方化、神学化、经学化的特点。其中，官方化是指汉儒成为儒法合流之儒，儒学上升为统治阶级的意识形态；神学化是指儒学同谶纬神学相结合，出现谶纬之学的文化表征；经学化是指儒学著述的经学化，具体表现为战国后期以"六经"命名的儒家著作得到官方确认，以设置五经博士为标志，从而提高了章句之学的学术地位，并进而成为官学教育的主要教育内容。

儒学的变异是指在儒学取得独尊地位之后，在中国封建社会内部出现了新学术思想的情况之下，儒学为维护其独尊地位而做出的学术调整，具体表现为"援道入儒"和"援佛入儒"。其中："援道入儒"主要表现为以调和自然与名教等相关学术范畴之间的关系而产生了玄学。玄学对于有

与无、本与末、体与用、生与化、名教与自然等范畴的学术论争，拓展了
儒学自身研究的视阈，为儒学实现"形而上"的本体论建构起了促进作
用；"援佛入儒"主要表现为儒家由与佛教对立转变为开始吸收和借鉴佛
教的文化因子，并出现了融合三教的理论倾向。如颜之推就主张全面吸收
佛学，认为儒、释在本源上具有一致性，并有用佛教操作性较强的五戒来
取代儒家之五常的学术趋势；同样，王通本人也具有融合三教的倾向，并
明确提出"三教可一"的学术意向；柳宗元本人也具有融合佛学之倾向，
"儒以礼立仁义，无之则坏；佛以律持定慧，去之则丧"，"浮图诚有不可
斥者，往往与《易》《论语》合"，"不与孔子异道"，儒、释具有沟通和
互通的学术可能和必要。与此同时，韩愈却是站在借鉴和汲取佛学而又坚
决反对佛学的立场之上来复兴儒学，表现出同王通和柳宗元对待佛学的不
同立场，但反映了同时期儒家学者注重吸收道教和佛教文化中的合理因子
来复兴儒学的学术趋向以及学术融合的学术走向。

3. 儒家思想文化的复兴和终结

儒家思想文化的复兴和终结，主要研究宋元明清时期的儒家思想文
化，主要涉及的儒家代表学说以程朱理学、陆王心学以及实学思潮等为
主。

儒家思想文化的复兴，是指有宋一代儒学在同道教、佛教等学术文化
进行论争的基础之上，不断提高自身的理论品质和学术地位并形成新的学
术形态——理学的过程。所以说，儒学的复兴也可以被看作为理学发端与
开创、形成与确立以及思想体系的最终完成的学术过程。理学最为显著的
思想文化标志就是：二程奠定基础，朱熹集其大成。理学形成和发展的过
程也是与心学和实学不断论争和不断发展的过程。以陆九渊开其先河、王
阳明综合其大成的心学在同理学；以陈亮、叶适为开端，王廷相、吕坤等
承其后的实学在同理学和心学的论争之中，促进了理学的发展和繁荣。同
样，从儒学实现独尊地位之后，在中国古代儒学发展史上就一直存在官方
用世之学和民间异端之学的互动并存局面，在朝之士和在野之民彼此之间
的学术论争和学术交流成为儒学不断得以发展的内在保障。

儒学的终结从学术走向上来看表现为理学的衰落及实学和启蒙思潮的
兴起，从学术动态上来看表现为清儒对传统儒学进行考据、整理和总结，
但是究其实质却是传统儒学自身的发展已经到了极限，在面对新的文化思

潮挑战之时，不能再次从理论高度上给予国人指引，进而标志着传统儒学在中国近代化的历程中走向了历史的终结。

（二）儒家思想文化中之三晋儒家思想文化

我们在对儒家思想文化作整体分析的基础之上，结合三晋儒家在各个阶段代表人物的代表思想文化，来从整体上呈现三晋儒家思想文化在儒家思想文化发展历程中的学术位序。

儒家思想文化兴起和分化中之三晋儒家思想文化，主要以子夏和荀子为代表。在孔子心目当中子夏属于后进弟子，尤其是在文学方面见长，子夏本人也因其文学方面的成就而被孔门后学成为十大哲人之一。子夏在文学方面的成就，主要在于对儒家经典的整理和传播，特别是对《诗》经典的传授（可能关于儒家经典的传播过程和传承顺序，学者们有所论述不一，但是我们不可以就此否认子夏在文学即儒家经典整理和传播方面的贡献）。子夏在西河设教深得魏文侯赏识，故在一定程度上促进了儒学在西河地区以及三晋大地的传播，荀子的出现及学术贡献都与子夏有密切的关系。荀子作为与孟子齐名的儒家学者，其在人之性恶与化性起伪、隆礼与尊君重法、天人之分与天生人成等方面，取得了重要的学术贡献。荀子也成为先秦时期儒家思想文化发展的一面旗帜，在汉代以前孟子与荀子一直是并称于世的，汉代大儒董仲舒曾专门作书赞美荀子，司马迁在《史记》之中介绍诸子之时专门亦独以孟、荀标目。足见，荀子在汉代以前的学术地位和学术影响，"汉兴，诸经皆传自荀卿，其功最高不可诬"（梁启超）。

儒家思想文化独尊和变异中之三晋儒家思想文化，主要以王通和柳宗元为代表。王通和柳宗元虽然一个出生在隋一个出生在唐，但是他们所面临儒家学术问题却大致相同。他们对处于儒家思想文化发展的变异期，儒家思想文化受到了道教文化和佛教文化的冲击，如何面对和处理儒家思想文化与二者之间的关系，就成为儒家学者所必须面对的问题。显然，不考虑具体情况的绝对反对是不妥的，同样绝对的尾随也不符合儒家学者的学术风范。因此，从王通开始，就如何面对和处理儒学所遇到的挑战进行有益的学术尝试，进而提出以儒学为主导的"三教可一"的学术主张，以实现"一"于儒家，"一"于皇极大中之道直至归于儒学本位的学术理想。柳宗元的"援佛入儒"主张，就是在王通"三教可一"思想基础之上的继承和发展。柳宗元在兼容儒、释、道方面表现出一种自觉的姿态，基本上是以儒学为本位，吸收和借鉴佛、道之长。柳宗元提出天理、人理等儒学范畴并进行论述，对于宋明理学的发展具有重要的现实意义。无论是王通还是柳宗元，他们在对待道教和佛教的态度上，相对于韩愈来说要温和得多，体现了一种务实精神也代表了儒家学术发展的最终走向。

　　儒家思想文化复兴和终结中之三晋儒家思想文化，主要以孙复、郝经、薛瑄、傅山为代表。在有宋一代，理学的出现为儒学实现对道教和佛教的超越提供了学术保障。孙复作为宋初理学发展的"三先生"之一，对于儒学的复兴和理学的兴起，有直接的影响和发端的作用和意义。特别是孙复治经不泥训诂，开宋代义理之学的先河，《春秋尊王发微》具有重要的义理学开创价值。孙复之后，金元之际的郝经为儒学在元代包括三晋大地的传承起了重要的推动作用。我们对于元代理学的传承发展，研究的视阈主要集中于赵复和许衡所起的作用，而在一定程度上忽略三晋儒家学者所作出的贡献。孙复之后，程颢曾做泽州晋城令，对于儒学包括理学在三晋大地的传播起到了正面效应。郝经的先人郝元就曾亲闻程颢在晋城授课之情形，并以此为志勉励自我。郝经的祖父郝天挺曾教授元好问，其本人也深受祖父学术思想的影响而成为泽州地区著名的儒者。郝经因自己的才识得到赵复的赏识，使得自己在元朝名声大振，并提出"用夏变夷"观点，为理学在元代的传播起到了重要的推动作用。明代薛瑄在明初继曹端而起，开北方"河东之学"，门徒遍山西、河南、关陇一带，蔚为北方朱学大宗，"开明代道学之基"。明清之际随着理学的衰落，中国儒学思想文化逐渐走向没落，在中国封建社会内部产生了具有精神启蒙作用的务实学风，以傅山为代表的三晋儒家学者在对儒学传统经典进行整理和总结的同时，试图从中国古代传统文化本身探寻中国文化发展的内在动力，形成了不同于理学和心学的学术风气和学术体系。启蒙思潮的出现既是对中国古代传统文化的理性梳理，又是对社会发展新趋势的学术回应。

第二章 三晋儒家思想文化的兴起和分化

德行：颜渊，闵子骞，冉伯牛，仲弓。

言语：宰我，子贡。

政事：冉有，季路。

文学：子游，子夏。

———《论语·先进》

这是孔子在陈、蔡之时所列出的 10 位弟子，就是后人所称谓的孔门"十哲"。三晋儒家思想文化就是从"十哲"之一的子夏开始的……

第一节 儒学兴起和分化中之三晋儒家

尧都平阳、舜都蒲坂、禹都安邑，三位古代贤人都曾在三晋大地活动，至今都留存有相关的历史遗迹；

孔子回车，无论孔子是否来过三晋大地，至今都有关于孔子回车的故事和以回车命名的历史遗迹及村落；

子夏西河设教，无论西河的位置是否确切就在三晋大地，至今三晋河东地区都保留关于子夏设教的历史故事和历史遗存……

这些历史遗迹都表明三晋大地与儒家之间的不解之缘和学术联系，我们对于三晋儒家思想文化的研究有着深深的泥土气息和历史使命。

一 儒学兴起和分化之文化脉理

学术界关于儒学的起源虽史无定论，但是出现了三种较为通行的论说："王官"说、"世变"说、"道统"说①。其中："王官"说在于说明儒的起源与某种官职相关；"世变"说则强调儒学起源的历史文化背景；"道统"说则突出儒学自身内部的学术产生机制和思想渊源，更多的是为思想文化的产生寻求内在的学术依据。学者们对于儒学起源的学术探究目的在于为儒学立法，试图从其产生的源头上来分析儒家学术思想演变的原动力。

（一）儒学的兴起：孔子及其学术贡献

学术界虽然对儒学的起源存在争议而无定论，但是对孔子作为儒学的奠基人则毫无异议。儒学正是从孔子开始，并经过孔子及其弟子和再传弟子的学术作为，而成为中国古代传统社会的主流思想文化形态。我们试图在探究孔子所建构的儒学体系的基础之上，从儒学思想文化的源头上来探寻儒学自身的学术魅力。

1. 孔学的思想文化体系

正如港台新儒家代表人物牟宗三、徐复观、唐君毅、张君劢在1958年元旦联名发表的题为《中国文化与世界》的文化宣言中所阐述的，"中国学术文化当以心性之学为其本原"，"此心性之学，正为中国学术思想之核心，亦是中国思想之中所以有天人合德之说之真正理由所在"，"乃通于人之生活之内人之与外及人之与天之枢纽所在，亦即贯通社会伦理方法，内心修养，宗教精神，及形而上学等而一之著"②。因此，我们对于儒家学者包括三晋儒家学者的思想文化的分析也需要从心性之学出发来展开，并以此来探寻儒家历代学者之间的学术价值和学术贡献。

（1）本体论：仁

"仁"是孔子思想的核心范畴，包括"克己复礼为仁"和"仁者爱人"两个方面的主要内容，涉及"礼"和"仁"两个基本范畴。其中："克己复礼为仁"指以周礼作为人生标准，在实际生活之中做到"非礼勿

① 注：持"王官"说者主要依据《汉书·艺文志》"儒家者流，盖出于司徒之官"，近人章太炎支持此说；持"世变"说者在批判儒学起源的"王官"说的基础之上，认为"学术之兴皆本于世变之所急"，儒学的起源也不例外，近人胡适赞同"世变"说；持"道统"说者在于显扬儒道之微言密旨，从尧舜等古代先贤开始探寻儒学的源头。

② 牟宗三等：《中国文化与世界》，《中国文化的危机与展望——当代研究趋向》，台湾时报文化出版公司1981年版，第124页。

视，非礼勿言，非礼勿听，非礼勿动"（《论语·颜渊》），要求人们从视、听、言、动的感性经验上符合"礼"的规定。同样，因合"礼"而达到"仁"就具有伦理规范的作用和价值。孔子的一个重要的学术贡献就是对"礼"思考的重心，从外部的世界转向生命的内部，让"礼"既发挥对道德生命塑造的外部秩序的规范作用，又起到对一个道德生命的内部成长的价值引导——立于礼。即："礼之用，和为贵，先王之道，斯为美，小大由之；有所不行，知和而和，不以礼节之，亦不可行也"（《论语·学而》）。

礼对道德生命塑造的外部秩序的规范作用，以"仁"为最终的旨归：

> 颜渊问仁。子曰："克己复礼为仁。一日克己复礼，天下归仁焉。为仁由己，而由人乎哉？"颜渊曰："请问其目。"子曰："非礼勿视，非礼勿言，非礼勿听，非礼勿动。"颜渊曰："回虽不敏，请事斯语矣。"（《论语·颜渊》）

既然"克己复礼为仁"，那么何谓"礼"呢？

> 林放问礼之本。子曰："大哉问！礼，与其奢也，宁俭；丧，与其易也，宁戚。"（《论语·八佾》）

"大哉问"足见孔子对于礼之本的重视，及礼在孔子心目中的地位。"奢"和"俭"，"易"与"戚"，主要关乎对于礼本质的认识问题。礼在于人们对其本身的接受和理解，而不应该把礼与财物过多地结合起来，产生财物越重礼越重的错误认识，"礼云礼云，玉帛云乎哉"（《论语·阳货》），从而忽略人们内心的自我感受，特别是统治者"居上不宽，为礼不敬，临丧不哀"（《论语·八佾》）的表现。那么正确的认识又应该是什么呢？

> 子夏问曰："'巧笑倩兮，美目盼兮，素以为绚兮'，何谓也？"子曰："绘事后素。"曰："礼后乎？"子曰："起予者商也！始可与言诗已矣。"（《论语·八佾》）

"绘事后素"，朱熹解释说："绘事，绘画之事也。后素，后于素也。
《考工记》曰：绘画之事后素功。谓先以粉地为质，而后施五采。犹人有
美质，然后可加文饰。"（《论语集注·八佾》）绚的根本是素，绘的根本
也是素，同样礼的根本更是素，就如同"丧"的根本在于"戚"，就在于
人们内心的自我感受和自我体验。

> 宰我问："三年之丧，期已久矣。君子三年不为礼，礼必坏；三
> 年不为乐，乐必崩。旧谷既没，新谷既升，钻燧改火，期可已矣。"
> 子曰："食夫稻，衣夫锦，于女安乎？"曰："安。""女安则为之！夫
> 君子之居丧，食旨不甘，闻乐不乐，居处不安，故不为也。今女安，
> 则为之！"宰我出，子曰："予之不仁也！子生三年，然后免于父母
> 之怀。夫三年之丧，天下之通丧也。予也有三年之爱于其父母乎？"
> （《论语·阳货》）

宰我认为如果坚守三年守丧之期，必然会带来礼坏乐崩的结局，故发
问是否可以缩短守丧之期。孔子却认为守丧与否不在于期限之长短，而在
于个体自我的心理感觉——"安"（内心的自我感受），何况子生三年才
能免于父母之怀，所以三年守丧之期就是子女对父母爱的表现和表达。礼
由外在的规范变为个体自我内部的自觉，让个体在自我修养过程之中提高
自己的道德品质，从而实现礼之外在功用——"立"。

> 兴于诗，立于礼，成于乐。（《论语·泰伯》）

立于礼，因礼而立。程子解释"三十而立"云："立，能自立于斯道
也"。可见，立与道德关系，那么礼、道、立三者之间的关系又如何呢？

> 陈亢问于伯鱼曰："子亦有异闻乎？"对曰："未也。尝独立，鲤
> 趋而过庭。曰：'学诗乎？'对曰：'未也'。'不学诗，无以言。'鲤
> 退而学诗。他日又独立，鲤趋而过庭。曰：'学礼乎？'对曰：'未
> 也。''不学礼，无以立。'鲤退而学礼。闻斯二者。"（《论语·季
> 氏》）

人之能自曲直以赴礼者，谓之成人。（《左传·昭公二十五年》）

子路问成人。子曰："若臧武仲之知，公绰之不欲，卞庄子之勇，冉求之艺，文之以礼乐，亦可以为成人矣。"曰："今之成人者何必然？见利思义，见危授命，久要不忘平生之言，亦可以为成人矣。"（《论语·宪问》）

礼的作用在于立，当人对于道没有内在体悟之前，外在的礼就能发挥规范的制约作用，为人们维护内心的道提高支撑。当人们在内心之中形成对礼的接纳之后，"能自曲直以赴礼"则就可以达到成人之境界，即养成相应的道德品质——知、不欲、勇、艺。即使不能达到完满之境，但最起码也能做到"见利思义，见危授命，久要不忘平生之言"的人格修养。"孔子关于礼之本的思考，使得儒家把重心从外部的世界转向生命的内部。正是在这个方向上，心性论才得以发展出来"①。

既然"克己复礼为仁"，那么在讨论何谓"礼"之后，我们就更有必要来体悟孔子之"仁"。

樊迟问仁。子曰："爱人"。问知。子曰："知人"。樊迟不达。子曰："举直错诸枉，能使枉者直。"樊迟退，见子夏曰："向也吾见于夫子而问知。子曰：'举直错诸枉，能使枉者直。'何谓也？子夏曰："富哉言乎！舜有天下，选于众，举皋陶，不仁者远矣。汤有天下，选于众，举伊尹，不仁者远矣。"（《论语·颜渊》）

仁者爱人，爱为仁之本。仁是一种情感，它涉及某种关系，关联着一种秩序，指向着某一种对象。即"唯仁者能好人，能恶人"（《论语·里仁》）。仁者只有拥有好恶两种道德品质，才是一个真正的仁者，否则就会成为一个能好而不能恶者的"乡愿"。那么仁者所恶的对象或行为又是什么呢？

---

① 汤一介、李中华主编：《中国儒学史》（先秦卷），北京大学出版社2011年版，第68页。

子贡曰："君子亦有恶乎？"子曰："有恶。恶称人之恶者，恶居下流而讪上者，恶勇而无礼者，恶果敢而窒者。"曰："赐也亦有恶乎？""恶徼以为知者，恶不孙以为勇者，恶讦以为直者。"（《论语·阳货》）

子曰："恶紫之夺朱也，恶郑声之乱雅乐也，恶利口之覆邦家者。"（《论语·阳货》）

君子所恶之事为：第一，"恶称人之恶者"，宣扬他人的缺点；第二，"恶居下流而讪上者"，居下位之人毁谤上位之人；第三，"恶勇而无礼者"，勇猛而不动礼节之人；第四，"恶果敢而窒者"，揭发他人隐私而当为直率之人。我们可以看到：君子所恶之事为非礼的破坏正常秩序的行为或言语的事情。正是因为君子所爱符合礼的秩序和言行，所以才恶非礼的秩序和言行。即因爱而生恨。

既然君子具有"仁之爱人"的道德品质，那么在现实生活之中又该如何体现呢？也就是说，基于仁的道德品质所产生的道德行为又是什么呢？我们知道：个体道德包括道德认知、道德情感、道德信念和道德行为，道德认知是基础，道德行为是关键，同样道德行为也是检验道德品质"行"的标准。只有在行中体现个体自身所具有的道德品质，才能真正实现道德修养过程中的知行统一。

在孔子看来，基于"仁"的道德行为是道德关系中的行为，体现在为己和为人的辩证统一之中。

子贡曰："如有博施于民，而能济众，何如？可谓仁乎？"子曰："何事于仁？必也圣乎！尧舜其犹病诸。夫仁者，己欲立而立人，己欲达而达人。能近取譬，可谓仁之方也已。"（《论语·雍也》）

子夏曰："贤贤易色；事父母能竭其力，事君能致其身，与朋友交言而有信。虽曰未学，吾必谓之学矣。"（《论语·学而》）

仁者行为就是："己欲立而立人，己欲达而达人"，推己及人，由肯定自己推及肯定他人，"近取诸身，以己所欲譬之他人，知其所欲亦犹是也。然后推其所欲以及于人，则恕之事而仁之术也"（朱熹：《论语集注·雍也》），"能近取譬"为"仁之方也"。

仁者之仁爱品质还体现在与父母、君臣和朋友之间的关系之中，事父母、事君以及与朋友交，体现竭其力、致其身以及言而有信，只有这样才是仁德真正体现和表达。由孝而悌而朋友之信而人类之爱，就是体仁的品质和表现。"弟子入则孝，出则悌，谨而信，泛爱众，而亲仁"（《论语·学而》）由孝悌之爱而推及的仁之根本，就是孔子心目之中仁爱的最终追求和道德境界。即基于血缘关系之孝悌是仁之根本，也是人之为人的所在。"其为人也孝悌，而好犯上者鲜矣。不好犯上而好作乱者，未之有也。君子务本。本立而道生。孝悌也者，其为仁之本与！"（《论语·学而》）

孔子用"克己复礼为仁"构建起了为个体所普遍遵循的伦理秩序，"爱的本质是把人们联系起来，成为一个整体，而礼则负责构造支撑这个整体的结构，以让这个整体可以延续下去"，"正是由于礼，一个社会才可以'立'，建立在爱的基础之上的各种关系才可以得到普遍而确定的表达"①。由此，孔子形成了"以仁为本"的思想体系和伦理秩序。

（2）工夫论：执两用中

"执两用中"的中庸之道，是孔子践行其仁爱思想的方法论基础，同样也是君子和小人的分界线。

> 君子中庸，小人反中庸。君子之中庸也，君子而时中；小人之反中庸也，小人而无忌惮也。（《礼记·中庸》）

君子能够灵活地坚持中庸的原则，会因"时"而"中"，即依据变化的情况而恪守"中道"；只有小人最容易违背中庸之道，而不顾实际情况无所畏忌的采取过火的行动。故此，中庸原则的提出既是君子自我人格的真实体现，同样也是以此来提防和限制小人过火行为的应对之策。

> 吾有知乎哉？无知也。有鄙夫问于我，空空如也，我叩其两端而竭焉。（《论语·子罕》）

---

① 汤一介、李中华主编：《中国儒学史》（先秦卷），北京大学出版社 2011 年版，第 78 页。

在孔子看来，叩其两端寻求解决问题的办法，就是把握过分和不及的事物两端，"不得中行而与之，必也狂狷乎！狂者进取，狷者有所不为也。"（《论语·子路》）狂狷者就是过分和不及的合体，狂者行为过分，狷者行为不及，过分和不及都不是好的解决事物的办法和对策，"过犹不及"①（《论语·先进》）。故此，狂狷者是不符合中行之道的人，只有"无过无不及"才是中行之道。那么，在实际生活之中如何才能做到"无过无不及"呢？孔子认为：

> 尧曰："咨！尔舜！天之历数在尔躬，允执其中。四海困穷，天禄永终。"舜亦以命禹。曰："予小子履，敢用玄牡，敢昭告于皇皇后帝：有罪不敢赦。帝臣不蔽，简在帝心。朕躬有罪，无以万方；万方有罪，罪在朕躬。"周有大赉，善人是富。"虽有周亲，不如仁人。百姓有过，在予一人。"谨权量，审法度，修废官，四方之政行焉。兴灭国，继绝世，举逸民，天下之民归心焉。所重：民、食、丧、祭。宽则得众，信则民任焉。敏则有功，公则说。（《论语·尧曰》）

既然"允执其中"就能行中行之道，那么怎样的人才能"允执其中"呢？

> 唯仁者能好人，能恶人。（《论语·里仁》）
> 道之不行也，我知之矣，智者过之，愚者不及也；道之不明也，我知之矣，贤者过之，不肖者不及也。（《礼记·中庸》）

为何君子能知"道之不行"与"道之不明"呢？因为君子注重自我认识和自我控制能力的培养。即"为仁由己"，就是要求君子具有自省自克的能力，同样这也是君子和小人的分界线。"君子求诸己，小人求诸人"（《论语·卫灵公》），孔子甚至认为小人从未有自我反省的行为，

---

① 注：子贡问："师与商也孰贤？"子曰："师也过，商也不及。"曰："然则师愈也？"子曰："过犹不及"（《论语·先进》）。这是孔子较早提到的关于"过犹不及"的思想，子张表现出过和子夏表现出不及，都是偏离了"中"。

"吾未见能见其过而内自讼者也"（《论语·公冶长》），所以只有君子才会"反求诸己"，才能"反求诸己"。

> 吾一日三省吾身，为人谋而不忠乎？与朋友交而不信乎？传不习乎？（《论语·学而》）
>
> 见贤思齐焉，见不贤而内自省也。（《论语·里仁》）

孟子对其进一步阐释为：

> 爱人不亲，反其仁；治人不治，反其智；礼人不答，反其敬。行有不得者，皆反求诸己。（《孟子·离娄上》）
>
> 君子从个人自我修养到事功层面，都能严于律己，宽以待人，养成"自省"的道德品质。即所谓"躬自厚而薄责于人，则怨远矣"（《论语·卫灵公》）。

自克与自省相辅相成，如果自省强调道德体系自我内部道德品质的提升，那么自克更加强调外在道德规范对于道德个体自身品质的监督和调节作用，二者互为表里。

自克就是自我监督和自我控制能力的培养问题，"克己复礼为仁"（《论语·颜渊》），按照礼的规定来克制自己不正确的言行，就符合礼的外在要求和仁的内在规定，旨在用礼作为克己和约束自己言行的规范。故此，"非礼勿视，非礼勿听，非礼勿言，非礼勿动"，个体的视、听、言、动都要合乎礼，都要按照礼的规定来视、听、言、动，就能达到克己复礼的道德行为，就个体来说变成为了"仁人"，就社会来说就实现了"仁"的理想。因此，"从本质上来说，它（儒家）不是宗教，而是人生实践之学，正如他们所说'践行尽性'就是了。践人之形，尽人之性，这是什么？这是道德。道德之真在自觉自律，而宗教信徒却接受规范于外，与此相反"①，这就是儒家道德实践之中的"践履躬行"。"始吾于人也，听其

---

① 梁漱溟：《孔子在中国历史上的地位》，《孔子研究论文集》，教育科学出版社1987年版，第14页。

言而信其行；今吾于人也，听其言而观其行"（《论语·公冶长》），就是所谓的君子必须"学以致其道"（《论语·子张》），"行义以达其道"（《论语·季氏》）之道德实践。

（3）发用论：君子和圣人

正如美国学者狄百瑞曾经指出，"虽然《论语》作为一部语录和轶事的集子看起来缺乏系统的结构，叙述也颇为游离，但是它作为一个整体仍然具备自身的焦点——君子。从君子入手十分有利于我们更好地理解《论语》。《论语》的魅力之所以经久不衰，并不在于它阐释了一套哲学或者思想体系，而是在于它通过孔子展现了一个动人的君子形象"①。正如朱熹所言，"君子，成德之名"（《论语集注》）。正如余英时所言，"孔子以来的儒家是把'君子'尽量从古代专指'位'的旧义中解放了出来，而强调其'德'的新义"②。仁者德性实践的化身就是君子，孔子及其弟子促成了君子从身份和地位的象征向道德实体的转变，学为君子就成了儒家学者的精神动力和目标追求。

"君子"一词在《论语》之中共出现了 106 次之多，足见其在孔子心目中的地位。那么，究竟何谓君子呢？

知者不惑，仁者不忧，勇者不惧。（《论语·子罕》）

君子道者三，我无能焉，仁者不忧，知者不惑，勇者不惧。（《论语·宪问》）

知、仁、勇，三者天下之达德也。（《礼记·中庸》）

智慧、仁德、勇敢为君子所必备，是君子理想人格的主旨所在。那么如何才能让自己具备知、仁、勇之三大德，而最终成为君子之理想人格呢？孔子给出的答案是：终身学习。

子曰："吾十有五而志于学，三十而立，四十而不惑，五十而知

---

① ［美］狄百瑞：《儒家的困境》，北京大学出版社 2009 年版，第 34 页。
② 余英时：《儒家"君子"的理想》，《中国思想传统的现代诠释》，江苏人民出版社 1989 年版，第 121 页。

天命，六十而耳顺，七十而从心所欲不逾矩。"（《论语·为政》）

孔子的理想人格典范，成为弟子们心目中的楷模和前进的方向：

> 颜渊喟然叹曰："仰之弥高，钻之弥坚，瞻之在前，忽焉在后。夫子循循然善诱人，博我以文，约我以礼。欲罢不能，即竭吾才，如有所立卓尔。虽欲从之，末由也已。"（《论语·子罕》）

从颜渊的言语表述之中，我们可以清晰地看到孔子在弟子们心中的伟大形象，以及孔子对弟子们的教化和感召的力量。正如子贡所言，"夫子之不可及也，犹天之不可阶而升也。夫子之得邦家者，所谓立之斯立，道之斯行，绥之斯来，动之斯和。其生也荣，其死也哀，如之何其可及也？"（《论语·子张》）从某种程度上来说，孔子既是理想人格的代表，同样也为弟子们树立了前进的方向。孔子用其一生的践履躬行，为弟子们阐释了如何才能成为一个君子的正确路径。

儒家所理解的最高人格理想是圣人，拥有人伦之至的理想品格。在孔子心目之中，具有完美人格的人就是圣人，也就是他口中的"仁人"。孔子认为殷商时期有三位"仁人"，"微子去之，箕子为之奴，比干谏而死。孔子曰：'殷有三仁焉'"（《论语·微子》），他们是"无求生以害仁，有杀身以成仁"（《论语·卫灵公》）的仁人。孔子对于圣人推崇至极：

> 子曰："圣人，吾不得而见之矣，得见君子者斯可矣。"（《论语·述而》）
> 君子有三畏：畏天命、畏大人、畏圣人之言。（《论语·季氏》）
> 君子之道，焉可诬也？有始有卒者，其唯圣人乎！（《论语·子张》）

实际上看，孔子本人认为经过自己的努力，成为君子是有可能的，并且自己不愿承认，但也不否认自己是一个君子。孔子的君子形象，在弟子们心目当中就是他们的圣人。从君子所应具备的三达德来看，就算要成为君子也是非常困难的，更何况成为圣人之路更是难上加难。孔子通过自己对于礼和仁的表述，通过自身的道德实践，向弟子们展示了一条通往君子之路的理想道路。同样，孔子成为君子的化身，也赋予了君子更加丰富的实践内涵和人格魅力，让弟子们在坚守仁德的同时找到了自己努力的方向与奋斗的目标。

2. 孔学的历史贡献

孔学的心性论贡献。心性理论是儒家思想的核心，孔子对于礼与仁的阐释为心性理论的发展提供了理论基础。"孔子关于礼之本的思考，使得儒家把重心从外部的世界转向生命的内部。正是在这个方向上，心性论才得以发展出来"，"在孔子这里，有关人性的思考就已经发端。'性相近也，习相远也'的说法虽然简略而模糊，却把性和习的问题都提了出来，成为后来儒家内部丰富的人性论主张的基础。性之中究竟有没有包含着仁和礼或者它们的'端'，这是后来儒家一直争论不休的问题"[①]。可见，孔子不仅提出了性和习的心性论的核心问题，也引发了后世儒者对于性之端的思考和争议。儒家心性论正是从孔子开端被不断丰富和补充，而成为儒家思想文化及中国传统文化的思想核心。

孔子的古籍整理贡献。孔子一生"述而不作，信而好古"（《论语·学而》），以无限热爱和崇敬的心情对待先民的创造成果，在"删诗书、定礼乐、修春秋、序易传"的过程中，整理和修订了中国古代传统的重要典籍，在孔子及其弟子对旧有经典的阅读与解释之中，赋予了旧经典新的意义[②]。《庄子·天运篇》引孔子言："丘治《诗》《书》《礼》《乐》《易》《春秋》六经，自以为久矣"，道家都把孔子与"六经"的流传联系在一起，足见孔子对于六经的学术贡献。在孔子之后，孔子弟子及其再传弟子，通过学派的学术努力，使得儒学成为中国封建社会的官方之学，让主要是承担"司徒之职"的原儒登上了大雅之堂。同样，记载孔子及其弟子言行的《论语》，更是成为中国传统经典代表之作（从汉代起，就

---

① 汤一介、李中华主编：《中国儒学史》（先秦卷），北京大学出版社 2011 年版，第 68 页。
② 注：《史记·孔子世家》中就曾记载："古者《诗》三千余篇，及至孔子去其重，取可施于礼义，上采契、后稷，中述殷、周之盛，至幽、厉之缺，……三百五篇，孔子皆弦歌之，以求合韶武雅颂之音"。虽然后世学者诸如孔颖达、朱熹、崔述、魏源等人都认为所谓删诗，不可能将三千多古诗删去绝大多数；但是，不可否认的是孔子让《诗》具有的新意义和新内涵。

作为经书的辅翼,与"六经"并行;到唐代开成年间,将《论语》列入经部;至宋代,又增列《孟子》为经;朱熹将《论语》《孟子》《大学》《中庸》合称为四书)。

孔学的学派贡献。孔子是儒家学派的创始人,儒学是中国传统文化的核心,足见孔学的学派贡献和学术成就。孔子从三十岁左右开始授徒讲学,一生秉承"有教无类"的从教原则,"以诗书礼乐教,弟子盖三千焉,通六艺者七十有二人"(《史记·孔子世家》),门徒众多,成效非凡,"徒属弥众,弟子弥丰,充满天下"(《吕氏春秋·当染篇》)。"盖自孔子身后,儒者之际遇,儒学之流衍,皆非孔子生前可比,而战国百家言遂亦以之竞起,其精神气运则皆自孔子启之也"(《史记·儒林列传》),如墨子曾"学儒者之业,受孔子之术";早期法家与子夏之儒有师承关系,后期法家李斯与韩非均为荀子的门徒;至于杂家,也多承儒学之宗,孔子及其学派的贡献可见一斑。

(二)儒学的分化:"儒分为八"及其思想特点

孔门弟子的分化于孔子在世之时就已经发生,弟子众多,性格不同,产生学术争议是很正常的事情。孔子去世之后,无形之中加剧了弟子们之间的分化速度,也促成了孔门弟子之间不同派别的产生。"儒分为八"就是对孔门弟子分化的一种表达。

1. 孔子及其弟子

《史记·儒林列传》记载了孔子弟子的成就,"自孔子卒后,七十子之徒散游诸侯,大者为师傅卿相,小者友教士大夫,或隐而不见。故子路居卫,子张居陈,澹台子羽居楚,子夏居西河,子贡终于齐。如田子方、段干木、吴起、禽滑厘之属,皆受业于子夏之伦,为王者师,是时独魏文侯好学。后陵迟以至于始皇,天下并争于战国,儒术既绌焉,然齐鲁之间,学者独不废也。于威、宣之际,孟子、荀卿之列,咸遵夫子之业而润色之,以学显于当世"。《淮南子》《孔子家语》都有类似的记载,《论语》也记有三十余人可确认为孔子弟子。这些弟子受孔子之教,传孔子之道,有不少人为私学大师,以办学闻名于世,传孔子之衣钵。

我们试从历史文献的记载之中,重新梳理孔门弟子和再传弟子的代际传承及其历史活动,以便能对孔门弟子有较为全面的了解,为进一步梳理其思想文化奠定基础。

孔子弟子的代际传承

孔子弟子	代 际 传 承
颜　回	有颜氏之儒，其传授内容不详
宓不齐	《汉书·儒家》有《宓子》十六篇
子　游	传礼，有子游之儒——言思（子游之子）
漆雕开	有漆雕氏之儒
子　张	有子张氏之儒
曾　参	申详（子张子，子游婿）
	公明仪
	孔伋（子思，又子思之儒）——（鲁缪公、晋惠公）子上——孟轲（有孟氏之儒）——乐正克、公孙丑、万章、公都子、屋庐子
	曾元
	曾申（即曾西）
	乐正子春（有乐正氏之儒）
	公明高——长息
	单居离
	吴起
	子襄
	沈犹子
	阳肤
卜　商	有子夏氏之儒
	曾申——李克——孟仲子——根牟子——荀卿
	毛亨
	段干木
	公羊高（即公明高）——公羊平——公羊地
	公羊敢——公羊寿
	魏文侯
商　瞿	桥庇——馯臂——周丑——孙虞——田何

我们从上述表格可以简要地看到孔子弟子：颜回、宓不齐、子游、漆雕开、子张、曾参、卜商、商瞿等人和所创立的学派及其弟子之间的代际传承。从孔子弟子的代际传承情况来看，曾参及其弟子的代际传承情况较为详细，有明确记载的弟子就有申详、公明仪、孔伋、曾元、曾申、乐正子春、公明高、单居离、吴起、子襄、沈犹子、阳肤等12位之多，由此可见孔子弟子及其再传弟子的学术盛况。

孔子弟子之中还有许多出仕的弟子，我们对其具体情况收集、整理如下：

孔子弟子的出仕记载

文 献 出 处	出 仕 记 载
《论语》	闵子骞（费宰），子游（武城宰），子夏（莒父宰）
《礼记·檀弓》	子皋（成宰）
《左传·哀公十一年》	冉求（左师），樊迟（右师）

我们从上述表格可以看到部分孔子弟子的出仕情况，"学而优则仕，仕而优则学"，孔子弟子及其再传弟子在为学和为官等方面都取得了一定的影响，为儒家学派的发展和壮大奠定了学术和权力基础。古人云："道，非权不立，非势不行"，孔门弟子显荣于世的，多能以政绩显示儒家学说的经世致用，又能以其权势推行孔子的道义。同样，在孔子弟子当中，还有善于经商和理财的子贡等。《史记·仲尼弟子列传》记载，"子贡一出，存鲁、乱齐、破吴、强晋而霸越。子贡一使，使势相破，十年之中，五国各有变"，子贡何其威武，孔子何其威武！

2. 孔子弟子及其思想文化——以曾子为例

孔子弟子行孔子之道、传孔子之教，促进了儒学及儒家学派的学派传承和学术发展。在孔子在世之时，就出现了"孔门十哲"：

> 子曰："从我于陈、蔡者，皆不及门也。"德行：颜渊、闵子骞、冉伯牛、仲弓。言语：宰我、子贡。政事：冉有、季路。文学：子游、子夏。（《论语·先进》）

在孔子心目当中，弟们既有先进与后进之分，又有德行、言语、政事、文学等各方面才能和才干的区别。在孔子看来：颜渊、闵子骞、冉伯牛、仲弓以德行著称，宰我、子贡则擅长辞令，冉有、季路具有从事政治事务的才能，子游、子夏则在文献方面成绩突出。可见，在孔子在世的时候，弟子们因个人学业情况和兴趣爱好不同，如"师也过，商也不及"（《论语·先进》），而在各自较为擅长的学术领域取得了较好的学术成就。

在孔子去世之后，孔门弟子们进一步分化。较为代表性的论述为，战国末年的韩非总结儒家的分化，有"儒分为八"之说：

> 世之显学，儒墨也。儒之所至，孔丘也。墨之所至，墨翟也。自孔子之死也，有子张之儒，有子思之儒，有颜氏之儒，有孟氏之儒，有漆雕氏之儒，有仲良氏之儒，有孙氏之儒，有乐正氏之儒……故孔、墨之后，儒分为八，墨离为三，取舍相反不同，而皆自谓真孔墨。（《韩非子·显学》）

儒分为八之说，为我们更加客观真实地了解孔子去世之后，儒家弟子的学术分化提供了文献辅助。同样，我们也应该认识到八分之儒之间并非并列关系，只是韩非用后来人的视角来审思儒家学派分化之情况的概述。另外，儒分为八的言语表述并没有全面地反映，在孔子去世之后儒家弟子们的整体学术分化情况，比如子游氏之儒、子夏氏之儒，以及曾子、子弓等在当时较为有影响的孔子弟子并没有包含在韩非所论述的儒分为八的范围之内。当然，因为我们无从知晓韩非的划分标准，所以我们也不能对韩非的划分标准进行相应的评述。但是，韩非的儒分为八的学术论断，为我们更好地认识孔门弟子的分化情况提供了学术便利。

在孔子弟子之中，现今学术界较为关注的弟子及其学派有：曾子及其学派、子张氏之儒、子游氏之儒、子夏氏之儒等。我们试以探讨曾子及其学派的思想文化为例，来进一步探讨孔门弟子在儒家学术传承和创新之中所作出的学术贡献。

我们从《孔子弟子的代际传承》图表之中，就能清晰地看到曾参及其弟子的传承情况。其中，较为有影响的代际传承为：孔子—曾参—孔伋（子思，又子思之儒）—子上—孟轲（有孟氏之儒）—乐正克、公孙丑、万章、公都子、屋庐子等。我们可以看到：孔子的孙子孔伋以及孟子、乐正克等人都与曾参有关，他们或为曾参弟子、或为再传弟子的弟子，都与曾参之学存在直接的学术渊源。特别是战国时期儒家学派重要代表人物孟子为曾参再传弟子的弟子，足见曾参在孔子弟子之中的学术贡献和学术影响①。尤其是在《论语》之中，编纂者以"曾子"来称呼曾参，足见曾参在《论语》编纂者们心中的地位。我们试以《论语》之中有关曾子的十四处语段为例，来呈现曾参话语之中所体现的儒家思想文化。

语段出处	语段内容
《学而》	曾子曰："吾日三省吾身：为人谋而不忠乎？与朋友交而不信乎？传不习乎？"
	曾子曰："慎终，追远，民德归厚矣。"
《里仁》	子曰："参乎，吾道一以贯之。"曾子曰："唯。"子出，门人问曰："何谓也？"曾子曰："夫子之道，忠恕而已矣！"
《泰伯》	曾子有疾，召门弟子曰："启予足，启予手。《诗》云：'战战兢兢，如临深渊，如履薄冰。'而今而后，吾知免夫小子！"
	曾子有疾，孟敬子问之。曾子言曰："鸟之将死，其鸣也哀；人之将死，其言也善。君子所贵乎道者三：动容貌，斯远暴慢矣；正颜色，斯近信矣；出辞气，斯远鄙倍矣。笾豆之事，则有司存。"
	曾子曰："以能问于不能，以多问于寡，有若无，实若虚，犯而不校，昔者吾友，尝从事于斯矣！"
	曾子曰："可以托六尺之孤，可以寄百里之命，临大节而不可夺也，君子人与？君子人也！"
	曾子曰："士不可以不弘毅，任重而道远。仁以为己任，不亦重乎！死而后已，不亦远乎！"
《先进》	柴也愚，参也鲁，师也辟，由也喭。
《颜渊》	曾子曰："君子以文会友，以友辅仁。"

---

① 注：当代学者还提出了"可以把曾子看作由孔子到孟子的中间环节"（任继愈）的论断，进一步论证了宋儒所推崇的：孔、曾、思、孟的道统传承。

续表

语段出处	语段内容
《子张》	曾子曰："吾闻诸夫子：人未有自致者也，必也亲丧乎！"
	曾子曰："堂堂乎张也，难与并为仁矣。"
	曾子曰："吾闻诸夫子：孟庄子之孝也，其他可能也，其不改父之臣，与父之政，是难能也。"
	孟氏使阳肤为士师，问于曾子。曾子曰："上失其道，民散久矣。如得其情，则哀矜而勿喜。"

《学而》为论语首篇，《泰伯》只记载孔子和曾子的语段，极有可能为曾子弟子所著。我们从十四处涉及曾子的语段，不难发现有关曾子的语段之中所体现的曾子思想：第一，曾子继承孔子以"仁"为核心的思想观点。君子就是"可以托六尺之孤，可以寄百里之命，临大节而不可夺"的能托孤、能交付国命、临危不惧的大丈夫，体现了孔子所倡导的君子的智、仁、勇之三达德的理想人格；第二，曾子竭力推行德治仁政，把民心的离散与触犯法律德原因归结于统治者的失道，"上失其道，民散久矣。如得其情，则哀矜而勿喜"，体现了孔子以德治国的民主精神，"为政以德，譬如北辰。居其所而众星拱之"（《论语·为政》）；第三，曾子用忠恕来概括孔子的"一贯之道"，完全符合仁学推己及人的思想本质，足见其对孔子的恭敬和追随。孔子提倡"己欲立而立人，己欲达而达人"，"己所不欲，勿施于人"的推己及人之精神，曾子以"夫子之道，忠恕而已矣"来概括，体现了曾子与孔子思想的一脉相承，忠恕之道则是仁的具体体现；第四，曾子既传夫子之教，又行夫子之道，还倡导"一日三省"内心的体验以及内省的自我修养方法。"吾日三省吾身：为人谋而不忠乎？与朋友交而不信乎？传不习乎？"，完全符合孔子"为仁由己"的要求，以自我修养为行仁的主要途径。这种精神，又是孔子"君子无终食之间违仁，造次必于是，颠沛必于是"（《论语·里仁》）思想的具体化和操作化；第五，曾子倡导孔子仁学中包含的注重"内省"和"外形"的自我修养方法。"以友辅仁"，"以能问于不能，以多问于寡，有若无，实若虚，犯而不校，昔者吾友，尝从事于斯矣！"等，都表明曾子主张以结交益友的方式来培养仁德，并告诫弟子在交友时应抱虚心的态度和宽容

的胸襟。曾子言论中所提到的"吾友",被历代注释家认为此处的"吾友"实际上是指颜回,是曾子向弟子们表达其对于"以友辅仁"的生动体会和学术收获;第六,曾子为孔门传递孝道的大师,对孝道具有重大的创造。"孝悌也者,其为仁之本与"(《论语·学而》),有若对孔子孝道的概括和总结,正确地揭示了孔子仁学以孝悌为基础的宗法性。曾子显然接受这种认识,并重点围绕孝悌来展开自己的仁学和仁德实践。"慎终,追远,民德归厚矣","慎终"是孝敬父母,以谨慎的情感来料理父母的后事;"追远"是孝经祖先,以追念祖先功德的思想来举行祭祀活动。只要做到"慎终"和"追远",就可以引导老百姓归于忠厚。"人未有自致者也,必也亲丧乎!"父母亲情是"孝悌"之本。有孝才有忠,"不改父之臣,与父之政"就是将孝与忠紧密结合在一起的道德典范,这样就赋予"忠"以"孝"的内涵,开启了后世封建社会"移孝作忠"之道德理论。并告诫弟子们爱身以敬孝,应当怀着"战战兢兢,如临深渊,如履薄冰"的心情来爱护自己的身体,继承和发扬孔子"身体发肤,受之父母,不敢毁伤,孝之始也"(《孝经》)的孝道思想。当然,我们应该承认的是:《论语》之中只是记载了曾子的部分言行,但是能体现出曾子较为注重人生和社会,特别是突出强调修仁行义、自律内省的思想文化特点。总之,曾子的思想文化为孔子之教向内发展、注重个体自我修养的代表和发展。从一定程度上来说,孟子思想就是对孔子尤其是曾子思想的继承和发展。

二 三晋儒家之学术贡献

春秋战国时期三晋大地特殊的社会文化背景,为三晋思想文化包括三晋儒家文化的发展提供了政治基础和文化环境。在春秋战国时期所存在的众多三晋文化之中,三晋儒家文化占有十分重要的文化地位和文化影响。从某种程度上来说,三晋儒家文化是三晋文化的根,三晋文化的总体发展受儒家文化的影响和推动。作为华夏文明的重要组成部分,三晋文化的发展为华夏文化的发展贡献了文化力量。我们试结合春秋战国时期三晋大地的政治社会文化背景,来从整体上把握三晋儒家文化产生的地理环境和文化氛围,以此从三晋儒家文化发展的源头上来把握其发展的总趋势和总走向。

（一）春秋战国时期之三晋思想文化

三晋大地是由春秋战国时期位于山西的晋国和战国时期韩、赵、魏三家分晋而得名，我们所论述的三晋思想文化是一个地域文化称谓，实质上就是指现在山西的古文化。如果按照李元庆在《三晋古文化源流》中所论述的那样，三晋文化就是专门指春秋战国时期的文化，春秋战国时期之前的文化为三晋古文化，春秋战国之后的文化为三晋文化之流。

本书所论述的三晋文化是一个泛文化概念，是指三晋大地上的古代文化，而非专门指春秋战国时期的三晋文化。从社会发展形态上来看，既包括春秋战国时期的文化也包括秦至清代之间的社会文化；从文化发展历程来看，既包括春秋战国时期的文化，也包括春秋战国时期之前的三晋古文化和春秋战国之后的三晋文化之流。

1. 春秋战国时期之三晋社会

说到三晋文化就必须说到"山西"。"山西"作为地域名称可以追溯到春秋、战国时期。在春秋战国时期，"山西"主要是指函谷关以西的地区，"山东"主要是指函谷关以东的黄河流域。直到东汉才开始出现以太行山为界划分山西和山东的地域划分，东汉的"山西"即指今天的山西省地区。但是直到元代设置"河东山西道"，"山西"一词才由地区名称变为政区名称。山西地区在历史上还曾被称作为"山右""河东""晋"或"三晋"等称谓，其中："山右"主要指其位于太行山右侧，"河东"主要指其位于晋陕交界之黄河以东的缘故，地域范围主要指晋南东区。"晋"或"三晋"主要指春秋时期位于山西地区的晋国，或指战国时期韩、赵、魏三家分晋而得名。故此，我们所谈论的三晋文化就是用其来代称山西地区古代文化。

"三晋合而秦弱，三晋离而秦强"，生动地描述了春秋战国时期天子衰微、诸侯争霸的时期，以晋国为代表的春秋五霸迭兴更替的历史局面，同样也表明了晋国对诸侯列国乃至对中国古代社会发展的深远影响。晋国起源于周王室推行宗法分封制，关于"叔虞封唐"在《史记·晋世家》之中有两则神奇而有趣的故事：

其一：初，武王与叔虞母会时，梦天谓武王曰："余命女生子，名虞，余与之唐。"及生子，文在其手曰虞，故遂因命之曰虞。

其二：成王与叔虞戏，削桐叶为圭以与叔虞，曰："以此封若。"史佚因请择日立叔虞。成王曰："吾与之戏耳。"史佚曰："天子无戏言。言则史书之，礼成之，乐歌之"。于是遂封叔虞于唐。

叔虞及唐都来源于神奇的故事和传说，足见唐是一块充满神奇的土地。叔虞死后，儿子燮父继位，改国号为晋，从此始称晋国。

晋国自西周初年分封立国至战国初年三家分晋，历史 600 余年，由地处"河、汾之东方百里"的弹丸小国而发展成为足以"挟天子以令诸侯"的霸主大国，其间从晋献公始盛、到晋文公称霸、再到晋悼公复续霸业的丰功伟绩值得大书特书，当然从晋政多门到六卿专晋，"六卿强，公室卑"，再到智、韩、赵、魏四卿霸晋局面的最终形成，晋国的霸主地位开始旁落及晋国霸业走向衰落。韩、赵、魏三家结盟，灭掉智氏，三家尽分智氏领地，三家分晋完成。公元前 403 年周威烈王承认三家的合法地位，公元前 376 年（一说前 369 年），韩、赵、魏三家废黜晋静公为庶人，晋国的历史从名义上消失了，从此再无晋国。

"春秋争霸晋为先，战国七雄有其三"，生动地再现了韩、赵、魏三国在战国时期的历史地位。其中："天下莫强"的魏国自公元前 453 年分晋立国至公元前 225 年被秦国所灭，其间共经历了 228 年的发展历程；"中央之国"的赵国自公元前 453 年分晋立国至公元前 228 年被秦国所灭，其间共经历了 225 年；"事微国小"的韩国自公元前 453 年分晋立国至公元前 230 年被秦国所灭，其间共经历了 223 年。魏国在魏文侯、魏武侯和魏惠王时期国势达到极盛，赵国在赵武灵王时期进入最辉煌的时期，韩国在韩昭侯时期国力较为强盛，三国强盛的原因都与变法有关，因此法家在三晋大地的地位可想而知。随着韩、赵、魏由盛转衰先后被灭，战国七雄以秦灭六国而终结，中国由此进入统一的中央集权制的国家。其间，虽然也出现过短暂的分裂局面，但是大一统的国家形态一直是封建社会的主流，三晋文化至此融入华夏文化发展的主流之中，并成为华夏文明的重要组成部分。

2. 三晋社会之三晋思想文化

"启以夏政，疆以戎索"的治晋理念，不仅仅是晋国以此图以强盛的治国理念，而且是以晋国为代表的三晋地区融合华夏文化与戎狄文化，瞬时而言变、鼓舌论纵横文化特征的体现。在三晋地区，以法家、纵横家为代表的思想文化，在先秦学术思想中占有重要的地位。姬虞、晋文公、魏绛、子产、邓析、子夏、慎到、李悝、魏文侯、吴起、尉缭、申不害、尸佼、惠施、赵武灵王、荀况、韩非、公孙龙等就是这个时期三晋思想文化的杰出代表。我们对这个时期的代表人物进行分析的话，不难发现在这十八位代表人物之中，大多数都为法家代表人物，三晋多权变之士的说法可谓实至名归。

三晋权变思想发展过程之中，晋国史墨的辩证法思想值得关注。史墨与赵晋公围绕鲁昭公被逐、乾侯客死他乡的历史事件的答对，集中体现了史墨的"物生有两"的辩证法思想。"物生有两"的思想，可以被看作为三晋权变之士们思想的启蒙思想。

据《左传·昭公三十二年》记载：

晋国的赵简子问史墨："季氏出其君，而民服焉，诸侯与之；君死于外而莫之或罪，何也？"

史墨答曰："物生有两、有三、有五、有陪贰。故天有三辰，地有五行，体有左右，各有妃耦。王有公，诸侯有卿，皆有贰也。天生季氏，以贰鲁侯，为日久矣，民之服焉，不亦宜乎。鲁君世从（纵）其失（佚），季氏世修其勤，民忘君矣，虽死于外，其谁矜之？社稷无常奉，君臣无常位，自古以然。故诗曰：'高岸为谷，深谷为陵。'三后（虞、夏、商）之姓，于今为庶。"

史墨的回答之中提出两个著名的且具有辩证法色彩的论断："物生有两""社稷无常奉，君臣无常位，自古以然"。其中："物生有两"就是史墨认为事物都有两个相互对立的方面组成，自然界、人类社会包括人的身体结构都是矛盾的统一体，甚至"物生还有三、有五、有陪贰"等对立面；"社稷无常奉，君臣无常位，自古以然"的命题，可以被看作为"物生有两"在社会政治领域的运用，因事物双方的矛盾运动而导致主次地位向相反方向的转化，由此导致君臣之间关系的变化，从而带来社会的变革和进步。

"物生有两"倡导社会的发展和变革，对晋国及魏、赵、韩三国产生了重要的思想影响。法家之所以主要源起于三晋，既同战国初期的李悝、吴起、商鞅及战国后期申不害、慎到、韩非等人倡导变法有关，同样也是三晋大地特殊的地理文化环境的产物。晋国文化的多样性、礼制观念的淡薄以及素有尚法的传统，使得三晋成为法家文化的策源地和试验场。晋文公作"执秩之法"、赵盾专权倡导"赵宣子之法"、晋景公倡导"范武子之法"到晋平公时期的"范宣子刑书"，晋国频繁的立法修法践法的变革行为，为法家代表人物及其文化的产生积累了经验，提供了充足的实践积淀和历史基础。战国时期，魏国在魏文侯时期积极倡导变法运动，并通过重用著名的法家代表人物李悝、吴起、西门豹等人，首开战国变法之先河，使魏国成为战国初期的第一强国。法家人物李悝更是在魏文侯、魏武侯时期两度为相，让自己和法家文化出尽了风头。出身于韩国贵族之门的韩非，通过著书立说，在《韩非子》一书之中系统地总结了战国时期的法家思想。韩非主张法、术、势兼用的法治思想，在"以法为本"的基础之上加强中央集权，进一步完善了法家理论。并提出"法后王"的辩证的进步历史观，对于晋国史墨之"社稷无常奉，君臣无常位，自古以然"命题，有了更为深入的认识和发展。体现韩非法家思想的《五蠹》《孤愤》传入秦国，受到了秦王嬴政的赏识和肯定。秦灭六国，实现统一之后，推行"以法为师""以吏为教"的政策，让我们看到了三晋法家思想在秦国的推行和延续。

三晋纵横家在三晋大地以及战国时期占有重要的一席之地。魏国的张仪和公孙衍是战国时期最先发起纵横活动的代表人物，张仪的连横与公孙衍的合纵，一纵一横，倾动天下，"公孙衍、张仪岂不大丈夫哉！一怒而诸侯惧，安居而天下息"（《孟子·滕文公下》）。此外，以魏国著名思想家惠施的"合同异"派和以赵国著名思想家公孙龙的"离坚白"派为代表的三晋名家，在当时思想文化领域的百家争鸣中产生了重大的文化影响。

以子夏为代表的三晋儒家，在魏文侯时期通过西河设教，授徒三百，传播儒学，特别是魏文侯拜子夏为师，使得子夏之学在魏国历史和文化之中产生了深远的影响。赵国人荀子以儒家自居，推崇孔子，讲学稷下学宫"三为祭酒"，在批判吸收其他学派诸家思想的基础之上撰写《荀子》一书，把儒家学说发展到一个新的阶段。并成为与孟子齐名的一代儒家宗师。

三晋道家思想则主要是通过三晋法家学者体现出来，"重术"派的申不害是以道家思想为本的法家学者，"申子之学本于黄老而主刑名"（《史记·老庄申韩列传》）；"重势"派的慎到也是本源于道家的法家学者，"学黄老道德之术，因发明序其指意"（《史记·孟子荀卿列传》），更有甚者把慎到列入道家的代表人物（《庄子·天下》）；集法家思想集大成者之韩非，同样"喜刑名法术之学，而其归本于黄老"（《史记·老庄申韩列传》）。韩非就是借助道家"虚静无为"之道，提出和阐明其"事在四方，要在中央；圣人执要，四方来效"（《韩非子·扬权》）的中央集权的封建专制理论，为后世封建社会的发展奠定了理论基础。总之，"儒家和道家思想能够得以在三晋大地广泛传播，一方面表明三晋思想文化是融汇诸家思想学说为一体的开放型文化；另一方面也可以看出，传播于三晋的儒家思想和道家思想，同根植于鲁文化的儒家思想和根植于楚文化的道家思想，已经有了质的分野，也就是说，它们在本质上已经属于为封建政权服务的新兴地主阶级的意识形态了"①。

三晋法家、三晋纵横家、三晋名家、三晋儒家、三晋道家等春秋战国时期的三晋学派，共同构成了三晋思想文化的有机整体。我们对于春秋战国时期的三晋思想文化及其代表性学派进行分析和研究，不难发现三晋各家学派彼此之间出现文化交融和文化互动的学术情况，并且三晋思想文化从总体上来看呈现出权变和务实的文化总体特征。

（二）三晋儒家思想文化之学术贡献

三晋儒家是三晋思想文化的重要组成部分，相对于三晋法家和三晋纵横家来说，三晋儒家在春秋战国时期三晋思想文化中的整体地位略弱。但是，我们也不能据此来否定三晋儒家对于三晋思想文化的学术贡献。春秋战国时期，特别是战国时期之三晋大地，战火纷飞，各国都力图通过变法来增强自己的国力，以求在实现自保的同时称霸天下。从晋国开始的变法运动一直持续和蔓延至魏、赵、韩，特别是"事微国小"的韩国更是寄希望于通过改革力保其国家之生存和地位。故此，在三晋大地法家文化一时成为主流文化地和法家文化的试验场。但是，我们在对魏、赵、韩三国进行研究和分析不难发现，在各国推行变法的法家代表人物思想之中，都能看到三晋儒家思想文化的影响。特别是战国时期三晋儒家代表人物子夏

---

① 李元庆：《三晋古文化源流》，山西古籍出版社1997年版，第400—401页。

和荀子，在儒家以及三晋思想文化之中占有十分重要的地位。

战国时期，魏国魏文侯所倡导的变法运动，无论是在魏、赵、韩三国之中还是在战国七雄的其余四雄之中，从变法的时间来说是最早的，从变法的效果来说在战国初期是最好的。魏文侯推行变法的得力助手是李悝，而"李悝、吴起、商鞅都出自儒家子夏"，是"西河学派"的成员；同样，魏文侯本人包括其弟弟魏成子都是子夏的学生。《史记·平准书》对魏文侯重用"西河学派"实施的变法，做了较为中肯的评价：

> 魏用李克，尽地力，为强君。自是之后，天下争于战国，贵诈力而贱仁义，先富有而后推让。故庶人之富者或累巨万，而贫者或不厌糟糠；有国强者或并群小以臣诸侯，而弱国或绝祀而灭世。

魏文侯借李悝之变法而兴魏国，他们都是子夏的学生。而子夏为孔子弟子，可见儒家思想文化对于法家的影响，以及儒家借助于魏文侯而得以推行儒家思想文化的文化贡献。

同样，法家思想的集大成者韩非，与李斯同受业于荀子。韩非集成和发展了法家先驱商鞅的思想，并在融合儒、墨、道等家的思想基础之上，发展和完善了法家的思想体系。

子夏和荀子都是儒家学派的重要代表人物，他们的弟子之中出现了著名的法家代表人物，一是表明三晋思想文化之间的互动、交流和融合；二是体现了三晋儒家思想文化在三晋思想文化之中的影响和地位，从一定程度上来说，三晋儒家思想文化可以被看作为三晋思想文化的源头或文化总因子。

第二节　子夏的思想文化与价值传承

> 子夏问曰："'巧笑倩兮，美目盼兮，素以为绚兮'，何谓也?"子曰："绘事后素。"曰："礼后乎?"子曰："起予者商也，始可与言《诗》已矣。"
>
> ——《论语·八佾》

"起予者商也"——子夏与孔子之间的对话，一是明证子夏的历史存在以及与孔子之间的师生关系；二是表明孔子对子夏思考问题的视角和能力的赞扬，从某种程度上更加说明了子夏在孔子心中和孔子弟子中的思想地位。

一　子夏思想文化的历史概述

子夏姓卜，名商，字子夏。《说苑修文》云："商者，常也。常者质，质主天。夏者，大也。大者，文也。文主地。故王者一商一夏，再而复者也"。"夏"和"商"义正相应。作为孔子重要弟子的子夏，对儒家思想的传播和儒家经典的传授以及早期儒家的发展，都起到了非常关键的作用。《史记·仲尼弟子列传》索引记载，河西存有子夏讲学的"石室学堂"，民间还造有"卜商神祠"，足见其教育声誉之高。

（一）生平及学术活动

据《史记·仲尼弟子列传》记载，"卜商字子夏，少孔子四十四岁。"孔子出生于鲁襄公二十二年，即公元前 551 年。就此推算，子夏应该出生于公元前 507 年。我们依据王红霞《子夏生平考述》一文中关于子夏生平的考述，对子夏的生平及其简要学术活动呈现如下[①]：

年　代	年　龄	生平事迹和学术活动
公元前 507 年	子夏出生	出生于今河南温县
公元前 493 年	子夏十五岁	入孔门向孔子学习
公元前 492—前 490 年	子夏十六岁至十八岁	子夏随孔子在陈学习
公元前 489 年	子夏十九岁	与孔子同遭陈蔡绝粮
公元前 488 年	子夏二十岁	仕于卫，为卫行人
公元前 484 年	子夏二十四岁	跟随孔子来到鲁国，曾为鲁莒父宰
公元前 483 年	子夏二十五岁	父亲或母亲去世，子夏居亲丧
公元前 482 年	子夏二十六岁	居亲丧
公元前 481 年	子夏二十七岁	为孔子适周求史记
公元前 479 年	子夏二十九岁	孔子病逝，子夏为孔子守丧三年
公元前 473 年	子夏三十五岁	子夏、子张等人推举有若为孔门领袖
公元前 472 年	子夏三十六岁	离开鲁国，回到魏国，设帐收徒
公元前 420 年	子夏八十八岁	病逝

---

① 王红霞：《子夏生平考述》，《北方论丛》2006 年第 4 期，第 83—87 页。

我们需要加以说明的是:第一,图表之中所呈现子夏的生平活动,只是一个粗略的年表,并没有特别确切的资料考证。正如我们对于孔子出生的年月所考察的史书记载情况不一相同,孔子出生日期有公元前 551 年和公元前 552 年两种说法。其实,正如钱穆先生所说:"今谓孔子生前一年或后一年,此仅属孔子私人之年寿,与世运之升降,史迹之转换,人物之进退,学术之流变,无足轻重如毫髮"①。我们对于子夏生平年代的追述,也本此种精神。本采用孔子出生日期为公元前 551 年之学说;第二,子夏从 15 岁之时开始孔门学习生涯,直至孔子在公元前 479 年病逝,子夏才结束自己追随孔子学习的学习生涯活动,前后大约有 15 年之久。孔子去世之后,孔门部分弟子在守丧三年结束之后出现分化。同样,子夏在 29 岁之后也开始独立开展学术和教学活动。在公元前 472 年子夏离开鲁国,在魏国西河设教,行孔子之教,传孔子之道,直至病逝。可见,子夏一生的生平活动,从进入孔门之后都与早期儒家的经典学习和儒学传授紧密相连。

(二) 贡献及学术论争

子夏学术活动所取得的学术贡献,主要是对于早期儒家思想文化发展所作出的学术努力和学术成就,主要包括以下四个方面的学术贡献:第一,子夏对孔子思想文化的继承和发展,尤其是对孔子之"学"的继承和发展;第二,子夏对于儒家经典"六经"的传授和发展方面作出了重大贡献,其对于儒家经典的整理和考证,以及通过西河设教对于儒家经典的传授都起到了重要的作用;第三,子夏思想起到了从儒到法的承启作用,子夏重视"小"道,强调务实,与孔子所倡导的"君子儒"有一定的区别,子夏思想之中就含有法家思想的倾向,所以其弟子之中出现法家代表人物就不足为奇了,"子夏氏之儒在儒中是注重礼制的一派,礼制与法制只是时代演进上的新旧名词而已"②;第四,子夏一系的学说思想,对于荀子思想的形成和发展起了一定的学术推动作用。如陆玑《毛诗草木鸟兽虫鱼疏》记载李克传《诗》学:"孔子删《诗》授卜商,商为之序,以授鲁人曾申,申授魏人李克,克授鲁人孟仲子,仲子授根牟子,根

① 钱穆:《先秦诸子系年》,河北教育出版社 2002 年版,第 32 页。
② 郭沫若:《十批判书·前期法家的批判》,科学出版社 1956 年版,第 338 页。

牟子授赵人荀卿，荀卿授鲁国毛亨"之说。虽然，学术界对于子夏思想文化的认识还存在不断探索和发展之中，但是对于子夏在以上四个方面所做出的学术贡献，从现在的研究资料来看大致取得了一定的学术共识。

现今学术界关于子夏的学术论争主要集中表现为：第一，关于子夏籍贯的考证；第二，子夏"心战"发生的时期与结果；第三，子夏西河设教的业绩与言论；第四，子夏的学派归属、历史地位和作用等四个方面的主要内容。其中：①关于子夏籍贯的考证，主要围绕子夏出生地而展开的学术论争。子夏出生地有魏、温、卫三地之说，并且都有相应的历史文献史料记载，这既与文献记载出入有关，同样也与当时各诸侯国之间的势力范围有关。②关于子夏"心战"发生的时期与结果的学术论争，主要是围绕"心战"是发生在孔门求学期间还是发生于孔子病逝之后的时间论争，以及"心战"对于子夏思想发展所产生的影响而展开。③关于子夏西河设教的业绩与言论的争论和子夏学派归属的争论是紧密联系在一起的。其中关于西河的具体位置也存在一定的争论，但是较为明确的是西河在战国时期魏国的境内，这是没有争论的，但是具体西河本身的地理位置还是存在一定疑义。此外，子夏在西河设教期间，曾培养出法家代表人物李悝，而出现把子夏纳入前期法家代表人物的学术观点，就引发了子夏学派归属的学术论争。同样，围绕李克和李悝是否为同一个人，也存在关于子夏弟子考述的学术论争。

学术界围绕子夏而产生的四个方面的学术论争，为我们更加全面地认识和探究子夏及其学术贡献提供了学术空间。我们的总体认识：子夏出生于今河南温县，为儒家早期代表人物，子夏的生平活动主要包括：少年乡居、孔门求学、西河设教三个阶段，上承孔子下启百家，为战国时期百家争鸣局面的形成作了奠基性工作。

二　子夏思想文化的逻辑体系

子夏的思想文化是围绕"学"而展开的，主要包括："学以致其道"的学与道关系的本体论，"博学而笃志，切问而近思"的既注重内修又强调外学的工夫论，及通过创立学派、传授弟子而推行其学术思想的发用论等三个紧密相连的逻辑体系。其中，子夏对于"学"与"道"之间关系的论述，是子夏"学"思想体系的精华所在，体现了子夏对于孔子之学的继承和发展。

（一）本体论："学以致其道"

《论语·为政》记载，孔子"十有五而志于学"，"志于学"实质就是"志于道"，"这里的'志于学'其实就是'志于道'，矢志于学问，希冀从中为人间寻得一种'道'，以安济于天下"①。子夏在继承孔子"志于学"思想的基础之上，提出"百工居肆以成其道，君子学以致其道"（《论语·子张》），将孔子隐含在"志于学"之中的"学"与"道"之间的关系明确化和具体化。并在此基础之上，提出"仕而优则学，学而优则仕"（《论语·子张》）的学道观，将个体价值和社会价值实现统一，从而进一步强调了"学"对于"道"的现实意义。

> 哀公问子夏曰："必学然后可以安国保民乎？"子夏曰："不学而能安国保民者，未之有也。"哀公曰："然则五帝有师乎？"子夏曰："臣闻黄帝学乎大填，颛顼学乎禄图，帝喾学乎赤松子，尧学乎务成子附，舜学乎尹寿，禹学乎西王国，汤学乎贷乎相，文王学乎锡畴子斯，武王学乎太公，周公学乎虢叔，仲尼学乎老聃。此十一圣人，未遭此师，则功业不能著乎天下，名号不能传乎后世者也。"（《韩诗外传·卷五》）

十一位圣人因学而得道，最终成就千秋功业，可见学是道之实现的前提和保证，也是君子学习的本业。在子夏看来，广博地学习，既是掌握知识、追求仁德的需要，又是治国保民的需要。同样，君子只有立志于道，才能保证学有所成，学与道实现了二者关系的双向转换。即只有学才能达道，而只有立志于道，才能保证学有所成。

> 日习则学不忘，自勉则身不堕，亟闻天下之大言则志益广。故君子之于学也。其不懈，犹上天之动，犹日月之行，终身亹亹没而后已。故虽有其才而无其志，亦不能兴其功也。志者，学之师也；才者，学之徒也。学者不患才之不赡，而患志之不立。是以为之者亿

---

① 杨朝明、宋立林：《孔子弟子评传》，天津社会科学出版社 2012 年版，第 5 页。

兆，而成之者无几，故君子必立其志。(《中论·治学》)

徐干对子夏学与道关系的理解可谓一语中的，"志者，学之师也；才者，学之徒也"，足见志于道对于志于学的重要指引价值和作用。

(二) 工夫论："博学而笃志，切问而近思"

子夏在学问工夫上，有着自己深刻的体会和理解。

博学而笃志，切问而近思，仁在其中矣。(《论语·子张》)

学习范围是"博学"，学习态度是"笃志"，学习方式是"切问近思"，构成了子夏"学以致其道"的工夫论。

子夏的"博学"有两层含义：

日知其所亡，月无忘其所能，可谓好学也已矣。(《论语·子张》)

贤贤易色，事父母能竭其力，事君能致其身，与朋友交，言而有信，虽曰未学，吾必谓之学矣。(《论语·学而》)

第一，博学意味着向实践学习，向自己所接触到的事物学习；第二，向经典学习，同样也包括向师长之求学。子夏博学的思想曾受到朱熹的质疑，"子夏之言，其竟善矣，然辞气之间，抑扬大过，其流之弊，将或至于废学"(《论语集注·学而》)。朱熹的质疑在于子夏倡导除了学习儒家传统经典著述之外，还应该向自己所经历的人和事学习，扩大了学习的内容，可能就会存在抵消和冲击儒家经典在儒者心目中地位的负面效应。同样，子夏的思想之中也包含着既注重通过学习儒家经典等内省的方式来提高自己的道德水平，更强调外行对于学习者的重要作用。对此，朱熹就曾指出，"子夏笃信圣人，曾子反求诸己"(《孟子集注·公孙丑上》)，子夏、曾子具有不同的学术进路，相对曾子来说，子夏更加强调对儒学的外在践履。此外，子夏"日知其所亡，月无忘其所能"的学习思想，虽然是对孔子"温故而知新"的继承和发展，黄侃疏曰："日知其所亡，是知新也；月无忘其所能，是温故也"；但是"日知""月无忘"之中所包含着知识的日积月累的思想，让人联想到了荀子"积"之方法的端倪，体悟到了二者之间的学术联系。

其实，我们如果对孔子的言语进行分析的话，不难发现孔子本人就提倡"博学"，子夏是对孔子"博学"思想的继承和发展。

> 君子食无求饱，居无求安，敏于事而慎于言，就有道而正焉，可谓好学也已。（《论语·学而》）

在孔子看来，"好学"当然包括内外两个方面。而子夏的"博学"却受到了同门的嘲笑，足见孔子弟子们对孔子思想的体悟，大不相同。

> 子游曰："子夏之门人小子，当洒扫应对进退，则可矣，抑末也。本之则无，如之何？"子夏闻之，曰："噫！言游过矣！君子之道。孰先传焉？孰后传焉？譬诸草木，区以别矣。君子之道，焉可诬也？有始有卒者，其惟圣人乎！"（《论语·子张》）
>
> 虽小道，必有可观者焉；致远恐泥，是以君子不为也。（《论语·子张》）

子夏倡导从小处着手，有始有卒，比较注重礼教向外的工夫，以求日积月累之功效；而子游却主张先立其大道，从整体上掌握学问之道。可见，他们在求学之道的进路上大不相同，也就造成他们对于学习内容的理解上出现争执和分歧。

孔子将孔门做学问的次序概括为："志于道，据于德，依于仁，游于艺"（《论语·述而》），可见立志是学习的第一步，只有立志于道，才能保证学习的顺利进行。子夏的"笃志"是对孔子"志于道"思想的继承，"士志于道"（《论语·里仁》），"笃信好学，死守善道"（《论语·泰伯》），"笃志"就是要对致力于道之实现的志向的专心致志和忠诚专一，为了道之实现而奋发努力"笃信好学"。在"笃志"的基础之上，将学、问、思、仁并提，从而实现的认识论与伦理学的统一，这样既能保证知识学习的正确方向，又能够促进自身道德修养的提升。学、问、思的求学过程的最终旨归就是仁之获得，仁在无形之中就成为求知的目标和对象，求

知的过程也就成为学习者道德修养的提升过程。反过来，道德修养的提升
又为知识的获得提供充足的德性保障。学习者通过这样来回往返的学习，
学习者的德性修养水平就会无形之中得以提升。因此，只要是能促进学习
者"仁德"提升的内容，都应该纳入学习者的视野和知识的范围。由此
看来，"洒扫应对进退"之事，就是践行相关礼仪之行，即"洒扫堂宇，
当对宾客，进退威仪之礼"①。

（三）发用论：西河学派

子夏主张"学以致其道"的观点，阐释了学与道之间的辩证关系及
实现途径。那么，如何才能在实践之中展现学之成效及道之功用呢？子夏
在魏国的西河给出了答案：

> 文侯受子夏经艺，客段干木，过其间，未尝不轼也。秦尝欲伐
> 魏，或曰："魏君贤人是礼，国人称仁，上下合和，未可图也。"魏
> 文侯由此得誉诸侯……任西门豹守邺，而河内称治……是以东得卜子
> 夏、田子方、段干木，此三人者，君皆师之。（《史记·魏世家》）

子夏之所以能在魏国的西河地区设教并以魏文侯君师自居，与魏国所
面临的国情相关。战国初期政治、军事改革即将来临之际，处于西河地区
的魏国相对来说经济文化发展较快，作为新兴地主阶级在政治上的利益代
表，魏文侯力图通过在政治、经济、法制、军事等方面的改革，在求得生
存的同时发展自己的力量。广收贤才就是魏文侯推行改革的措施之一，以
魏文侯为首领，以李悝、西门豹、吴起、乐羊子、北门可、翟璜、翟角、
魏成子等十人为成员的改革集团就此形成。我们不难发现，在魏文侯的政
治集团之中，不少成员是"西河学派"的成员。可见，子夏在魏国讲学
所产生的学术影响很大，据《后汉书·徐防传》李注引《史记》曰："子
夏居西河，教弟子三百人"，魏文侯、魏成子、李悝、段干木、曾申、翟
璜、公羊高、谷梁赤等人都受业于子夏，他们共同形成了魏国的"西河
学派"。钱穆对魏文侯及西河学派有过较为中肯的认识和评价：

---

① 程树德：《论语集释》，中华书局 1990 年版，第 1319 页。

> 魏廷未必能真尊事子夏、田子方，然却不能不用李克、吴起。因用李克、吴起，不得不虚敬子夏、田子方。孔子、子夏同采一种不合作的态度，来保持他们学术上的尊严。冉有、李克之徒，则以真实的事功，换取当时的信仰与地位。(钱穆《国史大纲》)

我们从钱穆的言语表述之中领悟到了儒者的生存状态，子夏以王者之师的形象出现，而其弟子们又以王者之臣的姿态活跃在政治舞台之上，魏文侯因种种政治生存之需要，尊贤礼士，知人善任，尊师子夏，子夏之"西河学派"也因此得以生存和发展，从而出现了由礼制而走向法制的思想萌芽和发展态势。

> 孔子以正名复礼绳切当时之贵族，既不得如意，后之言治者，乃不得不舍礼而折入于法。是亦事势所驱，不获已也。且礼之与法，其本皆出于纠正当时贵族之奢僭，李克、吴起亲受业于子夏、曾西，法家渊源，断可识矣。(钱穆:《先秦诸子系年·吴起去魏相楚考》)

也许我们从中可以读出孔子曾经戒告子夏勿为"小人儒"，读懂荀子讥子夏为"贱儒"的缘由或真相。我们知道子夏注重对外在事物的实践及礼教向外的工夫，同样，荀子的"礼治"到其学生韩非之时也成为"法治"，而荀子"法后王"的思想也正是对魏文侯、秦孝公等变法实践的总结和提升。因此，由礼治向法制过渡就成为学术发展内在趋势：

> 李悝、吴起、商鞅都出自儒家子夏，是所谓"子夏氏之儒"，慎到虽属黄老学派而后于子夏，可知他的主张是受了"子夏氏之儒"的影响，因此，前期法家渊源于子夏氏，子夏氏之儒在儒学中是重礼制的一派，礼制与法制只是时代演进上的新旧名词而已。(郭沫若:《十批判书·前期法家的批判》结语)

此外，魏文侯时代的"西河学派"不仅成为法家思想产生的渊源，而且成为战国时期处士横议、百家争鸣局面出现的源头。

孔子弟子之晚出一辈，如子夏、曾子，及其后辈如子思、曾西、申祥、田子方、段干木、李克、吴起之徒，墨起与儒相抗，而儒术流衍为兵农（非九流农家）邢法诸家，皆在此朝。时事之大君，为越霸诸夏，三家分晋，田氏篡齐，及魏文、鲁缪礼贤。春秋变而为战国，世袭之封建渐坏，游仕渐兴，乃先秦诸子学术之酝酿期也。（钱穆：《先秦诸子系年·通表第二》）

我们可以把上述言论解释为春秋战国时期学派之间的学术体系并没有完全确立，学派与学派之间存在相互影响和相互交流的情况；也可以看作为孔子去世之后，孔子弟子及其再传弟子通过自身的努力所产生的学术影响；还可以阐释成为子夏之"西河学派"借助于魏文侯之政治势力，使儒学得以扩展的同时促进了诸子学术的繁荣和发展。我们不可否认的是，子夏的"西河学派"在继承和发展孔子所创立"洙泗学派"的过程之中，取得了显著的学术成就和学术影响。

三　子夏思想文化的价值传承

子夏"学以致其道"的儒学思想文化，开创了宋明理学儒学"道问学"之治学路径，为后世儒学注重向外求知以达人的内在本性发扬提供了学术思路。同样，在治学过程之中注重学与道二者之间关系的辩证统一，以求知识学与伦理学的统一，对于学习者来说具有十分重要的人格指导价值，成为后世如何求知及如何做人的学术楷模和典范。

（一）学术地位：开创修习儒学的"道问学"之风采

"尊德性"与"道问学"是治学的两条途径。"尊德性"是发扬人的内在本性，进而达到对外部世界的体认，或曰"自诚明，谓之性"；"道问学"是通过向外求知，以达人的内在本性的发扬，或曰"自明诚，谓之教"。"尊德性"和"道问学"原本是相辅相成的，体现中庸原则的治学途径，"故君子尊德性而道问学，致广大而尽其微，极高明而道中庸，温故而知新，敦厚以崇礼"（《中庸》），人通过向外求知以完其本性和向内省察以助其求知来完善自身。宋明理学在重视"尊德性"和"道问学"两条治学途径的同时，夸大了"尊德性"与"道问学"之间的区别与对立，以至于以此为标准形成了相对立的学派。朱熹较为注重"道问学"

的治学路径，而陆九渊则较为关注"尊德性"的治学路径。

我们对于宋明理学发展过程中所出现的"道问学"和"尊德性"学习路径的反观，不难发现在子夏和曾子之间就存在一定的分歧。但是，我们如果据此认为子夏和曾子就是某个路径的代表人物确实有些牵强。我们又不可否认的是，诸子后学就是按照他们所开辟的路径而出现的继承和延续，这按照学术发展内在路径来看又是能说得通的。所以，我们认为在子夏所倡导的"学以致其道"之中，已经具有内涵注重外求的修身方式，具有开创修习儒学"道问学"风采的学术功效。同样，梁启超也认为，孔子死后，门人弟子分为两派：一派注重外观的典章文物，以有若、子夏、子游、子张为代表；一派注重内省的身心修养，以曾子、子思、孟子为代表①。法令、礼乐、制度等就是外观的典章文物，子夏对包括儒家经典在内的外观的典章文物的重视，使得其在治学过程之中更加重视外在的学习和践履，所以就会在其弟子及其后学过程中形成相对重视向外求知的学习方式和修身行为。

"尊德性"与"道问学"只是治学的两条途径，正如子夏所言"博学而笃志，切问而近思"之本在于"仁"，子夏与曾子在治学或修身的方式上有所别，但是在修身的最终结果上是一致的——具有仁德的君子。正如余英时所指出的，"子夏之学与曾子之学同源而异流，子夏之学重在安邦治国，曾子之学重在修身养性，相辅相成"②。是的，《大学》之八条目："古之欲明明德于天下者，先治其国；欲治其国者，先齐其家；欲齐其家者，先修其身；欲修其身者，先正其心；欲正其心者，先诚其意；欲诚其意者，先致其知；致知在格物。物格而后知至，知至而后意诚，意诚而后心正，心正而后身修，身修而后家齐，家齐而后国治，国治而后天下平"，是所有儒者的宏愿。同样，朱熹与陆九渊同归于"一"：

> 陆主乎尊德性，谓"先立乎其大，则反身自得，百川会归矣。"朱主乎道问学，谓"物理既穷，则吾知自致，涣雾消融矣。"二先生

---

① 梁启超：《清代学术概论》，天津古籍出版社 2003 年版，第 122—123 页。
② 余英时：《中国思想传统及其现代变迁》，广西师范大学出版社 2004 年版，第 321 页。

之立教不同，然如诏入室者，虽东西异户，及至室中，则一也。①

"道同而术不同"，子夏之学与曾子之学又何尝不是！

（二）文化价值：倡导"学以致其道"的人格论价值

儒家在人格修养方面，注重通过对经典的学习来提高自身的道德修养。子夏继承和发展了以孔子为代表的先秦儒家的道德人格养成理论，注重通过学与道两个方面的互动来实现知识论与伦理学二者之间的相互影响和相互促进。首先，道德修养需要通过广博的学习来提供相关的知识储备。子夏在学习的内容上强调博学，既注重学习以儒家经典为主的儒学内容，也注重向身边的师长、朋友甚至包括具体的事物学习。这样在扩大学习内容的基础之上，也在一定程度上避免了先秦儒家学者所存在的抱残守缺的学习心态——即只以儒家经典为学习内容的教条主义的学习倾向。广博的学习内容，让学者们能有更多的知识积累，为不断提高自我的道德修养奠定知识基础。其次，广博的学习内容的选择以道为标准，即学习内容是否合适的判断标准，以是否有利于道的获得和实现为唯一的标准。这样，学习者在学习内容的选择过程之中，就有了清晰的方向和努力的目标。同样，道的标准的提出也有助于学习者进一步明确道德修养的方向。

人格的道德修养过程是道德认知和道德实践二者之间的统一体。子夏既注重学与道相结合的道德认知的培养，也注重学、问、思、仁相结合的道德实践。子夏认为即使是"洒扫应对"之中也包含着礼的因素，更体现着学习者如何实践和应用所学到之礼。所以，学习者更需要在实践环境之中通过具体的行为，来锻炼和检验自己的道德修养水平。同样，子夏认为道是广博的学习内容的选择标准，那么"仁"就是学习者的道德实践的标准。道是仁之道，仁是道之仁，学习内容的选择和道德实践锻炼以仁和道为统一的标准，那么这样的道德认知和道德实践就是有助于学习者自身不断得以提高的道德过程。学习者学习知识的过程和实践知识的行为，都是围绕道而展开，都是为了实践道而努力，知识和道德就紧密地联系在一起，知识获得的过程既有了保障又有了动力，实践锻炼的过程既有了能

① 黄宗羲：《宋元学案》，中华书局 1986 年版，第 1888 页。

力又有了内涵，学习者就会在知识学习之中使自身的人格修养无形得以提升。这就是中国传统文化的魅力和价值所在。

第三节　荀子的思想文化与价值传承

　　自孔子卒后，七十子之徒散游诸侯，……天下并争于战国，儒术既绌焉，然齐、鲁之间，学者独不废也。于威、宣之际，孟子、荀卿之列，咸遵夫子之业而润色之，以学显于当世。

——《史记·儒林列传》

　　"孟子、荀卿并列"足见在汉代之时荀子的学术地位，同样也可以体现荀子在儒学传承和发展过程之中所起到的重要作用。

一　荀子思想文化的历史概述

　　正如清代汪中在《荀卿子通论》中指出："荀卿之学，出于孔氏，而尤功于诸经。……自七十子之徒既殁，汉诸儒未兴，中更战国暴秦之乱，六艺之传赖以不绝者，荀卿也"。我们将从学术活动和学术论争两个方面，来对荀子思想文化进行历史概述。

（一）生平及学术活动

　　《史记·孟子荀卿列传》记载了荀子的简要生平活动：

　　荀卿，赵人。年五十始来游学于齐。驺衍之术迂大而闳辩；奭也文具难施；淳于髡久与处，时有得善言。故齐人颂曰："谈天衍，雕龙奭，炙毂过髡。"田骈之属皆已死。齐襄王时，而荀卿最为老师。齐尚修列大夫之缺，而荀卿三为祭酒焉。齐人或谗荀卿，荀卿乃适楚，而春申君以为兰陵令。春申君死而荀卿废，因家兰陵。李斯尝为弟子，已而相秦。荀卿嫉浊世之政，亡国乱君相属，不遂大道而营与巫祝，信祥，鄙儒小拘，如庄周等又猾稽乱俗，于是推儒、墨、道德之行事兴坏，序列著数万言而卒。因葬兰陵。

　　《史记》之中的记载，仅仅记述了荀子的籍贯以及五十岁之后的简要生平学术活动。我们试结合相关历史资料，对荀子的生平及学术活动加以概括性的总结，以便对荀子一生有较为整体和全面的认识。

年 代	年 龄	生平事迹和学术活动
公元前 336 年	荀子出生	出生于今山西省安泽县
公元前 316 年	荀子二十岁	荀子在燕国活动
公元前 286 年	荀子五十岁	游学于齐
公元前 285 年	荀子五十一岁	离开齐国前往楚国
公元前 276 年	荀子六十岁	由楚国回到齐国稷下，最为老师
公元前 266 年	荀子七十岁	荀子游秦
公元前 256 年	荀子八十岁	议兵于赵孝成王前
公元前 255 年	荀子八十一岁	适楚为兰陵令
公元前 238 年	荀子九十八岁	李元杀春申君，卿废兰陵王
公元前 226 年	荀子年百岁余	荀子去世

我们从荀子简要生平及其学术活动情况来看，荀子"最为老师"的活动就是其在稷下学宫的讲学活动。战国时代，齐国建立了稷下学宫，是当时的学术文化中心和百家争鸣的主要阵地。在稷下学宫各位学者或各个学派为了使自己的学说和主张得到传播，上说下教，著书立说成为稷下学士交流思想、表达观点的主要形式。据《史记·田敬仲完世家》记载：

> 宣王喜文学游说之士，自如邹衍、淳于髡、田骈、接予、慎到、环渊之徒，七十六人，皆赐列第，为上大夫，不治而议论。是以齐稷下学士复盛，且数百千人。

又《孟荀列传》：

> 自邹衍与齐之稷下先生如淳于髡、慎到、环渊、接予、田骈、邹奭之徒，皆著书言治乱之事。……于是齐王嘉之，自如淳于以下，皆命曰列大夫，为开第康庄之衢，高门大屋尊宠之。览天下诸侯宾客，言齐能致天下贤士也。……齐襄王时，而荀卿最为老师。齐尚修列大

夫之缺，而荀卿三位祭酒焉。

徐干《中论》说：

> 齐桓公立稷下学官，设大夫之号，招致贤人而尊宠之。

燕将乐毅伐齐，稷下曾一度停顿。齐襄王复国，又重建稷下学官，前后约一百五十年。《汉书·艺文志》著录儒家《孙卿》三十三篇，道家《管子》八十六篇，《蜎子》十三篇，《田子》二十五篇，《捷子》二篇，阴阳家《邹子》四十九篇，《邹子终始》五十六篇，《邹奭子》十二篇，法家《慎子》四十二篇，名家《尹文子》一篇，小说家《宋子》十八篇，都是稷下学士的著作。

同样，荀子的学术活动在《儒林列传》和《吕不韦列传》中都有相应的表述：

> 孟子、荀卿之列，咸遵夫子之业而润色之，以学显于当世。（《儒林列传》）
> 荀卿之徒，著书布天下。（《吕不韦列传》）

此外，刘向在《孙卿新书叙录》中赞扬荀子，"如人君能用孙卿，庶几乎王"。可见，荀子无论在学识、著述还是在政治才能方面，都有过人之处。

（二）贡献及学术论争

我们将从学术界对于荀子的评述术语之中，来探究荀子的学术贡献以及学术界对于荀子的学术论争。我们首先从冯友兰、张岱年、李泽厚、葛瑞汉等人的评述术语之中，来体悟荀子的学术贡献。

冯友兰认为，"孟子以后，儒者无杰出之士。至荀卿而儒家壁垒，始又一新。上文谓中国哲学家中，荀子最善于批评哲学。西汉经师，亦多得荀子传授。盖其用力甚勤，学问极博"[1]，荀子是孟子之后儒家的代表人

---

[1] 冯友兰：《中国哲学史》（上册），中华书局1961年版，第349—350页。

物，荀子对于儒家经典的传授起了关键作用。张岱年指出，"荀子所谓性，与孟子所谓性，实皆然两事。孟子言性，用端字用才字，具见萌芽可能之意；据荀子的界说讲……所谓端，当然也不能说是伪，但决不在性中"①，孟子和荀子虽然一个主性善；一个主性恶，两说虽然有很大不同，但未始不可相容。李泽厚认为，"荀与孔孟的共同点，其一脉相承处是更为基本和主要的。荀子可以说上承孔孟，下接易庸，旁收诸子，开启汉儒，是中国思想史从先秦到汉代的一个关键……荀子实际大体上都遵循了孔孟的路线……如果说，孟子对孔学的发扬主要在'内圣'，那么荀子则主要在'外王'（说'主要'，是因为孟也有'外王'的一面，而荀也有'内圣'的一面）。'外王'比'内圣'有更为充分的现实实践品格，也是更为基础的方面……在荀子所有的思想观念中，最重要突出的便是上述观点：即追溯'礼'的起源及其服务于人群秩序的需要，从而认为人必须努力学习，自觉地用社会的规范法度来约束和改造自己，利用和支配自然"②，孟子和荀子之间一脉相承，荀子的主要贡献在于其"外王"说。英国汉学家葛瑞汉谈到，"孟子和荀子在人性学说上的冲突导致他们对孔子的两个主要关切点'礼'与'仁'抱有不同的态度……孟子强调从人性的善自然流出的'仁'。而荀子则把'礼'看成在给混乱的人欲设置秩序方面系对刑罚的替代"③，孟子和荀子在对待"礼"与"仁"的态度上不相同。总结以上评述，我们不难发现：第一，孟子和荀子为孔子之后的儒学大师；第二，荀子主性恶论，更加突出礼的外在规范作用；第三，孟子和荀子之间"道同而术不同"。

　　冯友兰、张岱年、李泽厚、葛瑞汉等人论述荀子所做出的学术贡献，其后还有学者就荀子思想中的不足之处进行了阐述。蒙文通认为，荀子之学"盖明不足以知孔孟之微，而彷徨以乱采索之旨，激而攻难孟子之义，亦可悲也"④；牟宗三则指出，"自荀子言，礼义法度皆由人为，返而治诸天，气质人欲皆天也。彼所见于天者唯是此，故礼义法度无安顿处，只好

①　张岱年：《中国哲学大纲》，中国社会科学出版社1982年版，第188—189页。
②　李泽厚：《中国古代思想史论》，人民出版社1985年版，第115—116页。
③　葛瑞汉：《论道者：中国古代哲学论辩》，中国社会科学出版社2003年版，第295页。
④　蒙文通：《儒学五论》，广西师范大学出版社2007年版，第12页。

归之于人为，此其不见本源也"①，荀子学说丢失了儒学之终极本源；韦政通则认为，荀子学说有"上不在天，下不在田"的感觉，"其言上不在天，是说他超越精神的缺失；其言下不在田，是说价值主体一面的黯淡"②；韩德民则针对韦政通认为荀学"上不在天，下不在田"的论断，指出："缺少超越性的价值支点，这确实是荀学潜含的重要缺陷。但换个角度，站在实践效应的立场上，也未尝不可以说，正是由于他这种立足点的虚悬状态，而导致了在秩序规范原则问题上的相对开放性。礼义的实质，既不是天道的下载，也不是心性的外显，它只是某种经验性的措施手段。正是出于对礼义性质的这种经验性理解，荀子超越了孟子的王道政治原则，而能够用更现实得眼光看待霸道"③。

学术界关于荀子学说的分析和论断，主要围绕荀学之中的天人关系、人性学说以及礼治秩序等三个主要方面展开，并且大都是从孟子和荀子相互比较的视角，来认识和理解荀子的学说及其学术贡献和不足之处，为我们研究荀子学说提供了重要的分析角度和学术视角。

二 荀子思想文化的逻辑体系

我们知道，"由于中国哲学传统的一个基本理论意向是立足于人之生命的价值安顿而穷究'天人之际'，对于人之本质的认识或曰人性论构成了中国哲学传统的核心内容之一。这一特点在中国哲学的奠基时期——先秦时代即已得到了清楚的表现。在荀子所处的战国时代，各家各派的代表人物从自身的理论立场出发，对人性的问题作了见仁见智的论述。正是在这种论辩中，荀子鲜明地提出了自己关于人性论的理论学说，从一个侧面较为充分地表现了荀子思想的基本理论特色。由于荀子是立足于以人之'性'与人之'心'为内在资具，在心、性对举中来探讨人之生命意义的安顿与人之生命价值的实现问题，因而荀子的有关思想可以说是在事实上构成了一个颇具特色的'心性学说'"④。我们对于荀子学说的研究就是从人性论着手，围绕本体论、工夫论和发用论的思维路径，来呈现荀子思想文化的内在体系和思维逻辑。

---

① 牟宗三：《名家与荀子》，学生书局1994年版，第214页。
② 韦政通：《荀子与古代哲学》，商务印书馆1992年版，第219页。
③ 韩德民：《荀子与儒家的社会理想》，齐鲁书社2001年版，第539页。
④ 李翔海：《从心性学说看荀子思想的学派归属》，《哲学研究》1998年第10期，第58页。

（一）本体论：性恶论

荀子立足于天人之分来建构其人性论，性伪之分是天人之分在人性论领域的延伸。因此，我们对荀子人性论的解读就是从荀子的天人观出发来展开，并在此基础之上从性伪之分和化性起伪两个方面来剖析荀子关于性恶论的学说。

1. 天人之分

荀子是从区分天、天职和人、人职的角度来论述天人之分的。荀子所理解的"天""天职"是纯粹的、客观的自然：

> 天职既立，天功既成，形具而神生，好恶喜怒哀乐臧焉，夫是之谓天情。耳目鼻口形能各有接而不相能也，夫是之谓天官。心居中虚，以治五官，夫是之谓天君。（《荀子·天论》）

"天情""天官""天君"都是人天然所具有的自然质素，这些质素天然具有感知思维等天然能力。天职是不包含任何人为或道德内容的自然之义，"人"就是要利用其自然资质进行有创造性的活动，那就是"人职"。

> 人之所以为人者，何已也？曰：以其有辨也……古人道莫不有辨。辨莫大于分，分莫大于礼。（《荀子·非相》）
>
> 君子治治，非治乱也。谓邪？曰：礼义之谓治，非礼义之谓乱也。（《荀子·不苟》）

辨、分是人为的能力，同时也是礼的功能；辨、分合理就是符合义，符合礼义原则，否则就是不符合礼义原则，社会就会出现混乱。因此，"明天人之分"就是要使人明确人与天各自所具有的不同职分，从而躬行人道，"荀子的哲学可以说是教养的哲学。他的总论点是，凡是善的、有价值的东西都是人努力的产物。价值来自文化，文化是人的创造。正是在这一点上，人在宇宙中与天、地有同等的重要性"[①]。故此，荀子认为，

[①]　冯友兰：《中国哲学简史》，北京大学出版社 1996 年版，第 124 页。

"君子敬其在己者，而不慕其在天者；小人错其在己者，而慕其在天者"
（《荀子·天论》），君子和小人的分野在于决不会把人世的乱治去求知于
天。荀子在此基础之上，进一步提出"圣人不求知天"的观点：

> 圣人清其天君，正其天官，备其天养，顺其天政，养其天情，以
> 全其天功。如是，则知其所为，知其所不为矣；则天地官而万物役
> 矣。其行曲治，其养曲适，其生不伤，夫是之谓知天。（《荀子·天
> 论》）

圣人"知天"是因自身的行为不违背天君、天官、天养、天政、天
情而得其天功，圣人之所以为圣人就在于其不盲目外在天之赐予，而力行
人之所应当。圣人行为之所以适当，就是在于圣人之行为符合礼义原则，
所以"不求知天"的意义，正在于归本于人伦之道以言人与天的统一。
这样，荀子就把礼义原则提升到了人道的高度，礼义原则成为人类实现其
自身价值的根本法则，圣人的行为就是符合礼义原则的行为，同样就是吻
合天道的行为。正是在这个意义之上，礼义原则就成为人道，就成为统
类。"从这个意义上来说，荀子不仅以道德作为人的本质的规定，而且作
为天的本质规定，整个世界的存在被置于道德之上"①。正如荀子所言：

> 天地者，生之始也；礼义者，治之始也；君子者，礼义之始也。
> 为之，贯之，积重之，致好之者，君子之始也。故天地生君子，君子
> 理天地；君子者，天地之参也，万物之摠也，民之父母也。无君子则
> 天地不理，礼义无统，上无君师，下无父子，夫是之谓至乱。君臣、
> 父子、兄弟、夫妇，始则终，终则始，与天地同理，与万世同久，夫
> 是之谓大本。（《荀子·王制》）

天地是生命的本源，礼义是天下大治的本源，君子是礼义的本源。君
子与天地并称，是万物的总管，为万民的父母。君子就是因为能够以礼义
作为治理天下的根本原则，所以才真正把握住了万事万物的类、统类。相

---

① 惠吉星：《荀子与中国文化》，贵州人民出版社 1996 年版，第 86 页。

反，"无君子，则天地不理，礼义无统"。在荀子看来，因为"天地同理"，所以君子只要能把握礼义原则，就能"知通统类"，实现天人统一。故此，天人相分与天人统一的联系在于礼义原则，实现"人与天地参"的根本精神。

2. 性伪之分

"性伪之分"是荀子关于"性恶说"而言。

荀子与孟子的人性论分野来源于二者对于"性"字的理解不同，"孟子的性善说，是属先验论者，对人性为一种价值的肯定，是属于形而上学的问题。荀子的性恶说，则是属于经验论者，并无价值的问题，是属认知层次的"①。荀子认为性是人的先天素质，天赋的本能。他在《荀子·性恶》中说：

> 凡性者，天之就也，不可学，不可事。礼义者，圣人之所生也，人之所学而能，所事而成者也。不可学，不可事，而在人者，谓之性；可学而能，可事而成之在人者，谓之伪。是性伪之分也。今人之性，目可以见，耳可以听；夫可以见之明不离目，可以听之聪不离耳，目明而耳聪，不可学明矣……今人之性，生而离其朴，离其资，必失而丧之。用此观之，然则人之性恶明矣。所谓性善者，不离其朴而美之，不离其资而利之也。使夫资朴之于美，心意之于善，若夫可以见之明不离目，可以听之聪不离耳，故曰目明而耳聪也。今人之性，饥而欲饱，寒而欲暖，劳而欲休，此人之情性也。

性是与生俱有的，不可学、不可事的先天遗传素质，任何人都基本一样。荀子解释说："性者，本始材朴也"（《荀子·礼论》），性指人未经过加工的自然素质。资材质朴是相对于《礼论》篇后文的"文理隆盛"之"伪"而言，强调"性"的自然而成的特征。"伪"即人为，通过学习和后天的修为所获得的东西，属于"伪"，不能归之于性。

既然性是人的质朴的资财，那么性的本质的表现就是情，情以物为满足的对象，这种以物为满足对象的要求就是欲，"情者，性之质也；欲

---

① 鲍国顺：《荀子学说析论》，台湾华正书局1984年版，第12页。

者，情之应也"（《荀子·正名》）。性、情、欲是人之不可或缺的先天特征：

> 凡人有所一同：饥而欲食，寒而欲暖，劳而欲息，好利而恶害，是人之所生而有也，是无待而然者也，是禹、桀之所同也。目辨白黑美恶，耳辨音声清浊，口辨酸咸甘苦，鼻辨芬芳腥臊，骨体肤理辨寒暑疾养，是又人之所常生而有也，是无待而然者也，是禹、桀之所同也。（《荀子·荣辱》）

贤与愚、君子与小人其性皆相同，同样具有情和欲。那么，为什么会出现君子和小人呢？

> 人之生固小人，无师无法则唯利之见耳。人之生固小人，又以遇乱世，得乱俗，是以小重小也，以乱得乱也。君子非得势以临之，则无由得开内焉。今是人之口腹，安知礼义？安知辞让？安知廉耻隅积？亦呻呻而噍，乡乡而饱已矣。人无师无法，则其心正其口腹也。……今以夫先王之道，仁义之统，以相群居，以相持养，以相藩饰，以相安固邪？以夫桀、跖之道，是其为相县也，几直夫刍豢稻粱之县糟糠尔哉？然而人力为此而寡为彼，何也？曰：陋也。陋也者，天下之公患也，人之大殃大害也。故曰：仁者好告示人。告之示之，靡之儇之，铙之重之，则夫塞者俄且通也，陋者俄且也，愚者俄且知也。是若不行，则汤、武在上曷益？桀、纣在上曷损？汤、武存则天下从而治，桀、纣存则天下从而乱。如是者，岂非人之情固可与如此，可与如彼也哉！（《荀子·荣辱》）
>
> 凡禹之所以为禹者，以其为仁义法正也。然则仁义法正有可知可能之理。然而涂之人也，皆有可以知仁义法正之质，皆有可以能仁义法正之具，然则其可以为禹明矣。（《荀子·性恶》）

君子和小人的区别在于：圣人君子能够自觉选择接受有益于情感成就的知识和行为，小人则宁愿选择私利欲望的满足，因为后天修为的内容不同而出现彼此之间的分野。"先王之道，仁义之统"，"仁义法正"就是人成为圣人君子的道德保证。所以，"心不可以不知道，心不知道，则不可道，而可非道"，人心只有通过道德教养才能"知道"，人心"知道"的过程就是道德人格成就的过程。

既然圣人君子是"仁义法正"的体现，那么违背"仁义法正"的就是小人的行为，就是人的性情欲望超越了人的本能形成许多不良品德的表现：

> 今人之性，生而有好利焉，顺是，故争夺生而辞让亡焉；生而有疾恶焉，顺是，故残贼生而忠信亡焉；生而有耳目之欲，有好声色焉，顺是，故淫乱生而礼义文理亡焉。然则从人之性，顺人之情，必出于争夺，合于犯分乱理，而归于暴。故必将有师法之化，礼义之道，然后出于辞让，合于文理，而归于治。用此观之，人之性恶明矣，其善者伪也。（《荀子·性恶》）

从个人来说"性恶"是无节制，"纵性情，安恣睢"所致；从社会来说，同样是不以"伪"的力量加以"矫饰""扰化"，而是"顺是"其扭曲，以至造成"偏险而不正""悖乱而不治"的社会不良风尚和人性的弱点。所以说："人之性恶明矣，其善者伪也"（《荀子·性恶》）。

3. 化性起伪

"化性起伪"就是要实现"性伪之合"。

"化性起伪"就是要"以为之起礼义，制法度，以'矫饰'人之情性而正之，以'扰化'人之情性而导之也，始皆出于治，合于道者也"（《荀子·性恶》），就是要通过人为的教育，以一定的道德行为规范，乃至一定的法律制度来对恶性进行"矫饰""扰化"，把礼制和法制结合起来，使之为善，而合于社会治理发展的需要。

性与伪是区别乃至对立的，也是联系与统一的：

> 性者，本始材朴也；伪者，文理隆盛也。无性则伪之无所加；无伪则性不能自美。性伪合，然后成圣人之名，一天下功于是就也。（《荀子·礼论》）

性与伪就是素材与加工的关系，只有将加工施于素材，才有完善的人性可言。那么，性伪为何可合、能合？

> 凡禹之所以为禹者，以其为仁义法正也。然则仁义法正有可知可能之理。然而涂之人也，皆有可以知仁义法正之质，皆有可以能仁义法正之具，然则其可以为禹明矣。（《荀子·性恶》）

仁义礼法具有可以被认识与掌握之"理"，尤其重要的是人具备认识和掌握仁义礼法之"质"，因此每个人都可以成为像大禹那样的人。荀子认为，"凡所贵尧舜君子者，能化性，能起伪"，圣人的可贵之处在于他们能接受教育，"我欲贱而贵，愚而智，贫而富，可乎？曰：其唯学乎！……上为圣人，下为士君子，孰禁我哉！"（《荀子·儒效》）只要有教育，还有什么能够阻止人改变他自己的呢？"'伪'能人透过人为的学习与努力而后成。……'积'、'习'与'学'、'事'都是后天的人为活动，都是实践的过程。由此可知，'伪'是人透过'实践的工夫'而后成的"①，后天的实践工夫和先天的本始材朴的质素相结合，才能有功业的成就和道德的完善，从而能够使人性迁化为善。"诚心执守仁爱，仁爱就表现于外；仁爱表现于外，就显得神明；神明，就能够使人转化。诚心施行正义，正义就能够做到；正义能够做到，就显得光明；光明就能够使人改变。转化和改变交相为用，这就叫做天德"②。即真诚地施行仁义就会在言行中表现出自己的美德，进而达到完美的境界，品德完美就能使自己原有本性发生改变。

（二）工夫论：虚壹而静

人性是否能够迁化为善，源于人心的自觉选择。荀子认为，"心居中虚，以治五官，夫是之谓天君"（《荀子·天论》），"心生而有知"，"凡以知，人之性也；可以知，物之理也"（《荀子·解蔽》），肯定人有认识能力，以"天君"即"心"为神明之主，"心也者，道之工宰也"（《荀子·正名》），提出了"解蔽"的方法论，主张"虚壹而静"，"人何以知

---

① 何淑静：《孟荀道德实践理论之研究》，台湾文津出版社 1988 年版，第 55 页。
② 杨柳桥：《荀子诂译》，齐鲁书社 1985 年版，第 58 页。

道？曰心。心何以知？曰：虚壹而静"（《荀子·解蔽》）。

荀子说：

> 心未尝不臧也，然而有所谓虚；心未尝不满也，然而有所谓一；心未尝不动也，然而有所谓静。人生而有知，知而有志，志也者，臧也；然而有所谓虚，不以所已臧害所将受，谓之虚。心生而有知，知而有异，异也者，同时兼知之；同时兼知之，两也；然而有所谓一，不以夫一害此一谓之壹。心，卧则梦，偷则自行，使之则谋。故心未尝不动也，然而有所谓静，不以梦剧乱知谓之静。未得道而求道者，谓之虚壹而静，作之，则将须道之，虚则人；将事道者之壹则尽，将思道者。静则察。知道察，知道行，体道者也。虚壹而静，谓之大清明。（《荀子·解蔽》）

人心之所以不能恰如其分地认识和对待事物，是因为人心受到蒙蔽的缘故。"虚壹而静"的修养工夫实质就是"解蔽"的工夫。荀子认为，人们常犯的错误是"蔽于一曲而闇于大理"（《荀子·解蔽》），这是由于客观事物存在诸如远与近、始与终、博与浅等差异与矛盾，而人又往往受自身知识、经验的局限，就使人仅见一隅而不见其他，于是应当"解蔽"。"解蔽"就是要"无欲、无恶、无始、无终、无近、无远、无博、无浅、无古、无今，兼陈万物而中悬衡焉"（《荀子·解蔽》），对事物作全面、广泛的比较、分析、综合，择其所是，以解人因偏于一隅而产生的错误，从而恢复并按照人与自然事物及其社会规范的自然合理本性行事。"辨异而不过，推类而不悖，听则合文，辨则尽穷。以正道而辨奸，犹引绳以持曲直，是故邪说不能乱，百家无所窜"（《荀子·正名》），这样就无蔽可言。

荀子认为，心是藏与虚、两与壹、动与静的统一。藏与虚相对，藏是指心能接受与储存知识，虚是指心又不能让已有知识妨碍新知识的接受；两与壹相对，两是指心能辨别差异，同时兼知众物，壹是指心一旦专注于此物，就不能被为心所感的他物干扰思索，"心者，形之君也，而神明之主也，出令而无所受令。……心枝则无知，倾则不精，贰则疑惑。以赞稽之，万物可兼知也。身尽其故则美。类不可两也，故知者择一而壹焉"

（《荀子·解蔽》）；动与静相对，动是指心始终在动，静是指心又不让无关思索的活动扰乱正常思维。心的既能藏又能虚，既能两又总是壹，既能动又能静，就达到了"大清明"的状态——既在积极活动，同时又能在更高水平上清醒地把握它，使思维成为广则能兼，专则能深，亦动亦静的活动过程，就可以"坐于室而见四海，处于今而论久远"，"则足以定是非决嫌疑矣"（《荀子·解蔽》）。秉此"大清明"之心，就足以认识礼义之道，并进而按照礼义之道的要求来约束自己的行为，不仅使自己的行为自觉地符合礼义之道的要求，而且能够通过心之认知虑与选择，亦自觉地不做违于礼义之事。因此，通过"虚壹而静"的心的修养工夫，由此而呈现的是无所蒙蔽的心灵境界，进而能够客观地、恰如其分地认识和对待事物，达到"精于道"的道德修养至最完善的结果。

（三）发用论：知通统类

荀子所说的"知通统类"是一种只有圣人才能达到的心灵境界，同样也是"虚壹而静"的"大清明"状态所追求的无蔽境界，而这样的境界只有圣人才会拥有，"知之，圣人也"（《荀子·正名》），"知之，谓通于学也。于是皆通，则与圣人无异也"[1]。"始乎为士，终乎为圣人"，学者的目标就是成为圣人，"故学者，固学为圣人也"（《荀子·礼论》）。

那么如何才能成为圣人呢？或者说成为圣人需要具备哪些条件呢？

> 修百王之法，若辨黑白；应当时之变，若数一二；行礼要节而安之，若生四枝；要时立功之巧，若诏四时，平正和民之善，亿万之众而博若一人；如是，则可谓圣人矣。（《荀子·儒效》）

足见，成为圣人需要具备很高的条件：学习历代众多帝王的法度，就像分辨黑白一样清楚；应付当时的变化，就像数一二一样容易；奉行礼法遵循礼节而习以为常，就像平时伸展四肢一样自如；抓住时机来建立功勋的技巧，就像预告四季的到来一样准确；治理政事、协调百姓的妥善，使亿万群众因而团结得像一个人一样。像这样，就可以称为圣人了。

那么普通人可以成为圣人吗？答案是肯定的。荀子认为圣人乃后天积

---

[1] 王先谦：《荀子集解》，中华书局 1988 年版，第 125 页。

习而成，"故圣人也者，人之所积也"（《荀子·儒效》）。只要能"积善成德，而神明自得，圣心备焉"（《荀子·劝学》）。就是说："彼求之而后得，为之而后成，积之而后高，尽之而后圣"（《荀子·儒效》）。只要具备"圣心"，在努力"求之""为之""积之"，最后再"尽之"。荀子认为，只要这样去做，不论什么人，不管其出身门第、贤愚、善恶等如何，统统都可以成为圣人，"涂之人百姓，积善而全尽，谓之圣人"（《荀子·儒效》），"涂之人可以为禹！"（《荀子·性恶》）

在荀子心目当中，圣人和大儒是相同的，"非大儒莫之能立，仲尼子弓是也"（《荀子·儒效》），"是以圣人之不得执者也，仲尼子弓是也"（《荀子·非十二子》）。并且，圣人和大儒都具有相同的特征——"知通统类"：

> 志忍私，然后能公；行忍情性，然后能修；知而好问，然后能才；公修而才，可谓小儒矣。志安公，行安修，知通统类，如是则可谓大儒矣。（《荀子·儒效》）

大儒的具体要求和圣人相似：

> 法先王，统礼义，一制度，以浅持博，以古持今，以一持万；苟仁义之类也，虽在鸟兽之中，若别白黑；倚物怪变，所未尝闻也，所未尝见也，卒然起一方，则举统类而应之，无所儳悬；张法而度之，则晻然若合符节，是大儒者也。（《荀子·儒效》）

大儒就是：效法古代的圣明帝王，以礼义为纲领，统一制度，根据不多的见闻把握很多的知识，根据古代的情况把握现在的情况，根据一件事物把握上万件事物；如果是合乎仁义的事情，即使存在于鸟兽之中，也能像辨别黑白一样把它辨认出来；奇特的事物、怪异的变化，虽然从来没有听见过，从来没有看到过，突然在某一地方发生，也能应之以道而无所迟疑和不安，衡之以法而如同符节之相合。

这类大儒可谓学贯古今、博通天下，且能一天下，立贵名，"与世偃仰，千举万变"，以至成为"天不能死，地不能埋"的大学者、大政治家。其治学，精神千古；其治政，业绩不朽。可说是理想中的"圣人"。

三 荀子思想文化的价值传承

荀子以"性恶论"为前提预设，突出了加强道德修养的重要性。"人之性恶，其善者伪也"，所有人的本性都是恶的，化性起伪的重要途径便是加强道德修养。荀子认为学礼、知礼、行礼是加强道德修养的重要途径，"学恶乎使？恶乎终？曰：'其数则始乎诵经，终乎读礼；其义则始乎为士，终乎为圣人'"（《荀子·劝学》）。重礼且由学以至圣，正是荀子思想文化的价值所在。

（一）学术地位："外王"之学的学术传承

在儒学发展史上，内圣和外王是同一思想体系中的两条主线，"内圣外王"的统一是儒家学者们追求的最高境界。"内圣外王"最早出现于《庄子·天下篇》，"圣有所生，王有所成，皆原于一（道）"，此即"内圣外王之道"。依据《天下篇》来看，"内圣"就是指人格理想："不离于宗，谓之天人，不离于精，谓之神人；不离于真，谓之至人。以天为宗，以德为本，以道为门，兆于变化，谓之圣人，以仁为恩，以义为理，以礼为行，以乐为和，熏然慈仁，谓之君子"；"外王"就是指政治理想："以法为分，以名为表，以参为验，以稽为决，其数一二三四是也，百官以此相齿；以事为常，以衣食为主，蕃息畜藏，老弱孤寡为意，皆有以养，民之理也"。"内圣"就是修身养德，要求人做一个有德性的人；"外王"就是齐家、治国、平天下。

虽然"内圣外王"一词不是直接出自儒学和孔子之说，但是《天下篇》作者所阐述的"内圣外王之道"与孔子儒家思想有相通之处，这就为儒家采用这一术语提供了理论依据。在孔子那里，内圣和外王两条主线具有某种程度的一致性。

> 子贡曰："如有博施于民而能济众，何如？可谓仁乎？"子曰："何事于仁！必也圣乎！尧舜其犹病诸！夫仁者，己欲立而立人，己欲达而达人。能近取譬，可谓仁之方也已。"（《论语·雍也》）

在孔子的思想中，内圣和外王是相互统一的，内圣是基础，外王是目的，只有内心的不断修养，才能成为"仁人""君子"，才能达到内圣，也只有在内圣的基础之上，才能够安邦治国，达到外王的目的。

荀子继承了孟子外王的大思路，用"王制"思想对外王之道作了更为细致的阐述。荀子强调"圣人"的外在社会事功，"修百王之法，若辨黑白；应当时之变，若数一二；行礼要节而安之，若运四肢；要时立功之巧，若昭四时；平正和民之善，亿万之众而博若一人"（《荀子·王霸》），"圣王"形象跃然纸上。荀子讲先王或后王，实际上就是为将要出现的一统天下的圣王的出场奠定基础。荀子在《王制》之中，提出了"王者之政""王者之人""王者之治""王者之论""王者之法"的王道政治。其中："王者之政"指实现大一统必须实行的基本策略；"王者之人"是实行"王道"的人事条件和承载主体；"王者之治"指维护社会秩序之文仪礼乐制度；"王者之论"指"王者"用人与施行赏罚的理论原则；"王者之法"指财政经济方面的政策。故此，荀子认为："圣也者，尽伦者也；王也者，尽制者也。两尽者，足以为天下极矣，故学者以圣王为师"（《荀子·解蔽》），尽伦为人道之极，是主观之术；尽制为事功之极，含客观之理。只有兼两"尽"于一身的"圣王"才是统一主客的体系，成为"尊圣者王"（《荀子·君道》）。至此，荀子在坚持"性恶论"的基础之上，使得内圣和外王实现了高度的统一，理想与效用得到了相当的融合，内圣与外王呈现出一而二，二而一的关系，扩展和深化了儒家的内圣外王之道。即以"化性起伪"的"性恶论"为基础，以"尽伦尽制"的圣王为最高理想的礼学。

（二）文化价值："由学致圣"的精神价值

《劝学篇》被安置在《荀子》之首，本身就包含着一个整体的思想上的考虑，这个考虑的核心就是对"学"本身的重视。《论语》以《学而》为篇首，终于《尧曰》；《荀子》以《劝学》为篇首，终于《尧问》，都有标明主旨或突出主题的作用。以学开端，以圣人终结，其中就暗含着"由学致圣"的个体道德修养路径。《论语·学而（第一）》就洋溢着浓郁的学习氛围，暗含着学以终身的生命追求：

子曰："学而时习之，不亦说乎？有朋自远方来，不亦乐乎？人不知而不愠，不亦君子乎？"

《劝学篇》的首句为："君子曰：学不可以已"，揭示着学与君子之间的紧密联系。荀子论"学"的角度，主要是和德性与生命紧密联系在一起。在荀子看来，学习的过程就是生命不断塑造和提升的过程，或者一个道德生命的成长过程，"君子博学而日参省乎己，则知明而行无过矣"。如果把知明理解为道德知识，行无过理解为道德践履的能力，那么可以说，这种知识和能力并非生而俱有，必须通过"学"的方式才能实现。可见，后天的学习对于君子的重要价值，作为君子只有通过后天的学习来获得道德知识，从而才能提高自己的道德践履能力。这样，后天的学习就决定着一个人生命成长的方向。

既然学习决定着一个人生命成长的方向，那么学习内容的范围和学习的终极目标又是什么呢？荀子在《劝学》之中给出了明确的答案：

> 学恶乎始？恶乎终？曰：其数则始乎诵经，终乎读礼；其义则始乎为士，终乎为圣人。真积力久则入，学至乎没而后止也。故学数有终，若其义则不可须臾舍也。为之，人也；舍之，禽兽也。故《书》者，政事之纪也；《诗》者，中声之所止也；《礼》者，法之大分，类之纲纪也。故学至乎礼而止矣。夫是之谓道德之极。礼之敬文也，乐之中和也，《诗》、《书》之博也，《春秋》之微也，在天地之间者毕矣。（《荀子·劝学》）

可见，在荀子看来学习包括两个层次：一个是数的层次；一个是义的层次。其中：数的层次就是学科的具体科目和次序，从诵经开始到读礼结束；义的层次就是学习的宗旨和方向，从为士开始到为圣人结束。从荀子所论述学习的两个层次来看，学习主要是和人格生命的培养和完成密切相关。"全之尽之，然后学者也"，学习的终极目标就是一种"全之尽之"的"成人"境界：

> 君子知夫不全不粹之不足以为美也，故诵数以贯之，思索以通之，为其人以处之，除其害者以持养之。使目非是无欲见也，使耳非是无欲闻也，使口非是无欲言也，使心非是无欲虑也。及至其致好之也，目好之五色，耳好之五声，口好之五味，心利之有天下。是故权

利不能倾也，群众不能移也，天下不能荡也。生乎由是，死乎由是，夫是之谓德操。德操然后能定，能定然后能应。能定能应，夫是之谓成人。天见其明，地见其光，君子贵其全也。（《荀子·劝学》）

故此，"学不可以已"，学为圣人是伴随终生的过程，是生命个体对自我生命的体认过程，更是学习者道德生命不断得以塑造和完善的过程。

第三章　三晋儒家思想文化的独尊和变异

道之不行，欲安之乎？退，志其道而已。乃续《诗》《书》，正《礼》《乐》，修《元经》，赞《易》道，九年而六经大就。门人自远而至。河南董常，太山姚义，京兆杜淹，赵郡李靖，南阳程元，扶风窦威，河南薛收，中山贾琼，清河房玄龄，巨鹿魏征，太原温大雅，颍川陈叔达等，咸称师北面，受王佐之道焉。如往来受业者，不可胜数，盖千余人。隋季，文中子之教兴于河汾，雍雍如也。

——杜淹《文中子世家》

兴教于河汾之间，整理和编撰儒家经典，传播和弘扬儒家文化，延续和传承儒家思想，隋唐之世儒学大师——三晋儒家代表人物王通，就是汉唐之际三晋儒家思想文化的代表。王通所体现的儒家思想文化，既反映了儒家思想文化发展之学术趋势和学术潮流，又折射了隋唐之际三晋大地社会思想文化发展之地域特点和地域风情。王通之"三教可一"思想既是儒家思想文化由独尊向变异再到复兴之学术过渡，又是唐代三晋儒家思想代表人物柳宗元倡导古文运动的思想基础和学术传承。王通和柳宗元就是三晋儒家思想文化在独尊和变异时期的代表人物，他们的思想文化成为中国儒家思想文化的重要组成部分。

第一节　儒学独尊和变异中之三晋儒家

儒学独尊和变异之三晋儒家，主要是研究汉唐之际儒家思想文化的变迁发展历程。汉唐之际的儒家思想文化，经历了从独尊到变异的发展历程。以董仲舒为代表的汉代儒学，是儒家思想发展成为统治阶级意识形态的重要体现。魏晋南北朝之际，国家的分裂和动乱导致儒学独尊地位的消失，道教和佛教的发展和繁荣，使得学术文化领域出现了儒、佛、道三足鼎立之势。儒家学术思想既面临着挑战又充满了发展的机遇，在突破既有的文化范式的基础之上吸收和借鉴道教和佛教思想文化，创造出既不同于先秦儒家思想又不同于汉代儒家思想的新的思想体系，并在同佛、道的学术竞争之中立于不败之地，就成为隋唐之际儒家学者思索和努力的学术趋势和学术方向。从思想发展趋向来看，王通之"三教可一"具有重要的学术价值；从思想发展道统来看，韩愈立足儒家正统之道统思想具有重要的学术地位。三晋儒家之思想文化就是在儒家学术发展潮流之中，体现出思想文化自身的学术价值和学术地位。

一　儒学独尊和变异之文化历程

汉代儒学继承和发展了先秦儒学的思想，在汉代赢得了独尊的学术地位，成了官方哲学，统治阶级的意识形态，在中国儒学史上，占有着十分重要的地位。从中国儒学发展的整体历史进程来看，汉代儒学及代表人物的思想文化，奠定了我国封建社会儒家统治地位和统治思想的基础，标志着儒家思想文化发展的第一个繁荣昌盛时期。以董仲舒为代表的汉代儒家，是由先秦儒家思想直接发展而来的，同时又结合汉代思想文化的特点而有所创新和发展，从而建立了不同于先秦儒家的一种新的儒家思想体系。"天人感应"的宗教神学思想是以董仲舒为代表的汉代儒学最为突出的特点，并最终演化成为风行一时的谶纬神学思想。同样，"三纲五常"思想的形成，并最终发展成为我国整个封建社会的意识形态的主导思想。随着太学的兴起和发展，学校成了培养儒生和宣扬儒家思想的重要场所。儒家经典在成为学校教育的教学内容之后，功名利禄思想在推动儒学发展过程之中起到了非常重要的作用。儒家学者在继续其学者梦的同时也可以成为中央官府的各级官吏，使得儒家及其思想文化的统治地位从学者到官员实现了一体化，标志着儒学统治地位的真正确立。如果说在春秋战国时期，儒家显学地位只能是以学术体系的完整和丰富来表达；那么在两汉时期儒学的统治地位，不仅得到了官方的确认而且真正成为国家的统治意识形态。

魏晋南北朝时期政治上的大动荡和大分裂，使得儒学得以"独尊"

的历史条件完全丧失。东汉后期所出现的儒家思想信仰之危机，以及经学发展的危机，正是儒学用世之历史条件丧失的反映。道家在先、佛家在后，从而形成了思想活跃、百家会通的思想文化繁荣的状况，遂形成了儒、佛、道三足鼎立之势。儒学与道家、佛家思想学说的斗争及其相互吸收，促使了儒学开始从汉代之神学化倾向到宋明时期之哲理化倾向的转变，隋唐时期的儒家及其思想文化就是体现这种转变的过渡时期。王通是儒家第一位正视佛教，并以高瞻远瞩的学术眼光提出"三教可一"主张的学者，其学术思想就是对宋明时期哲理化儒学的学术自觉和学术启蒙。宋明理学的出现，就是对隋唐时期"三教可一"的儒学思想文化的继承和发展。唐初佛教最盛的时期，以傅奕和姚崇为代表的儒家学者就是唐初反佛运动的代表人物。自中唐以后，儒家对佛学的排拒和融合才逐渐步入理论的层面。作为古文运动及儒学复兴运动的提倡者柳宗元，就是在吸收和借鉴其他两家思想文化的基础之上，对儒学进行思想文化变革以巩固和维护儒学的学术地位。如果说以王通和柳宗元为代表的隋唐时期的儒家学者，是以三教互相吸收和融合的思想来实现儒学自身发展的话，那么以韩愈和李翱为代表的儒家学者，则是以恢复儒家"道统"为旗帜，在坚决反佛而又借鉴和汲取佛学思想文化的基础之上，试图建立与佛家思想文化体系相抗衡的理论体系。同样，我们应该承认的是：无论儒家学者对待道、佛的态度如何，在晚唐及五代三教合流的学术倾向是思想文化界发展的主流趋势。儒家思想文化就是在这种趋势之中得以发展，至宋明时期逐步形成体系完整且具有哲理化倾向的理学思想，并实现了儒家思想文化发展的第二个繁荣昌盛时期。

（一）儒学的独尊：董仲舒与儒学的神学化

汉代的董仲舒既是儒家思想文化发展的第一个繁荣昌盛时期的代表人物，又是儒学实现独尊学术地位的重要代表人物。我们将从本体论、工夫论、发用论三个方面，来呈现董仲舒的思想文化并以其为代表来分析汉代的儒家思想文化。

1. 本体论：性情二本和人性三品

汉代的性三品论从先秦儒家道德善恶的先天性争论转向了人性形成过程的问题。汉代的儒家学者们试图从宇宙气化生成万物的本原论高度来探究人的生命、形神、情欲等形成的过程，极力把天道、天命和人性统一起来，强调天道、天命决定人的先天差别性，董仲舒以阳仁阴贪说明人的上、中、下三品差别，王充以气禀精粗说明人的才质差别，荀悦以形神气化说明人的命运差别等就是这种学术发展趋势的代表和体现。董仲舒、王充、荀悦等儒家学者就是从宇宙本原论的高度，从抽象思辨的意义上说明人性与宇宙气化的一致性。董仲舒人性三品和性情二本的人性论思想，就是汉代儒家学者宇宙本原论的思想体现。

就儒家人性论发展历程来看，在先秦孔子之后，以孟子为代表的性善论和以荀子为代表的性恶论，是汉代社会之前最为代表的两大对立的人性理论。董仲舒在试图将两大对立的人性理论观点容纳于统一的思想体系的基础之上，从对"性"的重新界定入手，以三品之说来对人性进行重新分类。人性三品之划分，既代表了汉代儒家学者统摄先秦儒家多元复杂的人性论①内涵的学术尝试，又开启汉代之后儒家学者以统一的儒家思想文化立场来应对道教、佛教的文化挑战的学术模式，无论是唐代的韩愈、李翱还是后世宋明理学时期的儒家学者，都继承和弘扬了这种人性论的基本模式。

董仲舒之人性论是其天人合一学说的体现，"人之本于天，天亦人之曾祖父也。此人之所以乃上类天也。人之形体，化天数而成；人之气血，化天志而成；人之德行，化天理而义；人之好恶，化天之暖清；人之喜怒，化天之寒暑；人之受命，化天之四时。人生有喜怒哀乐之答，春夏秋冬之类也。喜，春之答也。怒，秋之答也。乐，夏之答也。哀，冬之答也。天之副在乎人，人之情性有由天者矣"（《春秋繁露·为人者天》②）。我们看到，在董仲舒那里，天道不仅决定了人形包括人之形体以及人的喜怒哀乐等情绪变化，而且决定了人的情性，即人的情性也出于天。董仲舒对于出于天之性情进一步阐释为，"身之有性情也，若天之有阴阳也，言人之质而无其情，犹言天之阳而无其阴也"（《深察名号》），性情乃为人之质，犹如天有阴阳。那么，生于天之性情，在人之身体之中的地位又如何呢？

---

① 注：张岱年就曾指出，先秦时期的人性论包括："性善论，性恶论，性无善恶论，性超善恶论，性有善有不善论，有性善有性不善论"等多种人性理论。（参见张岱年《中国哲学大纲》，中国社会科学出版社 1982 年版，第 250 页。）

② 注：下引《春秋繁露》仅标明篇名。

天地之所生，谓之性情。性情相与为一瞑。情亦性也。谓性已善，奈其情何？故圣人莫谓性善，累其名也。身之有性情也，若天之有阴阳也。言人之质而无其情，犹言天之阳而无其阴也。（《深察名号》）

人之诚，有贪有仁。仁贪之气，两在于身。身之名，取诸天。天两有阴阳之施，身亦两有贪仁之性。天有阴阳禁，身有情欲栣任，与天道一也。是以阴之行不得干春夏，而月之魄常厌于日光，乍全乍伤。天之禁阴如此，安得不损其欲而辍其情以应天。天所禁而身禁之，故曰身犹天也。禁天所禁，非禁天也。（《深察名号》）

性情为人之自然本性的重要组成部分，彼此之间相互依存，犹如天之阴阳关系。天之阴阳两气对应于人心之贪和仁，阳气对应仁，阴气对应贪，贪和仁都为人之重要组成部分。董仲舒认为人性也分为"性"和"情"两个方面，"性"又被称为仁气，"情"又被称为贪气。而天道总是抑阴的，如日出则掩月、春来则驱寒，人道自然也应"损其欲而辍其情"，禁欲也就成了符合天意的法则。既然受命时就包含恶的情欲，那么性情并列中之"性"就是指剔除情欲之后的"性"。性情分列并明显具有性善情恶倾向的性情观，就成为汉以后正统儒家常持的观点。董仲舒虽然没有确认人性的善与恶，但是他将"性"与仁气、情与贪气视为取向善、恶的标志。这样，善是性的这种可能性和内在根据，在教育条件下向具备一定道德之善的现实人格转化，就成为道德人格形成之前提和关键。

董仲舒在区分人之性情之中善与恶的基础之上，按照上天阴阳之施的程度不同，把人性分为三等：过善的"圣人"、纯恶的"斗筲"及位于二者之间的"中民"。"圣人之性不可以名性，斗筲之性又不可以名性，名性者，中民之性。中民之性，如茧如卵，卵待覆二十日，而后能为雏；茧待缲以涫汤，而后能为丝；性待渐于教训，而后能为善；善，教训之所然也，非质朴之所能至也，故不谓性。性者，宜知名矣，无所待而起生，而所自有也；善所自有，则教训已非性也"（《实性》）。圣人能够自觉控制自己的感情和欲望，注定要向善的方向发展；斗筲之人的感情欲望强烈而很难进行自我节制，注定要向恶的方向发展。而绝大多数具有"中民之性"的中民，需要通过教化才能向善的方向发展，"性待渐于教训，而后能为善"。"性者天质之朴也，善者，王教之化也。无其质，则王教不能化。无其王教，则质朴不能善"（《实性》），依据一定的道德施行教化是人性由善的可能性向善转化的必要条件。我们根据董仲舒对性与善的概念规定性的比较分析，不难发现：性是先天的，道德之善是后天的；性是自然的，道德之善是人为的、社会的。董仲舒对性的定名和荀况在精神上是一致的。"性三品"说由汉至唐，一直是人性论中占统治地位的观点。

2. 工夫论：强勉

董仲舒立主"承天意以从事"，只是强调人不可逆天而行，并不等于人可以无所事事，一切等待上天安排。恰恰相反，在董仲舒看来"天"只起导向和监督的作用，要把握天意、循行天道，全靠人自己的努力去体验、去实行，"自非大亡道之世者，天尽欲扶持而全安之，事在强勉而已矣。强勉学问，则闻见博而知益明；强勉行道，则德日起而大有功，此皆可使还至而立有效者也"（《对贤良策》）。可见，强勉是个人学问和行道的修养工夫，是个人修德成才、国家兴旺发达的前提。强勉就要身体力行，"力者勉行之，身以化之"（《为人者天》）。只有尽力勉行，才能接近天道，也才能实现教化。同样，强勉还需要注意克服自己的短处，改正自己的不足和错误，"君子不隐其短，不知则问，不能则学"。故此，强勉既需要不断地学习来增进自己的道德学业，更需要不断地发现和改进自己的不足之处，从而为自己更好地完善自我的道德人格奠定坚实的基础。

董仲舒推行强勉行道工夫论的理论依据为，性与善关系之禾与米关系说：

> 善如米，性如禾，禾虽出米，而禾未可谓米也；性虽出善，而性未可谓善也。米与善，人之继天而成于外也，非在天所为之内也；天所为，有所至而止，止之内谓之天，止之外谓之王教，王教在性外，而性不得不遂，故曰：性有善质，而未能为善也，岂敢美辞，其实然也。（《实性》）

性为质朴之质，具有成为善之善端，即为善之可能性及其开端。人性与善之间存在着可能性与现实性、根据和结果的关系，性是善的可能性和内在根据，善是性转化的结果。而要实现性之转化，就必须通过人为之努力；没有后天人为努力，就不会实现性之转化，更不可能实现人格修养水平的提升。因此，性之特质就为个人之自我强勉行道提供了可能和依据。

董仲舒认为要实现强勉之修养功夫，就需要在道德层面倡行"以仁安人，以义正我"之修养方法：

> 《春秋》之所治，人与我也。所以治人与我者，仁与义也。以仁安人，以义正我。故仁之为言人也，义之为言我也，言名以别矣。仁之于人，义之于我者，不可不察也。众人不察，乃反以仁自裕，而以义设人，诡其处而逆其理，鲜不乱矣。是故人莫欲乱，而大抵常乱，凡以闇于人我之分，而不省仁义之所在也。是故《春秋》为仁义法，仁之法在爱人，不在爱我；义之法在正我，不在正人；我不自正，虽能正人，弗予为义；人不被其爱，虽厚自爱，不予为仁。（《仁义法》）

修己与治人是儒家论述个人自我修养的重要问题，从孔子"君子求诸己，小人求诸人"（《论语·卫灵公》）之始，儒家学者就注重通过自我道德水平的提高来合理面对修己与治人之间的内在关系，并且把自我道德修养水平的提升看作实现治人的前提和基础。董仲舒继承和发扬了儒家注重个人自我修养水平提升的内在精神，提出了"以仁安人，以义正我"之道德修养方法。同样，因为仁与义的侧重点不同，所以仁与义的对象各不相同，"爱在人谓之仁，义在我谓之义。仁主人，义主我也。故曰仁者人也，义者我也，此之谓也"（《仁义法》），体现了董仲舒"躬自厚而薄责于外"的严于律己、宽于待人的修身原则。这是一种克己、律己的修养工夫。

> 自称其恶谓之情，称人之恶谓之贼；求诸己谓之厚，求诸人谓之薄；自责以备谓之明。责人以备谓之惑。是故以自治之节治人，是居上不宽也；以治人之度自治，是为礼不敬也。（《仁义法》）

因此，如果能说出自己的过失，那就是真情实意的坦率；如果无端指责别人的过失，那就是是对他人的伤害。对自己要求严格叫作笃厚，对自己求全责备，是一个明白人；对他人苛求叫作刻薄，对别人求全责备则是一个糊涂人。所以用要求自己的标准去要求别人，那样居上位者就不能宽厚以待人；用要求别人的标准来要求自己，那么遵循礼制办事的过程中就不会恭恭敬敬。足见，如果人人都能自治、自求、自责，那么每个人的道德修养水平自然都会得以提升，整个社会就必然会是一个充满德行的社会。同样，董仲舒认为，从"义"的本质来看，其实质在于"正我"，"义云者，非谓正人，谓正我"（《必仁且智》），"夫我无之求助人，我有之而非诸人，人之所不能受也，其理逆也"（《仁义法》）。自己不具备的品德要求别人有，或以自己具有的品德去非议别人的短处，都是不能被接受的恶劣行为。作为一个君子，应以自身修养的提升作为道德修养的方向和目标，而不是去一味地苛求和责备他人。"义"就是以标准尺度、伦理准则规范自己的行为，纠正自己的行为，而非以规范、纠正别人为目的，与此相反则不能称"义"。"衣服中而容貌恭，则目说矣；言理应对逊，则耳说矣。好仁厚而恶浅薄，就善人而远僻鄙，则心说矣"（《五行对》），这就是董仲舒心目中君子应有的道德形象。

董仲舒认为在道德修养过程之中，除了要正确处理"仁"与"义"关系的同时，也需要合理面对"仁"与"智"的关系：

> 莫近于仁，莫急于智。不仁而有勇力材能，则狂而操利兵也；不智而辩慧猥给，则迷而乘良马也。故不仁不智而有材能，将以其材能以辅其邪狂之心，而赞其僻违之行，适足以大其非而甚其恶耳。其强足以覆过，其御足以犯诈，其慧足以惑愚，其辨足以饰非，其坚足以断辟，其严足其拒谏，此非无材能也，其施之不当，而处之不义也。有否心者，不可借便埶，其质愚者不与利器。论之所谓不知人也者，恐不知别此等也。仁而不知，则爱而不别也；智而不仁，则知而不为也。故仁者所爱人类也，智者所以除其害也。（《必仁且智》）

董仲舒突出了"仁"的情感特征和"智"的认知特征，"仁者爱人"，但爱不能盲目和无原则，道德认知的作用就在于区别爱的对象，从而实现道德修养之中的道德情感与道德认知二者之间的辩证统一。

3. 发用论：立辟雍庠序

在董仲舒看来，如果说强勉行道是道德个体实现自我内在修养的内在工夫，那么立辟雍庠序则是王道推行道德教化之外在手段，内在工夫和外在手段之相互结合就能实现人性之善，完成人性由善端向善质的根本性的转变。"今万民之性，有其质而未能觉，譬如暝者待觉，教之然后善。当其未觉，可谓有善质，而不可谓善……性如茧如卵，卵待覆而成雏。茧待续而为丝，性待教而为善。此之谓真天。天生民性有善质，而未能善，于是为之立王以善之，此天意也。民受未能善之性于天，而退受成性之教于王。王求天意，以成民之性为任者也。今案其真质，而谓民性已善者、是失天意而去王任也。万民之性苟已善，则王者受命尚何任也，其设名不正，放弃重任而违大命，非法言也……今万民之性，待外教然后能善，善当与教，不当与性。天生民有六经，言性者不当异。然其或曰性也善，或曰性未善，则所谓善者，各异意也。性有善端，动之爱父母，善于禽兽，则谓之善，此孟子之善。循三纲五纪，通八端之理，忠信而博爱，敦厚而好礼，乃可谓善。此圣人之善也"（《深察名号》），归根结底，性与教均为"天意"所施。

董仲舒认为要实现教化之手段，就必须设立"辟雍庠序"等教育机构。辟雍庠序为儒家经典之中所记述的西周以前的理想学校教育机构，其中辟雍为设立于王都的大学，庠序为地方学校之泛称。自孟子至汉初陆贾、贾谊等，均视为古圣王之制并加以称道和推行。董仲舒继承和发扬了儒家重视学校教化作用的传统思想：

> 夫为国，其化莫大于崇本，崇本则君化若神，不崇本则君无以兼人。无以兼人，虽峻刑重诛，而民不从，是所谓驱国而弃之者也，患孰甚焉？何谓本？曰：天地人，万物之本也。天生之，地养之，人成之。天生之以孝悌，地养之以衣食，人成之以礼乐，三者相为手足，合以成礼，不可一无也。（《立元神》）

> 郊祀致敬，共事祖祢，举显孝悌，表异孝行，所以奉天本也。秉耒躬耕，采桑亲蚕，垦草殖谷，开辟以足衣食，所以奉地本也。立辟雍庠序，修孝悌敬让，明以教化，感以礼乐，所以奉人本也。三者皆奉，则民如子弟，不敢自专，邦如父母，不待恩而爱，不须严而使，

虽野居露宿，厚于宫室。如是者，其君安枕而卧，莫之助而自强，莫之绥而自安，是谓自然之赏。自然之赏至，虽退让委国而去，百姓襁负其子随而君之，君亦不得离也。故以德为国者，甘于饴蜜，固于胶漆，是以圣贤勉而崇本而不敢失也。（《立元神》）

国君治国需要崇天地人之三本，奉天本则要敬天祭祖、表显孝行，奉地本则要勤勉耕织、以足衣食，奉人本则需立辟雍庠序、明礼教化。君主只有尊崇和实现了这三本，才能实现国家的长治久安，百姓的安居乐业。究其实质，就是以德为本，通过教化实现安邦定国之最终目的。"古之王者明于此，是故南面而治天下，莫不以教化为大务。立太学以教于国，设庠序以化于邑，渐民以仁，摩民以谊，节民以礼，故其刑罚甚轻而禁不犯者，教化行而习俗美也。"（《对贤良策》）

董仲舒在《对贤良策》之中，倡导设立太学就是其立"辟雍庠序"思想的具体化之体现：

> 陛下亲耕籍田以为农先，夙寤晨兴，忧劳万民，思惟往古而务以求贤，此亦尧、舜之用心也，然而未云获者，士素不厉也。夫不素养士而欲求贤，譬犹不琢玉而求文采也。故养士之大者，莫大乎太学，太学者，贤士之所关也，教化之本原也。今以一郡一国之众，对亡应书者，是王道往往而绝也。臣愿陛下兴太学，置明师，以养天下之士，数考问以尽其材，则英俊宜可得矣。

太学为"贤士之所关也，教化之本原也"，一语道尽了设立学校教育之实质。汉武帝接受董仲舒之建议，在公元前135年设立太学，开启了我国官办学校教育之新形式，起到了推广教化之作用和价值，并且对于"渐民以仁，摩民以谊，节民以礼"起到了示范与激励作用。

（二）儒学的变异：韩愈及儒家道统的复兴

唐代的韩愈既是儒家思想文化发展变异时期的代表人物，又是儒家承继孔子、孟子之道统脉络及开启程朱道统之先河的代表人物。我们试从本体论、工夫论、发用论三个方面，来探究韩愈的思想文化并以其为代表来分析道统思想文化的延续和传承。

1. 本体论：性之品有三

唐代韩愈以天生的道德三品说明情欲差别，从其思想体系的构成主要范畴来看，属于汉代儒家宇宙本原论的人性论向佛教的心体用论的过渡阶段。魏晋南北朝时期玄学的性本体论是对汉代性三品论的超越，而宋明理学心性本体论是对玄学性本体论的超越，唐代佛教的心本体论就是玄学性本体论和理学心性本体论的过渡期，韩愈的道德三品说就处于这个过渡时期。在这个过渡时期，李翱吸取玄学、佛教的观点，提出了心寂、性静、情动的复性说，实现了对汉代和魏晋南北朝时期心性模式的扬弃。韩愈的道德三品说体现了唐代心性理论发展的新高度，是对董仲舒心性三品说的继承和超越。

韩愈在总结和继承并发展儒家传统人性观的基础之上，把人性分为三个等级，创立了性三品说。"性之品有三"，"上焉者善焉而已矣，中焉者可导而上下也，下焉者恶而已矣"（《原性》），人之性有上、中、下三个等级，处于上等的人性和下等的人性为善与恶之性，具有不可改变之本性；只有处于中等的人性，可以通过教导或引导而实现向善或向恶方面的转化。韩愈在论述人性问题时把性与情并提，并以性为情的基础，"性也者，与生俱生也；情也者，接于物而生也"（《原性》）。人接触外界事物，受到刺激引起反应而产生情，情是以性为基础的对外界事物的情感体验。性与情之间的关系为，"性之于情视其品"，"情之于性视其品"，性与情相对应，即有什么样的性就会产生与之相对的情。

> 性之品有三，而其所以为性者五；情之品有三，而其所以为情者七。曰何也？曰性之品有上、中、下三。上焉者，善焉而已矣；中焉者，可导而上下也；下焉者，恶焉而已矣。其所以为性者五：曰仁、曰礼、曰信、曰义、曰智。上焉者之于五也，主于一而行于四；中焉者之于五也，一不少有焉，则少反焉，其于四也混；下焉者之于五也，反于一而悖于四。性之于情视其品。情之品有上、中、下三，其所以为情者七：曰喜、曰怒、曰哀、曰惧、曰爱、曰恶、曰欲。上焉者之于七也，动而处其中；中焉者之于七也，有所甚，有所亡，然而求合其中者也；下焉者之于七也，亡与甚，直情而行者也。情之于性视其品。（《原性》）

性之品有上、中、下三个等级，情之品也相对应有上、中、下三个等级。仁、礼、信、义、智为性的具体内容，即五德；喜、怒、哀、惧、爱、恶、欲为情的具体内容，即七情。上品的人性产生上品的情，以仁德为主，其所产生的情动而得中，符合五德的规范；下品的性是恶的，既违反仁德也不能符合其他四德，与之相适应的情，完全凭感情支配行动，有过或不及都不符合道德规范；中品的性既可能善也可能恶，其表现为仁德有所不足或有所违背，其余四德或有而不完全纯粹，与之相适应的中品之情，虽然有过或不及，但是也有合乎道德规范要求的可能。由此可见，处于上品的人性，其仁德之性支配与之相对应的情，性情合一，为最完善之人性；处于下品的人性，既无仁德之性更无符合仁德之性的情，而始终归于恶；处于中品的人性，具有向善的可能性和现实性，是人性之中有待为善的人性。在这里，韩愈把孟子的人生来本性中具有仁、礼、信、义、智五种"善端"，发展为人生来本性中具有仁、礼、信、义、智五种"善性"，究其实质就是为了更好地推行"明先王之教"的教育宗旨：

　　夫所谓先王之教者，何也？博爱之谓仁，行而宜之之谓义。由是而之焉之谓道。足乎己无待于外之谓德。其文：《诗》、《书》、《易》、《春秋》；其法：礼、乐、刑、政；其民：士、农、工、贾；其位：君臣、父子、师友、宾主、昆弟、夫妇；其服：麻、丝；其居：宫、室；其食：粟米、果蔬、鱼肉。其为道易明，而其为教易行也。是故以之为己，则顺而祥；以之为人，则爱而公；以之为心，则和而平；以之为天下国家，无所处而不当。是故生则得其情，死则尽其常。效焉而天神假，庙焉而人鬼飨。曰："斯道也，何道也？"曰："斯吾所谓道也，非向所谓老与佛之道也。尧以是传之舜，舜以是传之禹，禹以是传之汤，汤以是传之文、武、周公，文、武、周公传之孔子，孔子传之孟轲，轲之死，不得其传焉。荀与扬也，择焉而不精，语焉而不详。由周公而上，上而为君，故其事行。由周公而下，下而为臣，故其说长。然则如之何而可也？曰：不塞不流，不止不行。人其人，火其书，庐其居。明先王之道以道之，鳏寡孤独废疾者有养也。"（《原道》）

先王之道就是"尧以是传之舜，舜以是传之禹，禹以是传之汤，汤以是传之文、武、周公，文、武、周公传之孔子，孔子传之孟轲，轲之死，不得其传焉"之道，就是"仁义道德"之道，"博爱之谓仁，行而宜之之谓义，由是而之焉之谓道，足乎己而无待于外之谓德。仁与义为定名，道与德为虚位"（《原道》），故此"学所以为道"。

2. 工夫论：勤与思

韩愈在《进学解》之中倡导"勤"与"思"相结合的修养工夫：

> 国子先生晨入太学，招诸生立馆下，诲之曰："业精于勤，荒于嬉；行成于思，毁于随。方今圣贤相逢，治具毕张。拔去凶邪，登崇俊良。占小善者率以录，名一艺者无不庸。爬罗剔抉，刮垢磨光。盖有幸而获选，孰云多而扬？诸生业患不能精，无患有司之不明；行患不能成，无患有司之不公。"（《进学解》）

这里所谓的"圣贤相逢""登崇俊良"等是韩愈的人生理想，而现实却是"有司之不明""有司之不公"的状况。韩愈认为，作为学生要做到"不患"，即不应用心于用人者"公""明"与否，当求其在己，不必诿责于人。并且以"业精"与"行成"作为衡量和判断自己学业和品德修养之标志，其中：在学业上要做到"精"，在品德上要做到"成"。而"业"之于"勤"，就是要想使得学业精益求精，最根本的前提条件就是勤学；"行"之于"思"，就是要想使品德上有所成就，凡事要三思而行，即无论是进德还是修业都要严格要求自己。

"勤"是学业精益求精之保证。"读书勤乃有，不勤腹空虚"（《符读书城南》），一切知识可由勤学习得。韩愈本人就是勤学的典范，"平居虽寝食未尝去书，怠以为枕，食以饴口"，书不离手。在《进学解》之中，借学生之口表达了其勤学奋进的学者形象：

> 先生口不绝吟于六艺之文，手不停披于百家之编。纪事者必提其要，纂言者必钩其玄。贪多务得，细大不捐。焚膏油以继晷，恒兀兀以穷年。先生之业，可谓勤矣。（《进学解》）

韩愈勤学，不分日夜，至老仍然，认为人要有学问并不断精进，都离不开勤学。

"思"是品德上有所成就的前提，"勤"与"思"结合在一起，并通过"思"来知晓所学经典之义，以此提高自己对于学术道义的领悟。"子诵其文，则思其义"（《送陈密序》），要边读书边思考其意义，"手披目视，口诵其言，心惟其义"（《上襄阳于相公书》），学习之时就需要手、口、心等感觉器官和思维器官之间的协调和配合，有助于求得书中之义理。韩愈在《进学解》之中提出了读书思考之法，其中："记事者必提其要，纂言者必钩其玄"，就是读不同性质的书要采取不同的方法，阅读史籍一类的书，一定要作出提要，提纲挈领，掌握要点；阅读辑录古人言论的书籍，一定要探索其要旨，领会书中的精神实质。"贪多务得，细大不捐"，就是一定要博览群书，务求有所得，知识不管大小，要兼收并蓄；"沉浸浓郁，含英咀华"，就是读书不能浮光掠影，要深入理解其中的精神实质，对书的精要之处要仔细地玩味，反复地体会；"闳其中而肆其外"，就是写文章不仅要内容丰富，而且要文意顺畅，有自己的新意。韩愈主张无论是写文章还是做学问，都要"自树立，不因循"：

> 若皆与世沉浮，不自树立，虽不为当时所怪，亦必无后世之传也。……能者非他，能自树立，不因循者是也。（《答刘正夫书》）

这正是对其"深探而力取之"的勤学思考工夫的进一步阐述。

3. 发用论：师道

韩愈认为教育是为政之本，通过教育培育英才是国之大事：

> 孟子曰：君子有三乐，天下不与存焉。其一曰乐得天下英才而教育之。此皆圣人贤士之所极言至论，古今之所宜法者也。然则孰能长育天下之人材，将非吾君与吾相乎？孰能教育天下之英材，将非吾君与吾相乎？幸今天下无事，小大之官，各守其职，钱榖甲兵之问，不至于庙堂。论道经邦之暇，舍此宜无大者焉。（《上宰相书》）

而要培养英才就需要勇于为师，充当发现千里马之伯乐：

　　世有伯乐，然后有千里马。千里马常有，而伯乐不常有。故虽有名马，祇辱于奴隶人之手，骈死于槽枥之间，不以千里称也。马之千里者，一食或尽粟一石。食马者不知其能千里而食也。是马也，虽有千里之能，食不饱，力不足，才美不外见，且欲与常马等不可得，安求其能千里也？策之不以其道，食之不能尽其材，鸣之而不能通其意，执策而临之，曰："天下无马！"呜呼！其真无马邪？其真不知马也。（《杂说四言》）

　　故此，韩愈重新宣扬儒家的师道观，提倡尊师重道，《师说》就是韩愈明先王"仁义道德"之道的师道观的代表。"古之学者必有师"（《师说》），开篇就阐明教师的地位和作用，既是对师道观之提倡又是对儒家师道观业已淡化之现状的批判，"自汉氏以来，师道日微，然犹时有授业传经者，及于今则无闻矣"（《进士策问》）。并进而演变为不尊重教师、耻于从师的不良风气：

　　古之圣人，其出人也远矣，犹且从师而问焉。今之众人，其下圣人也亦远矣，而耻学于师。是故圣益圣，愚益愚。圣人之所以为圣，愚人之所以为愚，其皆出于此乎？爱其子，择师而教之；于其身也，则耻师焉，惑矣。（《师说》）

　　圣人与一般人之所以有智愚之别，其根本原因在于圣人肯于从师学习，而一般人却以从师学习为耻。更加具有讽刺意味地是，就连从事一般职业之人都乐于从师学习，而士大夫之族却耻于从师，更不用说去给他人做老师之事。"巫医乐师百工之人，不耻相师。士大夫之族，曰师曰弟子云者，则群聚而笑之"（《师说》）。中唐的士风是"人不事师"，"有辄哗笑之，以为狂人"。韩愈自诩为儒家之道的传承之师，非议甚至攻击便不期而至。柳宗元曾讲：

　　独韩愈奋不顾流俗，犯笑侮，收召后学，作《师说》，因抗颜而为师。世果群怪聚骂，指目牵引，而增与为言辞。愈以是得狂名。（《柳宗元集·答韦中立书》）

韩愈以道自任的价值认同和担当意识，给予了其传道的信心和践履的勇气。并力倡以"道"为师的标准：

　　生乎吾前，其闻道也，固先乎吾，吾从而师之；生乎吾后，其闻道也，亦先乎吾，吾从而师之，吾师道也。夫庸知其年之先后生于吾乎？是故无贵无贱，无长无少，道之所存，师之所存也。（《师说》）

这是对儒家"德无常师，主善为师"思想的发挥。韩愈把"道"作为衡量和选择教师的根本标准，并身体力行，足见韩愈信道和传道的信心和勇气。"师者，所以传道、授业、解惑也"，三者之中以传道为本，以授业、解惑辅佐之，就是教师任务和职责所在。

二　三晋儒家之学术贡献

汉唐时期之三晋社会相对先秦时期来说，已失去了以晋国为中心的诸侯争霸的分裂格局时期所具有的多样性格，从秦统一六国建立中央集权的国家政权之后，三晋大地从行政划分上纳入了统一的国家政治体制之中，因自身地域环境条件所限而使得在整体的封建主流文化之中，文化地位并不是非常的突出。但有由于存在多个民族之间的相互融合，所以在三晋思想文化之中含有地域文化的特点和风情。从文化的整体发展趋势来看，汉唐时期的三晋文化既符合我国文化整体发展潮流，又充满地域特征的文化因子，从而形成了兼收并蓄、兼容并包的独具地域特色的文化性格。

（一）汉唐时期之三晋思想文化

汉唐时期的三晋思想文化包括两汉中央集权下的三晋思想文化、魏晋南北朝动荡局势中的三晋思想文化和隋唐时期的三晋思想文化，我们将从两个方面来整体分析汉唐时期的三晋思想文化。

1. 汉唐时期的三晋社会

公元前221年，秦始皇统一中国之后，实行郡县制，在今山西地区共设立了河东郡、上党郡、太原郡和雁门郡等4个郡，以及代郡（辖境相当于今大同、朔州东部，河北西北部及内蒙古少部分地区）局部，共4个郡和半个郡。虽然，在秦末曾有赵、魏、韩三国短暂的复国活动，但是为时不久就被韩信所平定，而又复归中央政府所管辖。汉武帝元封五年

（前 106 年），分全国为十三部（州），山西属并州刺史部，分监 9 郡：太原、上党、雁门、朔方、五原、云中、定襄、上郡、代郡。河东郡属司隶校尉部。东汉在山西设立的政区仍依照西汉制度，建武十一年（公元 35 年），省朔方州，其地归属并州刺史部，治所晋阳，领九郡：太原、上党、雁门、定襄、云中、五原、朔方、上郡、西河，河东郡属司隶校尉部，代郡仍属幽州管辖。

从公元 189—581 年的魏晋南北朝时期，是我国早期封建社会的又一个重要的历史时期。山西因其特殊的地理环境和战略位置，成为各种力量、各种政权角逐相争之地，呈现出政权频繁更替的交织状态。同时，山西又成了少数民族内迁入中原地区的前沿阵地，以南匈奴、鲜卑等少数民族为代表的胡族人入住中原之后，主要集中在山西及附近地域定居，促进了各族人民之间的相互接触和交往，使得山西又成为民族融合之地。尤其是十六国时期，山西各地先后被前赵、后赵、前燕、前秦、西燕、后燕、后秦等所统辖，直到 439 年山西全境才由北魏所统一。之后，577 年北周统一北方；581 年北周被杨坚所灭。

隋唐时期是中国封建社会的繁荣发展期，隋炀帝时期在山西共设置 13 郡统 88 县，李渊从太原起兵，夺取了隋室江山，太原也成为李唐王朝的发祥之地。隋在山西设置的 13 郡为：太原、西河、离石、雁门、马邑、楼烦、上党、长平、临汾、龙泉、文城、绛、河东。唐王李渊、李世民、女皇武则天、唐玄宗李隆基等都对山西特别是太原情有独钟，尤其是山西文水出生的武则天曾深情地说："并州，朕之枌榆，又有军马，比日简择，无如卿者。前后长史，皆从尚书为之，以其委重，所以授卿也"（《旧唐书·崔神庆传》）。足见，山西在唐王朝统治者心目中的地位。

2. 汉唐时期的三晋思想文化

在汉唐时期的三晋大地，出现了著名的家族并形成了家族文化。其中：闻喜裴氏、河津薛氏、太原王氏最为代表。裴氏比较可信的传承关系是从西汉开始的，从裴盖在西汉时任水衡都尉、侍中开始，裴氏家族之中出现了"三眷五房"之家族发展盛况，裴氏的裴度、裴俅、裴说、裴谐，均以诗名。太原王氏据说出自周灵王太子晋之后，家脉一直延续传承，隋唐时期大诗人王绩、王勃、王翰、王昌龄、王之涣、王维等都为诗歌的发展做出了贡献，王通在经学方面也做出了巨大的贡献。河津薛氏从西汉传承至隋唐，形成了较为繁荣家族势力，隋代的薛道衡，其诗作，"南北称美"；薛元敬、薛收、薛德音并称为"河东三凤"。由此可见三大家族在学术文化上的历史贡献。

在汉唐时期的三晋大地，还形成了以宗教建筑为代表的宗教文化。由于佛教的广为传播和统治者的提倡，佛教寺庙的兴建在南北朝时期达到了空前。交城的玄中寺、晋城青莲寺、太原的天龙山石窟就是非常著名的佛教建筑，当然其中最为驰名的就是五台山寺庙群、大同云冈石窟和浑源恒山的悬空寺。三晋大地作为佛教净土宗的发源地，始终保持了其中心地位；五台山被誉为中国佛教圣地，是佛教华严宗的重地。隋唐时期佛教文化的突出成就为：第一位西行取经的高僧法显与《佛国记》诞生，"三教合一"的最早提倡者东晋慧远等。同样，北魏王朝统治下的山西是道教北天师道的策源地和活动中心，对于道教在北方的传播起到了有力的推动作用。尤其是在北魏太武帝接受了寇谦之的道术，在京郊为寇谦之设立道坛，作为北方天师道的活动中心。在唐代，道教被尊为国教，著名道教人物吕洞宾是全真道北宗五祖之一，为纪念"八仙"之一的吕洞宾而在其家乡修建的永乐宫，与北京的白云观、陕西终南山的重阳宫并称为全真教的三大祖庭。

在汉唐时期的三晋大地，还出现了著名的史学家、书法家、大诗人等文化名人。其中，代表性的史学家有魏晋南北朝时期的三裴、隋唐时期的裴炬和温大雅。魏晋南北朝时期的三裴是指裴松之、裴骃、裴子野，裴松之以补注《三国注》而名留青史，裴骃以注解《史记》而成《史记集解》，并与唐司马贞《史记索引》、张守节《史记正义》合称"史记三家注"，裴子野完成20卷的编年体《宋略》，受到学术界的好评。隋唐时期裴炬的《西域图记》是研究古代中西交通史和历史地理的重要资料，温大雅的《大唐创业起居注》为我们提供了大唐创业的第一手实录资料。汉唐时期三晋大地的书法家，有魏晋时期的书法世家卫氏，历经四世，领袖书坛百余年，其中卫铄的《笔阵图》是一部有影响的书法理论著作。隋唐时期的薛稷、王维、张彦远等也是非常著名的书法家、画家。特别值得一提的是，隋唐时期三晋大地的诗人及其成就非常引人注目。隋代诗人薛道衡、初唐四杰之一的诗人王勃、盛唐诗人王维、王昌龄、王之涣，中唐诗人白居易、柳宗元，晚唐诗人"花间派"的鼻祖温庭筠等，都在诗歌创作领域取得了巨大的成就。

此外，汉唐时期的三晋名人还在地图学、训诂学等领域，取得了较大的学术成就。如魏晋时期的裴秀组织和主持绘制的《禹贡地域图》，是中国历史上见诸文字记载的最早的历史地图集；东晋著名训诂学家郭璞的《尔雅注》，具有重要的历史地位和学术价值。除此之外，隋唐时期，三晋大地还在民族文化融合方面取得了不错的成效，形成了平阳、平城、太原等三大民族融合中心，并保留有以平城为代表的山西北部历史遗存和以晋阳为代表的山西中南部历史遗存，为我们考证汉唐时期的三晋思想文化提供了重要的实物证据。

（二）三晋儒家思想文化之学术贡献

我们知道从汉代儒学取得独尊地位之后，学校就成为儒家学术传承和人才培养的一个重要机构，同样汉之后各代在文教政策之中对于儒家思想文化的重视，也成为儒家思想文化得以传播和发展的重要制度保证。在汉代官学创立初期，三晋大地的官学较为稀少、零散，不成系统，直至平帝时，官学才得以按地方行政区划依次建立；与官学相对应的私学也有所发展，博士范升及其弟子杨政、名士郭泰、刘茂等儒士，都曾兴办私学，从者都有数百人以上。三晋儒士通过授徒讲学，促进了儒家经典在三晋大地的传播。魏晋南北朝时期，山西的官学处于时兴时废之状态，私学相对来说较为发达，特别是闻喜裴氏、太原王氏等世家大族的家学传承，尤其具有影响力。

在隋唐时期，据《北史·儒林传序》记载："京邑达乎四方，皆启学校。齐、鲁、赵、魏学者尤多，负笈追师，不远千里。讲诵之声，道路不绝"，赵、魏之地就是三晋之地，足见三晋大地学校教育的兴盛。儒学大师王通正是在河汾设学，培养了大批弟子。隋唐之世，官学和私学的兴盛，培养出了大批人才，并通过参加科举考试而获得了相应的功名利禄，中举之人的光环效应，增强了士子们学习儒学的学习动机。学校和科举的相互结合，从一定程度上既促进了儒学的传承和延续，又使得更多的士子投入对儒学的学习和研究之中，形成了一定范围之内的良性互动。

在汉唐时期三晋大地出现了许多大儒，他们继承了三晋儒学的风骨，同时也为儒学的整体发展做出了独特贡献。其中，汉唐时期代表性的儒家学者为王通和柳宗元。王通生逢南北朝大乱之后的隋唐一统时代，提出了重新确立儒学主流思想地位的主张，认为儒、释、道思想有相通之处，可以合而为一。王通的学说上承孔子、孟子，下启韩愈、柳宗元，直接影响了宋明理学。柳宗元不仅是进步的文学家，也是当时的改革潮流即"永贞革新"的主将，还是继王通之后的重要思想家，对于理学思想的形成发挥了承上启下的作用。柳宗元不仅继承了王通的思想，还提出了"统合儒释"的观点，对于宋代理学思想的出现起到了积极的推动作用。

第二节　王通的思想文化与价值传承

区区山泽间，道足开南面。天步未回旋，九州待龙战。空有济世心，生不逢尧禅。何必会风云，弟子皆英彦。俗史不知人，寥落儒林传。

——顾炎武《顾亭林诗文集·诗集·述古》

顾炎武对王通的评价，既让我们深切地感受到了王通本人生不逢时的人生境况，"空有济世心，生不逢尧禅"，又让我们深切地感受到了王通及其弟子的思想文化贡献，"弟子皆英彦"，并为隋唐史之中没有名列王通之事迹而扼腕叹息。

一　王通思想文化的历史概述

隋代大儒文中子王通，由于《隋书》无传，《唐书》未补，传世著述《中说》涉之史迹，复乏佐证，遂启后人无限之疑。自宋迄清，学者多认为《中说》为伪书，甚而疑及其人之存在。我们认为王通确有其人，并结合相关历史文献资料，对其生平及学术活动、贡献及学术论争展开整理研究，以便为我们研究王通的思想文化奠定基础。

（一）生平及学术活动

王通（公元584—617年），字仲淹，隋代河东郡龙门县通化镇（今山西省万荣县通化镇）人。生于开皇四年秋冬之月，卒于大业十三年五月，享年三十三岁。门人谥曰"文中子"。

年 代	年 龄	生平事迹和学术活动
开皇四年	王通出生	出生于今山西省万荣县
开皇六年	王通二岁	早慧，知书
开皇九年	王通五岁	孺年天启，其父授"元经之事"
开皇十八年	王通十五岁	辞家游学四方
仁寿元年	王通十八岁	举本州秀才，射策高第
炀帝大业年间	王通约年二十岁左右	隐居，著书讲学
大业十三年	王通三十三岁	王通病逝

王通出生于世宦兼儒学的家庭，家学渊源深厚，从小就受到儒学的熏陶。《中说·立命篇》有"夫子十五为人师"的记载，虽然有夸大的成分在内，但是足见王通少年聪慧的情形。因为王通年少聪慧并加上勤奋苦学，在年十八岁之时就考中秀才。仁寿三年，王通西游长安，见隋文帝，奏太平十二策，尊王道、推霸略，稽今验古，文帝大悦。此后，王通被任命为蜀郡司户书佐，蜀王侍读。"（王勃）祖通，隋蜀郡司户书佐。大业末弃官归，以著书讲学为业"（《旧唐书·王勃传》）。由此，王通开始对朝廷逐渐失去了信心。大业初年，王通从长安回到家乡之后，并没有立即从事著述，而是先对孔子的《六经》作了一番探讨和研究，进一步确立了续述《六经》的计划。直至大业九年或十年完成续述《六经》之任务，然后开始聚徒讲学，直至病逝。"（大业）九年而《六经》大就，门人自远而至"（《文中子世家》）。正是由于王通的学说具有开创性的意义，所以当时即有"王孔子"之称，后世更有"河汾道统"之誉。

王绩在《游北山赋》之中，为我们再现了河汾学派的学术盛况：

白牛溪里，峰峦四峙。信兹山之奥域，昔吾兄之所止。许由避地，张超成市。察俗删诗，依经正史。康成负笈而相继，根矩抠衣而未已。组带青衿，锵锵似似。阶庭礼乐，生徒杞梓。山似尼邱，泉疑洙泗（吾兄通，字仲淹，生於隋末，守道不仕，大业中隐於此溪，续孔子六经近百馀卷，门人弟子相趋成市故溪今号王孔子之溪也）。忽焉四散，於今二纪。地犹如昨，人多已矣。念昔日之良游，忆当时之君子。佩兰荫竹，诛茅席芷。树即环林，门成阙里。姚仲由之正色，薛庄周之言理（此溪之集门人常以百数，唯河南董恒，南阳程元，中山贾琼，河南薛收，太山姚义，太原温彦博，京兆杜淹等十馀人，称为俊颖。而姚义多慷慨，同侪方之仲由，薛收以理达，称方庄周，薛妙言理也）。触石横肱，逢流洗耳。取乐经籍，忘怀忧喜。时挟策而驱羊，或投竿而钓鲤。何图一旦，邈成千纪。木壤山颓，舟移谷徙。北冈之上，东岩之前。讲堂犹在，碑石宛然。想问道於中室，忆横经於下筵。坛场草树，院宇风烟。昔文中之僻处，谅遭时之丧乱。局逸步而须时，蓄奇声而待旦。旅人小吉，明夷大难。建功则鸣凤不闻，修书则获麟为断。惜矣吾兄，遭时不平。殁身之后，天下文明。坐门人于廊庙，瘗夫子於佳城。死而可作，何时复生。式瞻虚馆，载步前楹。眷眷长想，悠悠我情。俎豆衣冠之旧地，金石丝竹之馀声。没而不朽，知何所营（吾兄仲淹，以大业十三年卒於乡馆，时年三十三，门人谥为文中子，及皇家受命，门人多至公辅，而文中之道不行於时。余因游此溪，周览故迹，盖伤高贤之不遇也）。

据历史文献资料考证，与王通有关的著述有：《十二策》《续六经》《中说》。其中：《十二策》为王通觐见隋文帝时，所陈十二策，后来编为四卷，是王通早期思想的代表，现已散佚不存。《续六经》为王通历时九年而完成的作品，包括《续诗》《续书》《礼论》《乐论》《易赞》《元经》六种，合称《续六经》或《王氏六经》，关于各经的篇数和卷数没有较为确切的记载，且由于各经均已亡佚，现仅存有部分关于《续诗》《续书》《元经》的情况记载。《中说》是在门人记录和后人追忆的基础之上整理而成的著作，其中关于王通的言论主要是由程元、仇璋、董常和薛收四位的记录整理和编撰而成，是现今记录和研究王通思想的主要资料。

（二）贡献及学术论争

王通在儒家思想发展史上的贡献，主要包括四个方面：第一，在儒家心性论方面：主要表现为在天人关系上弃天道、立人道，主张以性制情。王通致力于恢复儒家精神实质，从天人关系入手，为使儒学发展的重心回归到对人性的关怀上，而明确指出“立命”是确立人行为的准则，并将天、地、人视为同等重要的“三才”，为提高人自身的理论地位奠定了基础。王通明确了性为五常之本，从而将道德修养的实现与人之心性结合起来；第二，在儒家学术立场方面：倡导"三教可一"融佛、道入儒的学术立场。在儒、佛、道三家关系问题上，王通第一个从当时思想界的大局出发，提出"三教可一"的主张，为后来柳宗元吸收佛学的思想和宋明理学对佛、道二教思想的吸收开了先河，为儒家学说的改造和振兴指明了方向；第三，在儒家入世方面：力主王道，推行仁政、德治。在历史发展观上，王通以道的主宰代替了天的主宰，成为理学天理观的前奏。王通的道就是中庸之道，在政治上表现为仁政、王道，主要指"以德吸人"，实现仁政。王通心目中的王道就是以仁义为原则，以礼乐为形式的社会政治秩序和社会人际关系方面的伦理之道和个人道德的修养之道；第四，在儒家典籍整理方面：主要表现为王通续经的学术贡献，虽然在北宋前期和后期对于王通续经的认识和评价不同，但是不可否认的是王通续经确实有存道之功，继承了孔子之道开启了唐王朝的文治武功。

学术界关于王通本人及其学术贡献的论争，主要围绕三个方面展开并持续至今。第一，王通本人的真伪及其著作的真伪。清初姚际恒对于王通其人曾指出"世有以其姓名史所不载，疑并无其人"（《古今伪书考·文中子说》），直接怀疑王通本人是否在历史上存在的问题。实际上，关于这个问题，早在北宋初年，宋咸就曾提出质疑王通本人是否存在的观点，明代焦竑也持无王通本人之说。历史上对王通本人是否存在的争议，直接导致了人们对于记载王通言行的《中说》的质疑。而对《中说》的质疑包括两个方面，一是《中说》真伪考，一是《中说》谬误考。无论是关于真伪还是关于谬误的考证，都直接关乎后世对于王通学术贡献的认识问题；第二，王通续经的学术价值。唐及北宋前期，士人对王通续经的成就非常推崇，认为王通续经有功，在继承和延续孔子之道的基础之上，开启了唐王朝的文治武功。但是，从北宋中期以后，士人在理想化三代德治的情况之下，将汉唐作为三代理想化生活的对立面来认识，故此王通的续经开始受到不同程度上的批评。尤其是，南宋中期以后，儒学诸派因对于道的认识不同而对汉唐产生了不同的看法。总体上来看，陈亮和叶适因推崇汉唐而赞扬王通续经的存道之功，朱熹、陆九渊等人因否定汉唐而批评王通的续经活动；第三，王通门人的争议。王绩曾在《北山赋注》中记载王通有十余位著名的门人，"以董常、程元、贾琼、薛收、姚义、温彦博、杜淹等十余人称俊彦"。《中说·关朗篇》所列王通门人，除上述诸位之外，还包括：房玄龄、魏征、杜如晦、窦威、陈叔达、王珪等初唐名臣。王通于河汾之间以道统立教，非训蒙之师，只要曾求学问道于王通门下，称为门人并不过分。何况在《中说》之中，无论是弟子还是门人，都被称作为门人，吻合王通所提倡之师道观，"学无常师"，"惟道所存"，启河汾学风之新风尚。

二 王通思想文化的逻辑体系

在佛道盛行、儒门不振的隋唐时期，王通高举复兴周孔的大旗，全面继承先秦儒家的精神主旨，开启了儒学复兴运动的先河。王通不仅明确了弘扬人道，将对天命的极度崇信转向了道德主体的德性修养，而且在阐述儒家伦理道德学说的过程之中，开始从心性入手探索"穷理尽性"的道德修养的工夫论，对促进儒家心性论传统的恢复和发展做出了重要的学术贡献。我们试从本体论、工夫论和发用论三个方面，来呈现王通儒学思想文化体系，并从心性论方面来探究王通对于隋唐时期儒学思想发展的学术地位和学术价值。

（一）本体论：以性制情

王通第一次提出被理学家们奉为密旨的十六字诀："人心惟危，道心惟微，惟精惟一，允执厥中"，作为建构其心性理论的方法论基础。王通从人的内心出发去寻找"人心"和"道心"，并指出善与恶之根源在于性与情的分离，在于"人心"和"道心"的对立。故此，以性制情就是培养惟微的道心来防止惟危的人心的道德准则。王通对于人心和道心的分析和论述，是其突破意识形态领域内占统治地位的天人感应论所倡导之"天命"，向隋唐以后树立时代发展需要的围绕理欲关系而形成的"天理"观过渡。

1. 王通从对天命的重新诠释入手来梳理天人关系。汉儒的"天人感应"理论将儒家之天人关系神秘化和谶纬化，为了在天人关系之中重拾先秦儒家的精神实质——回归对人的关怀，王通从对天命的重新诠释入手来确立人的行为准则。王通所谓的"天命"，在他回答薛收问"何谓命也?"的解释中作了回答：

稽之于天，合之于人，谓其有定于此而应于彼，吉凶曲折无所逃

乎！非君子孰能知而畏之乎！非圣人孰能至之哉。（《文中子·问易》①）

命之立也，其称人事乎！故君子畏之。无远近高深而不应也，无洪纤曲直而不当也，故归之于天。《易》曰："乾道变化，各正性命"。（《立命》）

由此可见，王通所谓的"天命"就是指事物发展变化的客观必然性，"有定于此而应于彼"，既有一定的原因必有一定的后果。所谓"稽之于天，合之于人"，就是指人与自然的相互关系，即人的行动所引起的必然后果，亦即社会、人事的兴衰变化等。由于这种因果关系不随人的主观愿望而改变，因此"归之于天"，即自然相联系。这就是王通所谓的"天命"的基本含义。既然"天命"是指事物发展变化的客观必然性，那么"天命"就不是超自然的不可知的神秘物，相反"天命"就是可知的，即是可以认识的、掌握和控制的。王通"立命"的实质就是立人事，把天命的实现转变为积极的人生态度。

2. 王通提出"三才"论来重塑人之主体地位。王通在重新认识"天命"的基础之上，将天、地、人三者视为同等重要的"三才"。"三才"本出于《易传·说卦》中的"立天之道曰阴与阳，立地之道曰柔与刚，立人之道曰仁与义，兼三才而两之"。王通摒弃了汉儒对三才的人格化意义，论证了三才的自然本性。对于天、地、人三才的关系，王通认为乾坤之蕴，无非都是气、形、识三者相分：

天者，统元气焉，非止荡荡苍苍之谓也。地者，统元形焉，非止山川丘陵之谓也。人者，统元识焉，非止圆首方足之谓也。（《立命》）

其中："气为上，形为下，识都其中而三才备矣"（《立命》），气居上位，形居下位，识在中位，这是三者之间的位置关系；"天生之，地长之，圣人成之，故天地立而易行乎其中矣"（《立命》），天统元气，而元

---

① 注：下引《文中子》仅标明篇名。

气之功能在于生长万物，地统元形，其功能就是养育万物，人统元识，唯有人才具有认识能力和使万物完善的能力。这样，从功能上来看，天、地、人三才又具有不同的功能。在对待具体事物的实践中，"三才不相离也，措之事业则有主焉"（《立命》），因为三才具有不同的功能，所以三才在共同起作用的同时，由于各自不同的功能而在事物发展的不同阶段处于主次不同的地位。故此，天、地、人三才无论是在位置上、在功能上还是在地位上，都有了较为客观的且有规律的认识。

王通以规律释命并以气、形、识来重新认识天、地、人三者之间关系的论断，对于摆脱汉儒天人感应和谶纬神学的羁绊和束缚，并进而使儒学发展走出困境，起到了思想启蒙的作用。后世，张载的"民胞物与"、程颢的"仁者以天地万物为一体"、朱熹的"与理为一"及王阳明的"大人者，以天地万物为一体"等论点，都是在王通对传统天人感应论批判否定的基础上而提出的。从汉初董仲舒的"天人感应"到宋明理学的"天人相通"，王通对天人关系的学术尝试和学术突破是不可或缺的重要一环。王通在对天、地、人三者之间关系进行重新诠释的基础之上，第一次将封建社会的伦理道德秩序称为"中道"。

> 文中子曰：帝者之制，恢恢其无所不容，其有大制，制天下而不割乎？其上湛然，其下恬然。天下之危，与天下安之；天下之失，与天下正之。千变万化，吾常守中焉。其卓然不可动乎？其感而无不通乎？此之谓帝制矣。（《周公》）

为政要执"中"，即坚守"中道"。"中道"就是仁、义、礼、智、信五常的统一，"五常一也"，就是儒家传统的中庸之道。后世，理学"存天理，灭人欲"的根本就是将封建伦理纲常外化为"理"，王通"中道"范畴的提出为隋唐儒学的变革和宋明理学的形成，提供了重要的思想文化来源和理论基础。

3. 王通从"人心"和"道心"的区别入手而倡导以性制情之人性论。王通把"心"分为"人心"和"道心"两种，同时存在于人的"心"中。所谓"道心"即仁、义、礼、智、信五常之"善性"，所谓"人心"即是为利、欲之"恶情"。"道心"称为"性"，"人心"称为

"情"，前者是善的，后者是恶的，两者是矛盾对立的。由于人人都存有"道心"即"善性"，因此人人都有培养成为"成德君子"的可能性；又由于人人都存有"人心"既"恶情"，因此人人都有接受仁、义、礼、智、信五种品质教育的必要性。道的实现具有可能性，因为人皆有"道心"，即善之根源，但是"人心"会受到现实利欲的诱惑，抑制"道心"的发挥，使得"行道""进道"很难在现实中得到体现，所以要"存道心，防人心"，即"以性制情"。

> 人心惟危，道心惟微，言道之难进也，故君子思过而预防之，所以有诚也。（《问易》）

所谓"思过而预防之"，就是要"存道心，防人心"，以"诚"存养"道心"之微，而预防"人心"之危，而其中的关键就在于"以性制情"（《立命》）。"以性制情"是一个艰辛的人生历程。能够"以性制情者鲜矣。我未见处歧路而不迟回者"（《立命》），这就需要"思过而预防之"，发挥心智的作用。"心智非他也，穷理者也"（《事君》），"穷理"方能"尽性"，尽性方可"制情"，情制乃能"防欲"以至于"寡欲"，最终实现"以性制情"的道德修养境界。

（二）工夫论：穷理尽性

王通第一次将《周易·说卦》中的"穷理尽性以至于命"单独提出来，树立了道德修养之方法论。

> 昔者圣人之作易也，幽赞于神明而生蓍。参天两地而倚数，观变于阴阳而立卦，发挥于刚柔而生爻，和顺于道德而理于义，穷理尽性，以至于命。（《周易·说卦》）

"穷理尽性以至于命"是说圣人作《易》的目的，王通把其创新成为道德修养的工夫。

> 子谓周公之道，曲而当，和而恕，其穷理尽性以至于命乎！（《周公》）

乐天知命，吾何忧？穷理尽性，吾何疑？（《问易》）

王通认为，"穷理尽性以至于命"的顺序应为穷理——尽性——知命：

> 姚义曰："尝闻诸夫子矣。……《易》以穷理，知命而后及。……知命则申之以《易》，于是乎可与尽性。……先成诸己，然后备诸物；先济乎近，然后形乎远。"（《立命》）

王通答曰《易》可以穷理，并可以通理，但在学《易》之前必先"知命"，再去穷理方是有的放矢，才不至于"玩神"。所谓"知命"就是"知人事"。他认为，必须先知人事之命，然后才能穷理，这叫作"先成诸己，然后成诸物；先济乎近，然后形乎远"。穷了理便自然能尽人性。故此，王通认为："乐天知命，吾何忧？穷理尽性，吾何疑？"，一个人如能穷理尽性、乐天知命，不仅贫贱富贵、福惑夭寿种种观念没有了，而且忧惧疑惑等六种情感也不会发生了。一个人如果能修养到这种境界，便可成为"自由自在"的人了，即儒家所谓的"成德君子"或模范的"圣贤"。所以，"穷理尽性以至于命"就是要发展人性中所固有的五常之善性，最终成为一个"穷理尽性""乐天知命"的成德君子。

王通认为人要成为"无私""无偏"之有道德修养的人，就必须要"正其心"，即排除妄念，心地纯正。

> 房玄龄问事君之道。子曰："无私。"问使人之道。曰："无偏。"曰："敢问化人之道。"子曰："正其心。"（《事君》）

王通认为如果人能正其心，则"家道正而天下正矣"：

> 贾琼问君子之道。子曰："必先恕乎！"曰："敢问恕之说。"子曰："为人子者，以其父之心为心，为人弟者，以其兄之心为心，推而达于天下，斯可矣。"（《大地》）

"心化"就是通过道德个体自己发自内心的道德情感及道德行为去感化他人。

王通认为"诚"与"静"是实现"正心"的两个必备的路径：

> 推之以诚则不言而信，镇之以静则不行而谨，惟有道者能之。
> （《周公》）
> 静以思道，可以。（《周公》）

如果能做到"推诚"与"镇静"即可以实现"正心"。人的心地纯正，则人固有的善性就可以得到扩充于发展。王通的这一思想对宋明理学家产生了很大的影响，为其所继承与发挥。"推诚""镇静"就是要道德个体在道德修养过程之中，时时处处严格要求自己：

> 诚，其至矣乎，古之明王敬慎所未见，悚惧所未闻，刻于盘盂，勒于几杖，居有常念，动无过事，其诚之功乎！（《礼乐》）
> 切而不指，勤而不怨，曲而不蹈，直而有礼，其惟诚乎！（《问易》）

道德个体只有敬慎诚惧，时刻严格要求自己，居有常念，动无过事，"终日乾乾"而有所诚，才能通过自省的方法回到心之正途。即："心正"才能实现"穷理尽性以至于命"之道德修养境界。

（三）发用论：河汾之学

王通在罢归之后，在家乡龙门一带创办了"太平龙门书院"，研习六经，聚徒讲学，慕名求教者多达千余人，"昔者文中子讲道于白牛之溪，弟子捧书北面，环堂成列"①。因其故里位于黄河之滨，汾水之畔，故其行为被称作为"河汾设教"，其门人被称作为"河汾门下"。明代高启《追挽恭孝先生》云："关洛遗风在，河汾旧业传"。王通"挺起于河汾之间，承六代之家学，遍访名师，融贯南北，感世道之凌夷，儒学废毁，乃退居于龙门，立教于河汾，于政统之外，另立学统与道统，承担起传习儒

---

① 王绩：《王无功文集》，上海古籍出版社1987年版，第174页。

家正统文化，培养国家治世人才的历史重任。河汾学派于是乎蔚然兴起。"① 后世或誉其为"河汾道统"。

杜淹在《文中子世家》中，对王通在河汾设教的大致时间、原委、规模以及其本人受教的情况进行了简要的说明：

> 大业元年，一征又不至，辞以疾。谓所亲曰："我周人也，家于祁。永嘉之乱，盖东迁焉，高祖穆公始事魏。魏、周之际，有大功于生人，天子锡之地，始家于河汾，故有坟陇于兹四代矣。兹土也，其人忧深思远，乃有陶唐氏之遗风，先君之所怀也。有敝庐在茅檐，土阶撮如也。道之不行，欲安之乎？退志其道而已。"乃续《诗》《书》，正《礼》《乐》，修《元经》，赞《易》道，九年而六经大就。门人自远而至。河南董常，太山姚义，京兆杜淹，赵郡李靖，南阳程元，扶风窦威，河东薛收，中山贾琼，清河房玄龄，巨鹿魏徵，太原温大雅，颍川陈叔达等，咸称师北面，受王佐之道焉。如往来受业者，不可胜数，盖千余人。隋季，文中子之教兴于河汾，雍雍如也。（《文中子世家》）

从《文中子世家》的描述之中，我们能读到的信息：第一，王通在河汾设教的时间大约在续六经结束前后，大约在隋大业九年或十年左右；第二，王通在河汾设教主要的原因是因为儒家之道无推行之社会历史环境，迫不得已通过著述和传教的形式来传续儒家之道统；第三，王通河汾设教的规模较大，受业门人众多，弟子之中有突出成就之人较多，可见其设教的社会效应较为显著。

同样，王通之弟王凝在《中说关朗篇》的附言中，对王通门人具体受业学科还进行了简要的叙述：

> 门人窦威、贾琼、姚义受《礼》，温彦博、杜如晦、陈叔达受《乐》，杜淹、房乔、魏征受《书》，李靖、薛方士、裴晞、王珪受

---

① 汤一介、李中华主编：《中国儒学史》（隋唐卷），北京大学出版社 2011 年版，第 188 页。

《诗》，叔恬受《元经》，董常、仇璋、薛收、程元备闻《六经》之义。凝常闻：不专经者，不敢以受也。经别有说，故著之。（《关朗》）

王通本人曾续六经，在其设教的过程中就以专经来教育其弟子门人，《礼》《乐》《书》《诗》《元经》都有专门弟子来接受学习，此外除专经教学之外还有各经兼学的弟子门人。如果我们对《中说》之中的对话问答进行分析，不难发现，王通在汾河设教所传授的内容远远超出了上述范围。

王通在河汾设教的最大特色，"就在于根植于儒家经典，阐发道统要义而紧扣经世致用这一主题"①，可见经世致用为其设教的最大特点。经世即经邦济世、经国济民之意，具体来说就是要根据隋代社会变化发展之实际，以及儒家学术思想发展的具体特点来确定儒学所培养人才的具体目的。王通学术之中的变通思想既是面对隋代社会儒学衰微所做出的学术选择，也是其本人及其家族生活地域文化环境所形成的结果。熔铸百家，以道为本，一以贯之，就是王通学术及河汾设教的一大特点：

子谓史谈善述九流。知其不可废，而知其各有弊也，安得长者之言哉？子曰："通其变，天下午弊法；执其方，天下无善教。故曰：存乎其人。"

子曰："安得园机之士，与之共言九流哉？安得黄极之主，与之共叙九畴哉？"（《周公》）

从上述言语之中，王通认为即使是"九流之学"也应该根据实际情况加以变通，并希望与现实生活之中的"圆机之士"和掌握大中之道的"黄极之主"，共同交流九流之学和政教的各个领域和各个方面。可见，在王通本人心中所倡导学以致用的学术宗旨和学术风格。朱熹在《朱子语类》之中，对王通的学术风格评价为："且如王通这个人，于事务变

---

① 汤一介、李中华主编：《中国儒学史》（隋唐卷），北京大学出版社 2011 年版，第 203 页。

故、人情物态，施为作用处，极见得分晓"①，足见王通经世致用的学术特点。总之，"王通的河汾学派由摆脱官学化桎梏，完成儒学改造的任务；进而影响到社会政治、文化的改造和振兴，进一步增强了儒学的生命力与竞争力。虽然经学依然是唐代儒学的主要形态，但王通的子学及河汾学派经世致用的学风，对唐初及中晚唐及至宋代的儒学还是产生了深远的影响"②。

三 王通思想文化的价值传承

王通应时代的需要而决心以明王道为己任，并以培养治国济民和推行王道政治的佐治人才作为其学术宗旨，"学者，传诵云乎哉？必也，贯乎道。文者，苟作云乎哉？必也，济乎义"（《天地》），以宏道为宗旨且以济世为目的，就是王通思想文化的本真所在。为此，王通在全面地、创造性地继承与发扬儒家思想文化的基础之上，提出"三教可一"的主张，用于吸收佛、道的思想文化精华，来充实和完善儒家学术思想，在增强儒家思想文化的思辨性的基础之上，强化儒抗衡佛、道的学术力量。同样，王通为了更好地宣扬其思想文化，通过在河汾设教的传道行为来扩大儒学的社会影响力和自我生命力，用自己的行动践行了一代儒学大师弘道济世的学术情怀。

（一）学术地位："三教可一"开儒、佛、道融合之先河

在儒、佛、道三教关系问题上，王通是第一个从当时隋代社会发展实际和儒学自身的社会地位出发，提出"三教可一"的学术主张，为后来韩愈、柳宗元等吸收佛、道的思想文化提了学术范式，也为宋明理学对佛、道思想文化的吸收和借鉴开了先河，为隋唐时期儒学复兴和改造指明了方向。

王通提出"三教可一"学术主张的前提，是他认识到了三教并存的社会现实状况：

---

① 《朱子语类》（卷137），中华书局1986年版，第3255页。

② 汤一介、李中华主编：《中国儒学史》（隋唐卷），北京大学出版社2011年版，第214页。

《诗》《书》盛而秦（周）世灭，非仲尼之罪也。虚炫长而晋室乱，非老庄之罪也。斋戒修而梁国亡，非释迦之罪也。《易》不云乎，苟非其人，道不虚行。（《周公》）

儒、佛、道三教并没有因王朝之兴盛和更迭而消亡，同样王朝的兴盛和更迭也不是三教的责任，只是"苟非其人，道不虚行"的缘故罢了。周、晋、梁三代之亡，是由于统治者的无能，从而造成儒、佛、道三教之中能辅助政治的内容并未真正发挥应有的效应。既然三教对国家政治是有辅助作用的，那么我们又该如何对待三教并行的局面呢？王通认为三教之间相互争斗是不利于社会长治久安的，"政恶多门"；况且佛、道二教自身也存在诸多缺点和不足之处，比如佛教来自于西方，必然会存在许多不适应中国的现实情况；再比如道教之中也有不符合社会道德规范的内容。那么，是否可以废除佛教和道教呢？王通认为，答案是否定的，是不可以的：

曰："废之（佛、道二教）何如？"

子曰："非尔所及也。真君、建德之事，适足推波助澜，纵风止燎尔。"（《问易》）

既然废除佛、道二教是不可行的，那么解决的办法又是什么呢？王通的观点是希望出现"圆机之士"和"黄极之主"，能真正融合三教之思想，以"共言九流"。

安得圆机之士，与之共言九流哉！安得黄极之士，与之共叙九畴哉！（《周公》）

事实上，王通在心中就是把自己看作为能与佛、道二教"共言九流"的"圆机之士"。为此，他提出"三教可一"的学术主张：

子读《洪范谠义》，曰："三教于是乎可一矣。"

程元、魏征进曰："何谓也？"

子曰："使民不倦。"（《问易》）

王通所读之《洪范说义》就是《黄极说义》。所谓"黄极"就是指"中道"，王通将中道思想运用于对待儒、佛、道三教的态度上，得出了"三教可一"的结论。王通在"三教可一"之中，所表达的"一"并不是要把三教归一，而是提倡吸收和借鉴佛、道思想中的长处，儒、佛、道三教彼此之间实现共同发展。我们从后世陆九渊对王通"三教可一"思想的评价之中，可以一探究竟：

> 佛入中国，在扬子之后。其事与其书入中国始于汉，其道之行乎中国始于梁，至唐而盛。韩愈辟之甚力，而不能胜。王通则又浑三家之学，而无所讥贬。浮屠、老氏之教，遂于儒学鼎列于天下，天下奔走而向之者，在彼不在此也。（《陆九渊集》卷二十四《策问》）

足见，在陆九渊看来"浑三家之学"是王通倡导"三教可一"的本质所在。同样，这也是后世儒者批判王通"三教可一"学术主张的弊端所在。后世儒者站在提高儒学本身生命力的高度，来批判王通仅注重吸收和借鉴佛、道二教的长处，但是对于儒学自身理论构建不足的缺陷。事实上，我们是从宋明儒者的角度来看待王通"三教可一"的学术观点，而没有站在儒学思想文化的整体视角来全面分析和认识王通的学术贡献；我们是用宋明儒者的观点来对"三教归儒"或"援佛入儒"与"三教可一"做横向比较，而在一定程度上忽略了思想发展的纵向延续。我们的观点是：王通的"三教可一"思想实际上所从事的就是振兴儒学和改造儒学的学术尝试，韩愈、李翱等人包括后世宋明理学家正是站在王通思想文化的基础之上，把振兴儒学的使命给予发扬光大。

（二）文化价值：学无常师倡惟道所存之师道观

王通在河汾设教的传道之中，用自己的行动向后人展示了儒学大师的学者风范，"王孔子"的美誉让我们感受到了孔子"万世师表"的形象和地位。同样，王通用自己的行动向师道衰微发出了时代的呐喊。隋唐时期，我们在谈及师道的时候更多的情况下是将目光投向了韩愈及其《师说》，实际上王通本人的言行及其《文中子》中对于门人的教导，就是对师道的最好明证。

王通的门人程元曾对先师的形象描述如下：

> 夫子之成也，吾侪慕道久矣，未尝不充欲焉，游夫子之门者，未有问而不答，求而不给者也。诗云：实获我心，盖天启之，非积学所能致也。王通曰："无！汝知之乎哉！天下未有不学而成者。"（《问易》）

足见，在门人们心目当中，王通是一个学识渊博、品德高尚、精心育人的好夫子。王通本人认为包括他自己在内的所有人，只要向老师积极学习且勤学苦练都能取得好的学习效果。教师在每个人成长过程之中发挥着关键作用：

> 虽天子必有师，然亦何尝师之有？惟道所存，以天下之身，受天下之训，得天下之道，成天下之务，民不知其由也，其惟明主乎？（《立命》）

王通认为包括天子在内的任何人，都需要从师学习。"惟道所存"就是拜师和求师的标准，同样"道"既是为师的标准又是为师的任务。

> 繁师玄闻董常贤，问贾琼以齿。琼曰："始冠矣"。师玄曰："吁！其幼达也。"琼曰："夫子十五为人师焉，陈留王孝逸，先达之傲者也，然白首北面，岂以年乎？琼闻之，德不在年，道不在位。"（《立命》）

就是说，从师的标准是视其是否有道与德，从师是师其道与德，因此，不在于年龄的大小与地位的高低。"德不在年，道不在位"，乃是对孔子"学无常师"思想的继承与发挥，让我们探觅到了韩愈"无贵无贱，无长无少，道之所存，师之所存"思想的源头。

第三节 柳宗元的思想文化与价值传承

> 幽沉谢世事，俯默窥唐虞。上下观古今，起伏千万途。遇欣或自笑，感戚亦以吁。缥帙各舒散，前后互相逾。瘴疠扰灵府，日与往昔殊。临文乍了了，彻卷兀若无。竟夕谁与言，但与竹素俱。倦极便倒卧，熟寐乃一苏。欠伸展肢体，吟咏心自愉。得意适其适，非愿为世儒。道尽即闭口，萧散捐囚拘。巧者为我拙，智者为我愚。书史足自悦，安用勤与劬。贵尔六尺躯，勿为名所驱。
>
> ——柳宗元《读书》

"书史足自悦，安用勤与劬。贵尔六尺躯，勿为名所驱"，真实地描述了柳宗元秉承"为己之学"去追求真理的读书境界和人生抱负，同样也真切地反映了作者"不为物喜，不为己悲"的济世情怀。

一 柳宗元思想文化的历史概述

中唐时期儒学的复兴是宋明时期儒学复兴的胚胎期，在中唐倡导儒学复兴的过程之中，韩愈和柳宗元等人发挥了至关重要的作用。可以说，柳宗元是实现唐宋思想转型与宋明儒学复兴的先驱式人物，其在重申先秦儒家人本精神、倡导儒学大中之道以及援佛济儒等方面都取得了重要的学术贡献，在儒学发展史上都具有承前启后的价值和作用，代表了儒学发展的新思路和新方向。

（一）生平及学术活动

柳宗元在《答韦中立论师道书》中，曾对自己的生平学术活动做过简要的记述：

> 始吾幼且少，为文章，以辞为工。及长，乃知文者以明道，是固不苟为炳炳，务采色、夸声音而以为能。凡吾所陈，皆自谓近道。

柳宗元认为文章言辞固然重要，但更为重要的是要在文章之中宣扬圣道。一生为道，可以说是对柳宗元人生追求的最佳评价。

柳宗元（公元 773—819 年），字子厚，祖籍河东（今山西永济县）人，世称柳河东，因做过柳州刺史，又称柳柳州。

年　代	年　龄	生平事迹和学术活动
大历八年	柳宗元出生	出生于长安，祖籍河东
贞元六年	柳宗元十七岁	始考进士，四年乃得举
贞元十三年	柳宗元二十四岁	求博学宏词，越岁乃得中，授集贤殿正字
贞元十八年	柳宗元二十九岁	调蓝田尉，因其文才被韦夏卿留京府掌文墨
贞元二十年	柳宗元三十一岁	升监察御史里行
永贞元年	柳宗元三十三岁	尚书吏部员外郎，参加王叔文为首的革新运动
元和元年	柳宗元三十四岁	贬至永州，生活十年
元和十一年	柳宗元四十四岁	诏追回京，后被外放柳州刺史。生活五年
元和十四年	柳宗元四十七岁	病逝柳州

柳宗元的一生活动可分为三个时期，即长安时期（773—805）、永州时期（805—815）和柳州时期（815—819）。柳宗元的一生有两个转折点，一个是为尚书外部员外郎时期，参加王叔文组织的革新运动，"永贞革新"失败之后，被贬永州，从而开始在永州十年的流放生活；另一个是从柳州受诏回京，又被外放至柳州，直至病逝。柳宗元在永州期间，在政治上虽然遭到失败，但是在文学和哲学上都取得了巨大的成就。我们所知名的柳宗元传世佳作都是其在永州时期的作品，如《封建论》《送薛存义之任序》《捕蛇者说》《种树郭橐驼传》《梓人传》《小石城山记》等；同样，柳宗元在中国哲学史上的诸多重要名著也出自这段时期，如《非国语》《四维论》《六逆论》《时令论》《天爵论》《断刑论》《天对》《天说》《答刘禹锡天论书》等。总之，在永州和柳州期间，柳宗元投身社会，奋力写作，针砭时弊，批判现实，阐述自己关于政治、哲学、文学、教育的思想主张，在文化领域继续着他的改革活动。柳宗元存世的著述有《柳河东集》，其中有《柳河东先生集》四十五卷，《河东先生外集》上下两卷，《补遗》一卷，是今人研究柳宗元思想文化的主要资料。

（二）贡献及学术论争

柳宗元的学术贡献主要在于，为唐宋思想转型和宋明儒学复兴提供了重要的学术和方法创新。纵观其一生的学术生涯，柳宗元对于后世的学术贡献主要体现在以下四个方面。第一，在儒学复兴路线的选择上，柳宗元明确提出"统合儒释，宣涤凝滞"的观点，主张以儒学为主体，兼容各家所长，以开放的思维使儒学获得新的生命力；第二，在儒家天人关系的建构上，柳宗元提出"天人不相预"的天人观重归儒学的人道原则，并从宇宙论的角度还原天的自然本性，将在两汉天人神学奴役下的人解放出来的同时，提出"圣人与人无异"的人道观；第三，在儒家经典研究方式的运用上，柳宗元力主"由我而得"、借圣立言的解经方式。并主张从经学和史学两个领域发起对"义理"的追求，主张以"大中之道"为基础来重新"解释"传统经传，由"我"明圣人之心，以此建构新的理论体系，使儒学经典重新获得生命力；第四，在儒家章句之学的文道观上，柳宗元提倡"文以明道"的观点，不仅大力倡导文学复古的古文运动，而且借助古文运动来实现儒学复兴，为宋明理学的文风铺开了道路。柳宗元主张"文以明道"，把文学和儒学之道的关系厘定为手段和目的的关系，突出儒学的作用和意义，影响了学风的转变，为儒学的复兴作出了不可磨灭的贡献。

　　学术界关于柳宗元学术思想的论争，主要围绕柳宗元在儒学复兴运动中的地位而展开。宋明之后（包括宋明时期）的学术界，一般认为中唐时期的儒学复兴运动是由韩愈发动和领导的，唐末皮日休的观点较为典型："文公之文，蹴杨墨于不毛之地，蹂释老于无人之境，故得孔道魏然而自正"（《请韩文公配享太学书》），到北宋苏轼更称赞韩愈"道济天下之溺"（《潮州韩文公庙碑》），韩愈作为中唐儒学复兴运动的旗手地位得以树立。同样，宋明时期的理学家依据儒家道统的学术观念，把韩愈纳入了儒家道统之列，并且从儒家学术发展的脉络上，韩愈上承孟子下启程朱，一脉相承，就更加巩固了韩愈作为儒学复兴运动领袖的道统地位，并在儒家正统学术系统内部得以传承和延续。再加上以韩愈为代表的儒家学派，主张反佛、辟佛，独尊儒术，排除异己的儒学复兴路线，得到了宋明理学家的赞同和支持，更是从儒学复兴路线的选择上确立了韩愈的正统地位。虽然，在古文运动中韩愈和柳宗元地位并列，但是在谈到古文运动对于儒学复兴运动的作用时，学术界考虑更多的还是韩愈的学术地位和学术贡献。究其实质，我们对于柳宗元思想的认识和评价，大都受理学家以孔孟宋明心性天人合一之学为正统，其余为"异端"的非正统儒学的思维方式的影响和限制，而"人为"忽略柳宗元在中唐儒学复兴中的历史地位和学术贡献。实际上，包括韩愈本人之内的唐宋学者，都承认和肯定柳宗元的历史地位和学术贡献。韩愈在《柳子厚墓志铭》中写道："衡湘以南，为进士者，皆以子厚为师。其经承子厚口讲指画为文辞者，悉有法度可观"，《新唐书·本传》中指出："南方为进士者，走数千里从宗元游，经指授者，为文辞皆有法"，穆修说："世之学者，如不志于古则已，苟志于古，求践立言之域，舍二先生（指韩、柳）而不由，虽曰能之，非予所敢知也"（《唐柳先生集后序》，《柳宗元集》附录），足见柳宗元本人在中唐时期的学术地位。最后，我们用李觏的评述来重拾柳宗元对于儒学复兴的学术贡献和历史地位：

> 魏晋之后，涉于南北，斯道积羸，日剧一日，高冠立朝，不恤治具而相高老佛；无用之谈，世主储王而争夸。奸声乱色，以为才思，虚荒巧伪，灭去义理。俾元元之民，虽有耳目弗能复视听矣。赖天相唐室，生大贤以维持之，李、杜称兵于前，韩、柳主盟于后，诛邪赏正，方内响服。尧舜之道，晦而复明；周孔之教，枯而复荣。逮于朝家，文章之懿，高视前古者。阶于此也。（《上宋舍人书》，《李觏集》第二十七卷）

可见，正是在韩、柳的倡导之下，使得在魏晋以来湮没已久的"尧舜之道""周孔之教"才"晦而复明""枯而复荣"。

二 柳宗元思想文化的逻辑体系

"大中之道"是柳宗元所推崇和奉行的学术宗旨，也是其"文以明道"中的"道"之所在。柳宗元之道就是"尧、舜、孔子之道"，就是其心目之中的"大中之道"。柳宗元针对汉代以来天人感应理论对于儒家人道原则遮蔽的现实情况，援引道家"自然"之说，提出了"天人不相预"，即天人相分的人道原则。柳宗元在建构"自然"人性论的基础之上，主张通过"明道"与"行道"相结合的道德修养工夫，造就具有大中之道的理想人格。

（一）本体论：顺天致性

柳宗元所倡导之自然人性论，就是将"自"论与自然之"天"相互结合，使得"自"论涵盖于天地万物之自然界和人的世界中，即顺天致性。柳宗元在《种树郭橐驼传》之中，通过郭橐驼之口表达了其对于"自"的体悟，以及对于顺天致性的推崇。

> 有问之，对曰："橐驼非能使木寿且孳也，能顺木之天，以致其性焉尔。凡植木之性，其本欲舒，其培欲平，其土欲故，其筑欲密。既然已，勿动勿虑，去不复顾。其莳也若子，其置也若弃，则其天者全而其性得矣。故吾不害其长而已，非有能硕茂之也；不抑耗其实而已，非有能早而蕃之也。他植者则不然，根拳而土易，其培之也，若不过焉则不及。苟有能反是者，则又爱之太恩，忧之太勤，旦视而暮抚，已去而复顾，甚者爪其肤以验其生枯，摇其本以观其疏密，而木之性日以离矣。虽曰爱之，其实害之；虽曰忧之，其实仇之，故不我若也。吾又何能为哉！"
>
> 问者曰："嘻，不亦善夫！吾问养树，得养人术。"（《种树郭橐驼传》）

在柳宗元看来，顺天致性，物与人同。

1. 柳宗元顺天致性思想的前提是"天人不相预"。

柳宗元认为"天"无意志，不能赏功罪祸。

> 本始之茫，诞者传焉。鸿灵幽纷，曷可言焉。智黑晰眇，往来屯屯。庞昧革化，惟元气存，而何为焉？（《天对》）

世界太始之初只有元气的存在，天和地都是元气的不同表现形式。

> 彼上而玄者，世谓之天；下而黄者，也谓之地；浑然而中处者，世谓之元气；寒而暑者，世谓之阴阳。是虽大，无异果蓏、痈痔、草木也。（《天说》）

在柳宗元看来，天地虽然广袤浩大，但是天地和普通的果蓏、痈痔、草木相同，在实质上都是无意志的自然物。我们还可以用这些普通的自然物来类比天地和元气。

> 天地，大果蓏也；元气，大痈痔也；阴阳，大草木也。其乌能赏功罚祸乎？功者自功，祸者自祸，欲望其赏罚者大谬；呼而怨，欲望其哀且仁者，愈大谬矣。（《天说》）

柳宗元用大果蓏来类比天地、大痈痔来类比元气、大草木来类比阴阳的目的，在于向人们说明天地之间的所有事物都是自然物。自然界的灾害是自然事物运动变化的结果，人的福祸都是由人自身的行为引起的，期望天地有"哀"的情感和"仁"的动机，这是一种认识上的大错误。因此，天地本身不具有赏功罚祸的功能，"功者自功，祸者自祸"，并在此基础之上提出"天人不相预"的观点。

> 生殖与灾荒，天也；法制与悖乱，皆人也。二之而已。其事各不相预，而凶丰理（治）乱出焉。（《答刘禹锡天论书》）。

天道与人事各有其职能，互不相干。柳宗元提倡"天人不相预"的目的，在于论述"人事"对于社会、人生具有决定性作用，人类需要发挥自身的主观能动性去积极行事，重申了儒家人道原则的基本价值，即个体道德修养在个体修身中的重要作用。柳宗元在天人关系之中由天对人的主宰向人自身主宰自己的这一转变，与儒学由外在向内在转变的趋势是一致的，同时也是走向心性宋学的重要的一步。

2. 柳宗元顺天致性思想的基础是"自"论。

柳宗元从天地、自然、社会等三个层面，表达其"自"论思想。首先，柳宗元认为天地之间的自然现象都是自然而为、不以人的意志为转移的矛盾运动的结果。

> 山川者，特天地之物也。阴与阳者，气而游乎其间者也。自动自休，自峙自流，是恶乎与我谋？自斗自竭，自崩自歇，是恶乎为我

设？（《非国语·三川震》）

在柳宗元看来，山川是天地之物，彼此消长依存，"自动自休，自峙自流"与"自斗自竭，自崩自歇"，突出了万物内在的阴阳二气之间的运动变化，是山川变化的内在动力和根源所在。正是因为事物在气的支配之下产生各种各样的变化，才形成了世间万物多姿多彩的生存状态和表现形式。

柳宗元认为不仅天地之间的事物是矛盾运动的自我变化结果，而且自然界的各种事物也是自我变化的结果。"果蓏之自为果蓏，痈痔之自为痈痔，草木之自为草木"（《答刘禹锡天论书》），都是"自生而植"的运动结果，而非"天之生植"的天之意志再现和体现的结果。自然界事物"自生而植"的思想，从根本上否定了"天之生植"的职能。即：万物并非"天""为人"所生，从而否定了"天"先于宇宙万物而生的先天性。

柳宗元从对天地万物自生矛盾运动的过程，推衍出人类社会之兴衰存亡包括人自身之祸福善恶，都是人主体自我运动的结果而非天意，"功者自功，祸者自祸"（《天说》），"偷者自偷，死者自死"（《赵文子》）。故此，在人世之间根本不存在外在的"天"的主宰和安排，更不会有天对人间、万物好坏、善恶的惩罚，从而彻底否认"天"创造人类并赋予圣人、君子以天下的传统天人神授的观点。柳宗元从天地、自然、社会三个层面，来明证不仅包括天地万物由元气构成，而且天地万物的产生、运动、变化和消长皆因阴阳对立统一的矛盾运动而成。柳宗元的"自"论，实质上就是对道德主体自身力量的重视，也即主体能动性的发扬和倡导。

然则生生者谁哉？块然而自生耳。自生耳，非我生也。我既不能生物，物亦不能生我，则我自然矣。自然而然，则谓之天然。（《〈齐物论〉注》）

柳宗元之"自"论，就是在吸收并内化道家"自然"说的基础之上，将"自"论与自然之"天"相结合，使得"自"论涵盖于天地万物之自然界和人的世界之中，从而在消解"天帝"之神秘性、还原"天"的元气自然性的同时，从理论上构建起"人"之"自"论的体系，还原

"人"的主体性和能动性。

3. 柳宗元顺天致性思想的目的是平民化的理想人格。

柳宗元对于天人关系的重新诠释，并运用"自"论的思想还原"人"的主体性和能动性的最终目的，就在于塑造平民化的理想人格。柳宗元的圣人观与"自"论高度一致，认为"圣人"与人无异，成圣与否在于后天的努力而非先天的命定。对神化圣人说的否定和对圣人平民化的还原与对创造、主宰万物之"天"的清算和对"自然"之天的还原之间具有内在的一致性。我们试结合《观八骏图说》来分析柳宗元的圣人与平民无异的圣人观。

> 古之书有记周穆王驰八骏升昆仑之墟者，后之好事者为之图，宋、齐以下传之。观其状甚怪，咸若骞若翔，若龙凤麒麟，若螳螂然。其书尤不经，世多有，然不足采。世闻其骏也，因以异形求之。则其言圣人者，亦类是矣。故传伏羲曰牛首，女娲曰其形类蛇，孔子如倛头，若是者甚众。

> 孟子曰："何以异于人哉？尧舜与人同耳！"今夫马者，驾而乘之，或一里而汗，或十里而汗，或千百里而不汗者。视之，毛物尾鬣，四足而蹄，龁草饮水，一也。推是而至于骏，亦类也。今夫人，有不足为负贩者，有不足为吏者，有不足为士大夫者，有足为者。视之，圆首横目，食谷而饱肉，絺而清，裘而燠，一也。推是而至于圣，亦类也。然则伏羲氏、女娲氏、孔子氏，是亦人而已矣。骅骝、白羲、山子之类，若果有之，是亦马而已矣。又乌得为牛，为蛇，为倛头，为龙、凤、麒麟、螳螂然也哉？

> 然而世之慕骏者，不求之马，而必是图之似，故终不能有得于骏马。慕圣人者，不求之人，而必若牛、若蛇、若倛头之问。故终不能有得于圣人也。诚使天下有是图者，举而焚之，则骏马与圣人出矣！

柳宗元揭批"骏马"图来表达自己的圣人观，主张只有把圣人还原为人，才可能在现实生活之中重新培养出圣人。我们对于圣人的神秘化，在无形之中就会在圣人和普通人之间造就不可逾越的鸿沟，从而使普通人成为圣人是不可企及的目标和行为。既然，普通人与圣人无异，那么普通人成圣与否的关键就在于后天之所求所志之不同，而不在于先天之差异。

（二）工夫论：周乎志与周乎艺

柳宗元认为，要养成大中之道的理想人格，就需要具有"周乎志"和"周乎艺"的修养工夫。"周乎志者，穷踬不能变其操；周乎艺者，屈抑不能贬其名。其或处心定气，居斯二者，虽有穷屈之患，则君子不患矣"（《送元秀才下第东归序》）。坚定的志向和周全的艺能，是构成君子完美人格的关键所在。

柳宗元认为，要"周乎志"就需要实现"明"和"志"的辩证结合。圣人与普通人无异的平民化理想人格是在成性过程中实现的，而人性论中对"自"的强调更体现在"明"和"志"的辩证结合之中。

> 使仲尼之志之明可得而夺，则庸夫矣。授之于庸夫，则仲尼矣。若乃明之远迩，志之恒久，庸非天爵之有级哉？故圣人曰"敏以求之"，明之谓也；"为之不厌"，志之谓也。（《天爵论》）

在柳宗元看来，"明"就是"敏以求之"，是"智慧"而不是单纯的知识，而是一种认识事物的智能；"志"就是"为之不厌"，是"善"的意志。是否具有"明"和"志"是圣人和庸人的区分和标志，即拥有"明"和"志"就能成为像孔子那样的圣人，如果孔子本人去除"明"和"志"，就会成为普通人或庸人。因此，"明"和"志"是"人伦"之要道，是圣贤与愚者相区别的标志。柳宗元本人就是立志信道之人，"夫形躯之寓于土，非吾能私之，幸而好求尧舜孔子之志，惟恐不得，幸而遇行尧舜孔子之道，唯恐不慊"（《送娄图南秀才游淮南将入道序》），"敏以求之""为之不厌"，行尧舜孔子之道，就是柳宗元一生的真实写照。

柳宗元认为，要"周乎艺"就需要"取道之原"守大中之道。柳宗元主张要想在道德、学习、文章各方面都有所进益，学习内容必须以"五经"为本，必须要"取道"之原。

> 本之《书》以求其质，本之《诗》以求其恒，本之《礼》以求其宜，本之《春秋》以求其断，本之《易》以求其动。此吾所以取道之原也。（《答韦中立论师道书》）

在柳宗元看来，因为《书》中蕴含着道的本质，《诗》体现了道的永恒原理，《礼》规定了行道的一切行为准则，《春秋》是判断是非的尺度，《易》是处理自然和社会上事物变化的指导方法，这些经典是儒家用世经验的精华之所在，只有掌握了五经之中所蕴含的道理，才能真正把握圣人之道的精髓。所以，柳宗元把《诗》《书》《礼》《易》《春秋》，作为"周乎艺"的主要内容。

柳宗元之所以重视五经之中所蕴含的"取道之源"作用，是因为五经之中内含大中之道，而大中之道就是圣人之道，圣人之道必然孕育在儒家经典之中。

> 圣人为数，立中道以未于后，曰仁、曰义、曰礼、曰智、曰信，谓之五常，言以为常行者也。（《时令论》）

"中道"的具体内容就是五常，就是仁、义、礼、智、信，是现实生活之中与人伦日用相联系的道德规范。同样，在五常之中，仁义是根本和核心，"圣人之所以立天下，曰仁义。仁主恩，义主断，恩者亲之，断者宜之，而理道毕矣"（《四维论》）。仁义之道就是尧舜之道，就是儒家所传承和延续之大中之道，"道德与无常，存乎人者也"（《天爵论》）。

柳宗元认为在立足于五经之"取道之原"的基础之上，还需要摄取诸子百家学说中可以佐世的思想作为"周乎艺"的辅助内容。因为诸子百家学说之中，存在有助于把握大中之道的内容。

> 参之《谷梁氏》以厉其气，参之《孟》《荀》以畅其支，参之《庄》《老》以肆其端，参之以《国语》以博其趣，参之以《离骚》以致其幽，参之以《太史公》以著其洁。此吾所以旁推交通而以为之文也。（《答韦中立论师道书》）

"取道之原"与"旁推交通"体现了柳宗元"宗经"和兼容并包的学术主张，以儒家学术之大中之道为本原，吸收和借鉴有利于推行大中之道的诸子思想，既是中唐时期儒家学术发展的趋势所在，也反映了柳宗元在道德修养过程之中，采取众家之长为我所用的修养工夫。所以，"周乎志"和"周乎艺"相结合的道德修养工夫，是实现柳宗元"自"论思想的关键所在，同样也是其造就平民化理想人格的根本所在。即：只有拥有坚定的志向，周全的艺能，才能形成君子完美的人格。

（三）发用论：文以明道

柳宗元以儒家六经作为自己的"取道之原"，所谓"文以明道"就是要求文艺要以"六经之道"为其基本内容，以"明道"来实现古文的社会政治思想内容，从而把古文运动与儒学复兴两股思潮有机地结合起来。

柳宗元"文以明道"提倡把文章的内容和形式辩证地统一起来，即"有乎内而饰乎外"。柳宗元在文章的形式上，极力反对骈体文的浮艳文风。骈体文在语言形式上追求对偶声韵，讲究使典用事和追求华丽辞藻，而全然不顾文章的思想内容。柳宗元在《乞巧文》之中对这种全然不顾文章思想内容的骈体文进行了批评和揭露。

　　柳子夜归自外庭，有设祠者，馂饵馨香，蔬果交罗，插竹垂绥，剖瓜犬牙，且拜且祈。怪而问焉，女隶进曰："今兹秋孟七夕，天女之孙将嫔于河鼓。邀而祠者，幸而与之巧，驱去蹇拙，手目开利，组纴缝制，将无滞于心焉。为是祷也。"

　　柳子曰："苟然欤？吾亦有所大拙，倘可因是以求去之。"乃缨弁束衽，促武缩气，旁趋曲折，伛偻将事，再拜稽首称臣而进曰："下土之臣，窃闻天孙，专巧于天，璇玑，经纬星辰，能成文章，黼黻帝躬，以临下民。钦圣灵、仰光耀之日久矣。今闻天孙不乐其独，得贞卜于玄龟，将蹈石梁，款天津，俪于神夫，于汉之滨。两旗开张，中星耀芒，灵气氤氲，兹辰之良。幸而弭节，薄游民间，临臣之庭，曲听臣言：臣有大拙，智所不化，医所不攻，威不能迁，宽不能容。乾坤之量，包含海岳，臣身甚微，无所投足。蚁适于垤，蜗休于壳。龟鼋螺蚌，皆有所伏。臣物之灵，进退唯辱。彷徉为狂，局束为诡，吁吁为诈，坦坦为忝。他人有身，动必得宜，周旋获笑，颠倒逢嬉。已所尊昵，人或怒之，变情徇势，射利抵巇。中心甚憎，为彼所奇，忍仇伴喜，悦誉迁随。胡执臣心，常使不移？反人是己，曾不惕疑，贬名绝命，不负所知，扑嘲似傲，贵者启齿。臣旁震惊，彼且不耻。叩稽匍匐，言语谲诡。令臣缩恧，彼则大喜。臣若效之，瞋怒丛己。彼诚大巧，臣拙无比。王侯之门，狂吠狴犴。臣到百步，喉喘颠汗，睢盱逆走，魄遁神叛。欣欣巧夫，徐入纵诞。毛群掉尾，百怒一散。世途昏位，拟步如漆，左低右昂，斗冒冲突。鬼神恐悸，圣智危栗。泯焉直透，所至如一。是独何工，纵横不恤，非天所假，彼智焉出？独畲于臣，恒使玷黜。沓沓謇謇，恣口所言。迎知喜恶，默测憎怜。摇唇一发，径中心原。胶加钳夹，誓死无迁。探心扼胆，踊跃拘牵。彼虽佯退，胡可得扪！独结臣舌，暗抑衔冤。辫眦流血，一词莫宣。胡为赋授，有此奇偏！眩耀为文，琐碎排偶，抽黄对白，哗咮飞走。骈四俪六，锦心绣口，宫沉羽振，笙簧触手。观者舞悦，夸谈雷吼。独溺臣心，使甘老丑。罟昏莽卤，朴钝枯朽。不期一时，以俟悠久。旁罗万金，不嚃弊帚。跪呈豪杰，投弃不有，眉颦蹙，喙唾胸呕。大赧而归，填恨低首。天孙司巧，而穷臣若是，卒不余畀，独何酷虐？敢愿圣灵悔祸，矜臣独艰。付与姿媚，易臣顽颜。凿臣方心，规以大圆。拔去呐舌，纳以工言。文词婉软，步武轻便，齿牙饶美，眉睫增妍。突梯卷脔，为世所贤。公侯卿士，五属十连，彼独何人，长享终天？"

言讫，又再拜稽首，俯伏以俟。至夜半，不得命，疲极而睡，见有青衣朱裳，手持绛节而来告曰："天孙告汝：汝词良苦，凡汝之言，吾所极知。汝择而行，嫉彼不为。他之所欲，汝自可期。胡不为之，而谁我为？汝唯知耻，谄貌淫词，宁辱不贵，自适其宜。中心已定，胡妄而祈？坚汝之心，密汝所持，得之为大，失不污卑。凡吾所有，不敢汝施。致命而升，汝慎勿疑。"

呜呼！天之所命，不可中革，泣拜欣受。初悲后怿，抱拙终身，以死谁惕！

柳宗元在《乞巧文》中以"乞巧"为题，假借向织女乞巧的形式，对当时上层社会中那些"巧夫"们追逐名利、善于钻营的丑态作了淋漓尽致的揭露，曲折地表白了作者愿"抱拙终身""宁辱不贵"的品质。文中所称的"拙"，实际上是指为人正直、纯朴；所指的"巧"，实际上是指机巧、狡诈。此外，作者在文中还对当时流行的那种内容空洞，专求对偶工整、词藻华丽的骈文进行了嘲讽，对它的形式主义特征作了形象的描述。文中"骈四俪六"

一语，后来被简化为"骈俪"和"四六"两个词，用来称呼骈文和严格以四、六对句写成的"时文"。这就从根本上击中了骈体文的要害。

柳宗元虽然反对骈体文的单纯追求形式而不顾内容的形式主义，但是他并不全盘否定骈体文在语言、形式上取得的成就，而是十分重视文章的写作技巧和表现。

> 君子病无乎内而饰乎外，有乎内而不饰乎外者。无乎内而饰乎外，则是设覆为阱也，祸孰大焉；有乎内而不饰乎外，则是焚梓毁璞也，诟孰甚焉！于是有切磋琢磨、镞砺栝羽之道，圣人以为重。豆卢生，内之有者也，余是以好之，而欲其遂焉。而恒以幼孤羸馁为惧，恤恤焉游诸侯求给乎是，是固所以有乎内者也。然而不克专志于学，饰乎外者未大，吾愿子以《诗》《礼》为冠屦，以《春秋》为襟带，以图史为佩服，琅乎璆璜冲牙之响发焉，煌乎山龙华虫之采列焉，则揖让周旋乎宗庙朝廷斯可也。（《送豆卢膺秀才南游序》）

柳宗元所谓"内"是指思想内容，"外"是指文采。柳宗元认为，"无乎内而饰乎外"为设阱害人，是最大的祸害；"有乎内而不饰乎外"为糟蹋美材，是最大的耻辱。故此，没有与内容相适用的表现形式，内容也就不能完美地表达出来；同样，没有完美的表达形式也就没有真正的文学艺术。

柳宗元"文以明道"之"道"是"取道之原"和"辅时及物"相结合。柳宗元认为"文以明道"之"道"是儒家的"圣人之道"，"以兴尧舜孔子之道，利安元元为务"（《寄许京兆孟容书》）。柳宗元以儒家经典为"取道之原"，"本之《书》以求其质，本之《诗》以求其恒，本之《礼》以求其宜，本之《春秋》以求其断，本之《易》以求其动。此吾所以取道之原也"（《答韦中立论师道书》），就是要求文艺要以"六经之道"为其基本内容，以"明道"来充实古文的社会政治思想内容，从而把古文运动与儒学复兴两股社会思潮有机地结合起来。从"文以明道"出发，柳宗元进一步把"明道"与"辅时及物"联系起来，要求"道之及，及乎物而已耳"，即要求文艺要有"辅时及物"的社会功能。

> 得位而以《诗》《书》《春秋》之道施于事，及于物，思不负孔

子之笔舌。能如是，然后可以为儒，儒可以说读为哉！（《送给从事北游序》）

就是说，读圣人之书的目的不在于背诵经文，阐说义理，而在于领会、运用圣人之道来指导现实，解决社会实际问题。柳宗元把"辅时及物"定为"文以明道"的社会目的和效果，是柳宗元赋予"文以明道"这一命题独特的内容和意义，从而使得文章更加具有强烈的现实性。

三　柳宗元思想文化的价值传承

柳宗元一生以"明道"为志向，以复兴儒学的高度自觉，"取道之原""顺天致性"，重塑明道与行道相结合的理想人格。柳宗元所倡导古文运动中的"古文"，既是文学复古的体现，同时也是儒学复兴的直接载体，通过复兴古文的方式来实现尧、舜、禹治人之道的社会理想，就是古文运动的主旨所在。"文以明道"就是要在文学创作的过程之中，在文学领域实现对"道"的思考和践行。

（一）学术地位：古文运动之于儒学复兴的价值

唐代贞元、元和年间，以韩愈、柳宗元为代表的一大批作家，大力提倡并创作古文，掀起了一次影响深远的文体革新活动，这次活动被称为"古文运动"。中唐兴起的古文运动，一扫六朝以来"一简之内，音韵尽殊；两句之中，轻重悉异"（《宋书·谢灵运传》），"繁华损枝，膏腴害骨；无贵风轨，莫益劝戒"（《文心雕龙·铨赋篇》）华而无实的文体。古文运动从其表现形式上来看，是一场以复兴古文体为主的文学运动。但是，究其实质来看，古文运动在中唐儒学发展史上占有重要的历史地位，古文运动把那些"业已过去"的以孔子为代表的先秦儒家思想"重新经历一遍"，使先秦儒家之道"获得新生命"。韩愈、柳宗元将儒学复兴的思潮推向高峰，韩愈主张建立儒家的道统，攘斥佛老；柳宗元曾师事陆质，直接受其《春秋》学的影响，重疑辨，期望通经致用。韩愈和柳宗元古文创作最深刻的精神追求乃是儒道之复兴，他们期望通过儒道的重振来达成改革现实的愿望。其古文创作，展现了对儒家思想的深刻理解，灌注着抨击时弊，重振儒道的巨大热情。

古文运动对于儒学复兴运动的价值，在韩愈的言论之中早已得到证明。

> 愈之所志于古者，不惟其辞之好，好其道焉尔。（《答李秀才书》，《昌黎先生集》卷十六）

> 愈之文古文，岂独取其句读不类于今者耶？思古人而不得见，学古道则欲兼通其辞；通其辞，本志乎古道者也。（《题欧阳生哀辞后》，《昌黎先生集》卷二十二）

因此，在韩愈看来古文运动的本质在于"学古道"，"通其辞"不过是"兼职"的行为。或者说"通其辞"仅仅是一种手段，其目的在于"志乎古道者也"。因此，复兴"古道"是中唐古文运动的底蕴和实质，而古文运动则是恢复古道亦即儒学复兴运动的表现形式。

作为中唐时期与韩愈并列的柳宗元，同样认为古文运动的根本目的在于恢复古道。

> 宗元早岁，与负罪者亲善，始奇其能，谓可以共立仁义，裨教化。过不自料、勤勤勉励，唯以中正信义为志，以兴尧舜孔子之道，利安元元为务，不知愚陋，不可力强，其素志如此也。（《寄许京兆孟容书》）

柳宗元由于把"兴尧舜孔子之道"作为"素志"，因而"求尧舜孔子之志唯恐不得""行尧舜孔子之道唯恐不慊"（《送娄图南秀才游淮南将入道序》），柳宗元言语之中无不透露着以"尧舜孔子之道"作为人生志向的人生宏愿。

柳宗元同韩愈一样，认为古文运动的根本目的就在于弘扬"尧舜孔子之道"：

> 始吾幼且少，为文章，以辞为工。及长，乃知文者以明道，是固不苟为炳炳，务采色、夸声音而以为能。凡吾所陈，皆自谓近道。（《答韦中立论师道书》）

在韩愈的基础之上，柳宗元明确提出"文以明道"的文道观，主张把文章的内容和形式辩证地统一起来，即"有乎内而饰乎外"。

> 君子病无乎内而饰乎外，有乎内而不饰乎外者。无乎内而饰乎外，则是设覆为阱也，祸孰大焉；有乎内而不饰乎外，则是焚梓毁璞也，诟孰甚焉！于是有切磋琢磨、镞砺栝羽之道，圣人以为重。豆卢生，内之有者也，余是以好之，而欲其遂焉。而恒以幼孤羸馁为惧，恤恤焉游诸侯求给乎是，是固所以有乎内者也。然而不克专志于学，饰乎外者未大，吾愿子以《诗》、《礼》为冠屦，以《春秋》为襟带，以图史为佩服，琅乎璆璜冲牙之响发焉，煌乎山龙华虫之采列焉，则揖让周旋乎宗庙朝廷斯可也。（《送豆卢膺秀才南游序》）

在柳宗元看来，文章言词固然不容忽视，但是更重要的是在文章中宣扬和体现圣道。"道假辞而明，辞假书而传。要之，之道而已耳；道之及，及乎物而已耳"（《报崔黯秀才论为文书》），其中，"之道"就是"尧舜孔子之道"。故此，柳宗元和韩愈既是古文运动的主要倡导者，也是儒学复兴运动的主要倡导者。中唐时期的古文运动，就在于借助古文的手段来恢复古道亦即儒学复兴。

（二）文化价值：顺天致性的自然主义教育价值

柳宗元吸收儒家和道家的"自"论思想，强调对主体自身力量的重视，也即主体能动性的发扬和倡导。孔子既重视个体能力的发挥，"为仁由己，而由乎人哉！"（《论语·颜渊》），成仁在自己，他人无法替代。孟子同样重视人之本身，强调个体之我的心性修养及其在修齐治平之内圣外王理想中的重要性，"求则得之，舍则失之，是求有益于得也，求哉我者也"（《孟子·尽心上》）。荀子在区分天人各自不同领域的基础之上，指出："心者，形之君也，而神明之主也，出令而无所受令，自禁也，自使也，自夺也，自取也，自行也，自止也"（《荀子·解蔽》），一切都在于"自"，都在于我之心，而非外在的他者的安排、命令。老子同儒家一样，强调"自"在修行、求知等活动中的重要性，所谓"知人者智，自知者明；胜人者有力，自胜者强"（《老子·三十三章》），就是重视和提倡修身方面自己最为关键，不能外求于人。

柳宗元同样强调"自"在个体道德形成过程中的重要作用，而对于教育者来说发挥道德个体"自"的作用，就是要在教育过程之中真正做到"顺天致性"。柳宗元在《种树郭橐驼传》中，充分表达了其对于"顺天致性"自然教育法的推崇。

郭橐驼，不知始何名。病偻，隆然伏行，有类橐驼者，故乡人号之"驼"。驼闻之，曰："甚善。名我固当。"因舍其名，亦自谓橐驼云。

其乡曰丰乐乡，在长安西。驼业种树，凡长安豪富人为观游及卖果者，皆争迎取养。视驼所种树，或移徙，无不活，且硕茂，早实以蕃。他植者虽窥伺效慕，莫能如也。

有问之，对曰："橐驼非能使木寿且孳也，能顺木之天，以致其性焉尔。凡植木之性，其本欲舒，其培欲平，其土欲故，其筑欲密。既然已，勿动勿虑，去不复顾。其莳也若子，其置也若弃，则其天者全而其性得矣。故吾不害其长而已，非有能硕茂之也；不抑耗其实而已，非有能早而蕃之也。他植者则不然，根拳而土易，其培之也，若不过焉则不及。苟有能反是者，则又爱之太恩，忧之太勤，旦视而暮抚，已去而复顾，甚者爪其肤以验其生枯，摇其本以观其疏密，而木之性日以离矣。虽曰爱之，其实害之；虽曰忧之，其实仇之，故不我若也。吾又何能为哉！"

问者曰："以子之道，移之官理，可乎？"驼曰："我知种树而已，官理，非吾业也。然吾居乡，见长人者好烦其令，若甚怜焉，而卒以祸。旦暮吏来而呼曰：'官命促尔耕，勖尔植，督尔获，早缫而绪，早织而缕，字而幼孩，遂而鸡豚。'鸣鼓而聚之，击木而召之。吾小人辍飧饔以劳吏者，且不得暇，又何以蕃吾生而安吾性耶？故病且怠。若是，则与吾业者其亦有类乎？"

问者曰："嘻，不亦善夫！吾问养树，得养人术。"传其事以为官戒。

就是说种树必须按照树生长的自然规律去舒其土，平其培，固其土，密其筑，全其天性。而不能"根拳而土易，其培之也，若不过焉则不及",也不能"爪其肤以验其生枯,摇其本以观其疏密",否则"虽曰爱之,其实害之;虽曰忧之,其实仇之"。因为违背了树木生长发展的规律,无论如何也种不出好树。育人也是同样道理,必须按照人的自然规律去施教,既不能人为地束缚或戕害人的发展,也不能娇纵放恣,"太过"或"不及"都会妨碍人的成长和发展。因此,按照"顺天致性"的自然教育观,教育工作者要尊重人的身心发展规律,最大限度地发挥人的主观能动性,实现尊重人的自然发展规律同发挥人的主观能动性相结合,促进每个生命个体的个性发展。

第四章　三晋儒家思想文化的复兴和终结

先生治《春秋》，不惑传注，不为曲说以乱经。其言简易，明于诸侯大夫功罪，以考时之盛衰，而推见王道之治乱。得于经之本义为多。

——欧阳修:《孙明复先生墓志铭》

《春秋尊王发微》是孙复经学成就的集中表现，此书"上祖陆淳，而下开胡安国，谓《春秋》有贬而无褒，大抵以深刻为主"。孙复在《春秋尊王发微》中所体现"不惑传注"的精神，实际上是宋代经学的发展方向。孙复的学术贡献和历史地位在于:既拉开了北宋理学发展的序幕，又开启了三晋儒家学者在儒学复兴发展史上的大幕。三晋儒家学者由此走上了复兴儒学之道路……

第一节　儒学复兴和终结中之三晋儒家

儒学复兴和终结的时期是指宋元至明清时期，以理学思想发端为起点，直至理学衰微，启蒙思想兴起和发展的过程。在这个阶段，儒学既经历了其第二次发展的高峰期（以理学为标志），又伴随着理学的衰落而再次走向衰落。启蒙思想的兴起既是对传统文化的自我否定和自我超越，又是对儒学思想文化的自我批判和自我创新。以孙复、郝经、薛瑄及傅山为代表的三晋儒家学者，参与和见证了儒家思想文化的复兴和终结。

一　儒学复兴和终结之文化变迁

儒学的复兴和终结的过程，既可以看作理学的发生、发展、繁荣以及衰落的过程，也可以称作中国传统文化的从繁荣走向衰落的过程。形成于北宋时期的"理学",借鉴和吸收了唐朝儒学复兴运动的思想文化成果,糅合了儒、佛、道三家的思想,从而使得"理学"思想文化体系从起步阶段就周旋于儒、佛、道三家的哲学之间,并在与佛、道思想文化竞争的过程之中赢得了学术地位。北宋理学以胡瑗、孙复、石介开其端,邵雍、司马光衍其流,至周敦颐、张载则发扬光大而成就之。其后经二程(程颐、程颢)之扩充,而衍为南宋朱陆(朱熹、陆九渊)两大派。元代"理学"尊程朱,故陆象山之"心学"发展颇艰。到了明初,虽程朱理学被奉为统治思想,但吴与弼诸人之言学,却颇杂于"心学"。明中叶王阳明氏出,张大陆象山之说,排闼廓清,遂使明朝后半期言"心学"者遍天下。明中叶以后,由于商品经济的发展,市民意识的出现,以及西学东渐,带来了科学实用的思想,因而在明末清初,一些受西方思想影响的思想家惩"心学"之流弊,而开始转求经济实用之学。清统治者实行的民族压迫政策与禁锢思想的高压政策,以及骇人听闻的文字狱,把明清之际的启蒙思潮压制下去。知识分子在高压之下,被迫转向故纸堆,经学复盛。虽然清统治者大力推行独尊儒学以维护其统治,但是随着封建制度的衰落,儒学维系人心的作用已大为削弱。因此,无论"从传统儒学自身的发展已达到了极限,还是从传统儒学已被作为思想革命的主要对象,或者从清儒对传统儒学所做的大量的考据、整理、总结等学术工作,都标志着传统儒学在中国近代化过程中,已走向了历史的终结"①。

(一)儒学的复兴:以理学思想发端为起点

理学的产生实际上经历了一个漫长的历史过程,其源头可以追述到唐中叶的韩愈、柳宗元、李翱等人。唐代中叶韩愈提出"道统"的线索,抬高了《孟子》,表彰《大学》,并试图从儒家经典之中探寻复兴儒学之道。李翱吸取佛学思想糅入《中庸》思想中去,著《复性书》,从理论上为儒学复兴提供了道统支撑。韩愈和柳宗元所倡导的古文运动,让"尧舜孔子之道"无论在文学领域还是在教化领域,寻觅到了可以寄托和抒发的依据和载体。《论语》《孟子》《大学》《中庸》儒家经典著述的重拾和重释,古文运动以及儒学复兴运动的推行,为宋初儒学的复兴以及理学的兴起提供了理论支撑。宋初"三先生"胡瑗、孙复、石介,特别是胡

---

① 刘蔚华、赵宗正主编:《中国儒家学术思想史》,山东教育出版社1996年版,第30页。

瑗，启发了理学家知行、性命之学的先声。之后周敦颐之"濂学"借鉴和吸收道教《无极图》的思想，把其改变为论证宇宙本体及其形成发展的《太极图》，从而建立起了一个以孔孟正统思想为主的哲学理论体系。邵雍之"先天象数之学"根据《易传》关于八卦形成的解释和道教的宇宙生成说，再加上孟子"万物皆备于我"的思想，建构了一个宇宙构成图式和学说体系，以推行、解说自然和人事变化。张载之"关学"把人性分为"天地之性"与"气质之性"，把知识分为"德性知识"和"闻见之知"，从而为理学的根本命题"存天理，灭人欲"奠定了人性论和认识论基础。到程颐、程颢之"洛学"，建立了从天道到人道，从伦理到政治的完整的理学体系。南宋时期，朱熹在综合周敦颐、邵雍、张载、程颐和程颢等人思想文化的基础之上，建立了宏大而缜密的思想体系。至此，正统派理学即程朱理学完全形成。我们试结合朱熹的理学思想，来探究理学思想的学术体系和学术魅力。

1. 本体论：天地之性与气质之性

朱熹关于天地之性和气质之性的思想，根源于其对于宇宙本体的认识和理与气之中。朱熹把宇宙的本体称之为"太极"或"理"，把宇宙的现象称之为"气"。

> 太极是理，形而上者；阴阳是气，形而下者。(《朱子语类》卷五)
> 形而上者谓之道，物之理也；形而下者，谓之器，物之形也。(《续近思录》卷一)

太极是宇宙的本体，是控制一切事物的原理，事物的原理便是道；阴阳五行是气或器，器是受道支配的事物的形体。太极与阴阳、理与气、道与器是相互联系、密不可分的关系，"天下未有无理之气，亦未有无气之理""理又非别为一物，即存于是气之中。无是气，则是理亦无挂搭处"(《朱子语类》卷一)，理是气的本体，气是理的体现。

朱熹在建构理气宇宙本体认识论之后，认为人同宇宙万物相同也是禀受理与气而生的。"天道流行，发育万物。……人物之生，必得是理。然后有以为健顺仁义礼智之性；必得是气，然后有以为魂魄五脏百骸之

身。"(《大学或问》卷一）就人性而言，朱熹提出了"天地之性"和
"气质之性"的二元论人性说。一方面，天地之理转化为人物之性，即
"天地之性"（或称"天命之性""义理之性""本然之性"）；另一方面，
天地之气转化为人之气质，即人的感性生命之躯，人的生理、心理结构，
即人的生物实体性存在，而所谓"气质之性"并非指人的生理、心理属
性，而是天地之性通过人之气质而表现出来的具体人性。

> 气不可谓之性命，但性命因此而气耳。故论天地之性则专指理
> 言，论气质之性则以理与气杂而言之，非以气为性命也。（《朱文公
> 文集》卷五十六《答郑子上》）

天地之性是人的人性之中的普遍本性，气质之性则是具体个人的特殊
本性，是天地之性的普遍本性在个体身上的特殊表现形式，天地之性和气
质之性是普遍与特殊的关系。

在朱熹看来，人的天地之性在人之气质上之所以表现出不同的气质之
性，就是因为人禀受的气有清、浊、偏、正之不同，如果人禀受的是清、
正之气，那么他（她）便是智者或贤者；如果人禀受浊、偏之气，那么
他（她）便是愚者或不肖者，"气禀则有清浊，是以有圣愚之异"（《性
理精义》）。朱熹区分天地之性与气质之性，除从先天禀受之气的不同来
解释之外，还从善恶之根源来加以阐明。

> 人之有生而有血气之身，则不能无气质之偏以蔽之于前，而又有
> 物欲之私以蔽之于后，是以不能皆知其性以至于乱伦理而陷于邪僻
> 也。（《朱文公文集》卷十五《经筵讲义》）

因此，现实中人之善恶，即人的道德品性的好坏，既与先天素质
（气质之清浊偏正）有关，也与后天习染（是否有物欲之蔽）紧密相连。
朱熹认为，相对先天之禀受、气质之清浊偏正之气而形成的人性道德品性
好坏之别来说，后天习染对于人性道德品性的影响要重得多。

> 气质之性，固有美恶之不同。然以其初而言，则皆不甚相远也。

但习于善则善，习于恶则恶，于是始相远耳。（《论语集注》卷九）

既然后天之习染对于人性好坏之改变如此重要，那么通过设立学校以达到"变化气质以复性"的功效，就显得尤为重要。

> 古之圣王设为学校以教天下之人……皆有以去其气质之偏、物欲之偏以复其性。（《朱文公文集》卷十五《经筵讲义》）
> 天理人欲无硬定底界至，是两界分上功夫。这边功夫多，那边不到占过来；若这边功夫少，那边必侵过来。（《朱子语类》卷十三）
> 克得那一分人欲去，便复得这一分天理来；克得那二分已去，便复得这二分礼来。（《朱子语类》卷四十一）

在不断养成好的道德行为、改变不好的道德行为过程之中，克制"人欲"而复得"天理"，并最终达到"变化气质以复性"的道德功效。

2. 工夫论：主敬

朱熹认为，"主敬"是修身和为学的一种专一、恒常的态度，在修身的过程之中如果缺乏这种态度就"无以涵养本原""无以开发聪明"。

> 敬字工夫，乃圣门第一义。彻头彻尾，不可顷刻间断。（《朱子语类》）
> 人之心性，敬则长存，不敬则不存。（《朱子语类辑略》）

虽然在朱熹看来，敬不是一种独立的修养工夫，但是每一个具体的修养工夫又都需要以敬为本。所以，敬可以看作为方法论层面的修养工夫，或者说是不是修养工夫的修养工夫。敬在对于修身和为学都是不可或缺的工夫。

> 敬之一字，圣学之所以成始而成终者也。为小学者不由乎此，固无以涵养本原，而谨夫洒扫应对进退之节与夫六艺之教。为大学这不由乎此，亦无以开发聪明，进德修养，而致夫明德新民之功也。（《小学辑说》）

可见，在朱熹看来，敬是贯穿小学和大学的"圣学之所以成始而成终者"的唯一保证。朱熹在《答张敬夫》一书中，对敬德作用作了详细的论述：

> 人之一身，知觉运用，莫非心之所为，则心者所以主于身，而无动静语默之间也。然方其静也，事物未至，思虑未萌，而一性浑然，道义全具，其所谓中，是乃心之所以为体，而寂然不动者也。及其动也，事物交至，思虑萌焉，则七情迭用，各有攸主，其所谓和，是乃心之所以为用，感而遂通者也。然性之静也，而不能不动，情之动也，而必有节焉，是则心之所以寂然感通，周流贯澈，而体用未始相离者也。然人有是心，而或不仁，则无以著此心之妙。人虽欲仁，而或不敬，则无以致求仁之功。盖心主乎一身，而无动静语默之间，是以君子之于敬。亦无动静语默而不用其力焉。未发之前是敬也，固已立乎存养之实，已发之际是敬也，又常行于省察之间……仁则心之道，而敬则心之贞也。此澈上澈下之道，圣学之体统。明乎此，则性情之德，中和之妙，可一言而尽矣。

因此，在朱熹看来，敬之行为和心态贯穿在"事物未至，思虑未萌"至"事物交至，思虑萌焉"的全过程。敬是"心之贞"，性情之德、中和之妙都需要敬本身的贞定方能达成，人的伦理生命的完整需要敬来保持和养护。

朱熹之"敬"主要包含两个方面的含义：第一，"敬"是指道德修养过程之中的一种心理状态。"小心畏谨便是敬"（《朱子语类辑略》），"敬"就是要求人们经常保持一种"小心畏谨"的心理状态。即："整齐收敛这身心，不敢放纵，便是敬。尝谓敬字似甚字，却是个畏字"（《朱子语类辑略》）。第二，"敬"是道德修养过程之中的一种"专一"的态度。朱熹指出：

> 敬，莫把做一件事看，只是收拾自家精锐，专一在此。今看来诸公所以不进，缘是但知说道格物，却于自家根骨上煞缺精神，意思都恁地不专一，所以工夫都恁地不精锐。（《朱子语类辑略》）

敬者，守于此而不易之谓。(《朱子语类辑略》)

　　"敬"就是要求道德个体在道德修养过程之中，做到注意力集中，无闲思杂念。朱熹关于"主敬"的思想，同样是对孔子、二程"敬"字思想的继承和发展。孔子曾提出"执事敬""修己以敬"的主张，强调道德修养中应保持严谨郑重的态度；北宋时期的二程，把"敬"字作为一种修养的工夫，并进一步抬高了"敬"的地位和作用，程颐曾指出："涵养须用敬。"(《河南程氏遗书》卷十八) 朱熹在二程的基础之上，更加突出阐发和宣扬"敬"字的作用，并在阐述"圣贤千言万语，只有叫人存天理，灭人欲"时指出："把一个敬字抵敌，常常存个敬在这里，则人欲自然来不得"(《朱子语类大全》卷十二)，可见敬在"灭人欲"中的作用，"敬则天理常明，自然人欲惩窒消治"(《朱子语类辑略》)。并认为"敬"字为二程之学的妙处所在，"程先生所以有功于后学者，最是敬之一字有力"(《朱子语类辑略》)。因此，朱熹所倡导的持敬工夫，就是要道德个体以一种畏谨的态度管束自己的道德行为，复现人的道德本性，保持人的道德生命的完整性和连续性的根本工夫。

　　3. 发用论：小学和大学

　　朱熹认为，要实现"诚意正心修身齐家治国平天下"之学术宏愿，就必须接受"小学"和"大学"两个阶段的教育。虽然"小学"与"大学"之名古以有之，但是只有在朱熹的思想体系之中，"小学"和"大学"才具有了真正教育阶段的含义和任务。

　　人生八岁，则自王公以下，至于庶人之子弟，皆入小学，而教之以洒扫、应对、进退之节，礼、乐、射、御、书、数之文；及其十有五年，则自天子之元子、众子，以至公卿大夫元士之适子，与凡民之俊秀，皆入大学，而教之以穷理、正心、修己、治人之道。此又学校之教、大小之节，所以分也。(《大学章句序》)

　　小学之事，知之浅而行之小者也；大学之道，知之深而行之大者也。(《小学辑说》)

　　小学者，学其事；大学者，学其小学所学之事之所以。(《朱子语类》卷七)

简言之，小学是学其事，大学是明其理。小学与大学虽学习内容不同，但是贯穿于其中的"道"却是一致的。

> 学之大小固有不同，然其为道则一而已。是以方其幼也，不习之于小学，则无以收其放心，养其德性，而为大学之基本。及其长也，不进之于大学，则无以察乎义理，措之事业而收小学之成功。是则学之大小所以不同，特以少长所习之异宜，而有高下、深浅、先后、缓急之殊，非若古今之辨，义利之分，判然如薰莸冰碳之相反而不可以相入也。今使幼学之士，必先有以自尽乎洒扫应对进退之间，礼乐射御书数之习，俟其既长，而后进乎明德新民，以止于至善，是乃次第之当然，又何为而不可哉！（《小学辑说》）

小学注重行为习惯的训练，大学注重读书穷理；小学是大学的基础，大学是小学教育的深造与扩充。

朱熹认为，小学教育的作用在于，"习与智长""化与心成"。

> 古者小学，教人洒扫、应对、进退之节，爱亲、敬长、隆师、亲友之道，皆所以为修身、齐家、治国、平天下之本。而必使其讲而习之于幼稚之时，欲其习与智长，化与心成，而无扞格而不胜之患也。（《小学书题》）

足见，小学教育的重要性及其在人成长过程中的作用。

> 古人便都从小学中学了，所以大学，都不费力，如礼乐射御书数大纲都学了，及至长大，便只理会穷理致知工夫，而今自小失了，要补填实是难。（《小学辑说》）

在小学阶段只要打好做圣贤的基础，将来在此基础之上加工，就可以成为圣贤，就可以起到事半功倍的教育成效。

朱熹认为大学阶段的教育内容主要包括："穷理""修己""治人"三个方面。

凡民之俊秀，皆入大学。而教之以穷理、正心、修己、治人之
道。(《朱文公文集》卷七十六)

大人之学穷理、修身、齐家、治国、平天下之道是也。(《朱文
公文集》卷十五)

其中，所谓"穷理"就是学习以儒家经典为主的内容，"学者于
《庸》《学》《论》《孟》四书，果然下功夫，句句字字，涵泳切己，看得
透切，一生受用不尽"(《学规类编》卷五)；所谓"修己"，即"诚意"
"正心""修身"的功夫；所谓"治人"是指"齐家""治国""平天下"
的本领。因而，"小学"与"大学"教育内容的连续性，实际上表现在以
礼为框架的规范性知识体系内，即表现在从经验规范到先验理性的原则规
定之间的逻辑上升。

(二) 儒学的终结：以启蒙思想兴起为始点

明中叶王阳明氏出，张大陆象山之说，排闳廓清，遂使明朝后半期言
"心学"者遍天下。但是由于"心学"自身的空疏和僵化而走到了极端，
走向了末路，反而成为思想家们批判的对象。故此，理学的解体和衰落已
成为必然，取而代之的则是改良与批判思潮的兴起。如果说改良和批判是
基于中国传统儒学自身发展进程中的学术活动，那么这种学术改良和批判
就会再次促进儒学自身的向前发展；如果说改良和批判是基于新兴市民派
的对理学和心学的抨击，提出百姓日用里处便是圣人条理处、"穿衣吃饭
即是人伦物理"之类的思想观点，那么就会从根本上推翻以孔子之是非
为是非的道统观，从而就表现出了具有启蒙意味的改革与批判精神。

中国早期启蒙学术的发展分为三个阶段。第一个阶段是从明代嘉靖至
崇祯，约 16 世纪 30 年代至 17 世纪 40 年代。抗议权威、冲破束缚、立论
尖新而不够成熟，是这个阶段启蒙学术思想的总体特征。李贽、何心隐、
赵南星、冯应京、王徵、徐光启、陈第等人及包括东林党人，都可以看作
为启蒙思想的代表人物。其中以李贽为代表的，重新估定一切价值、呼唤
个性解放的人文主义思想，最为具有批判力和破坏性。第二个阶段是从南
明弘光、永历到清康熙、雍正，约 17 世纪 40 年代至 18 世纪 30 年代。深
沉反思、推陈出新、致思周全而衡虑较多，是这个阶段启蒙学术思想的总
体特征。其中，以顾炎武为代表的经学及其考据之学、以黄宗羲伟代表的

浙东史学、以傅山为代表的子学研究、以方以智为代表的新兴质测之学、以王夫之为代表的对宋明道学的总结等，就是这个阶段启蒙思想发展的新成就。第三个阶段是从清乾隆到道光二十年，即18世纪30年代至19世纪30年代。执着追求、潜心开拓、身处洄流而心游未来，是这个阶段启蒙学术思想的总体特征。其中，以戴震为代表的皖派、以惠栋为代表吴派、以王念孙和汪中为代表集吴、皖两派之长的扬州学派，以章学诚为代表的浙东史学派等，就是这个阶段启蒙思想发展的新势力。在众多启蒙思想家的学术成就之中，集中于对宋明时期的道统之学进行反思和批判，最为代表的就是王夫之对于宋明道学"存天理、灭人欲"的理欲观的反思和批判。

王夫之理欲观的出现，既是宋明理学"理欲之辨"在理论上自我否定的学术必然，也是明清时期以李贽为代表的启蒙思想家开始反思和重新估定一切价值的学术发展。在王守仁的"心学"体系之中，"心"被分为"道心"（即天理）和"人心"（即人欲）两个部分。其中，"人心"与感性自然需求欲望相联系，所以要灭人欲就得灭人心；"道心"又需要依赖这个与物质存在相联系的"人心"才能存在，如果没有物质生活资料，那么"道心"就会落空，而灭了包含欲望之"人心"又何处存放"天理"？这就是矛盾。"心学"学术体系内部对于自身理论不足之处的补救，在主观上"清心寡欲"的思想，在客观上却推动了"心学"向感性方向的发展。即"心学"内部的自我救赎并没有出现预期的学术效果，反而使得"天理"由外在的天理秩序转变为内在的自然物质欲求。"心学"内部的自我矛盾必然走向自我否定，自然人欲论就是在此基础之上而被提出的。

王夫之提出"天理寓于人欲""理欲皆自然"的人性论命题，标志着宋明理学的终结。王夫之承认人欲的普遍性，认为"饮食男女，人之大共"（《诗广传》卷二），要求把人欲置于应有的位置，且满足人们的欲望符合天下共同的人性。

> 可欲，则谓之善也，人同此心也，心同此理也。不拂乎天下之情，必不违乎天下之性，而即可以善天下之功。人欲之，彼即能之，实有其可欲者在也；此盖性之相近，往往与天理相合者也。（《四书

训义》卷三）

王夫之进而认为，"若无私欲，即无圣学"，有私欲，"斯出圣学"；若"厌弃物"，即"废人伦""私欲之中，天理所寓"。并进一步指出"公欲即公理""人欲之大公，即天理之至正""人欲之各得，即天理之大同"，最终得出"天理必寓于人欲"，故"终不离人而别有天，终不离欲而别有理也"（《读四书大全说》）的革命性结论。故此，"理依于欲""欲即理"就成了王夫之理欲观的根本原则，这个原则与宋明理学家们"理即礼"是针锋相对的。同样，"有欲斯有礼"说，就是针对宋明理学之"存天理、灭人欲"之"天理人欲不能并立"的思想而有针对性地提出的。既然理与欲不是绝对对立的，就应当"以理导欲""以理制欲"。

> 以理制欲者，天理即寓于人情之中。天理流行，而声色货利皆从之而正。（《读四书大全说》）

只有以天理制约和引导人欲，才能使人欲合乎正义，给社会和人生带来好处。总之，王夫之的理欲观全面论述了人之欲望与道德价值的辩证关系，肯定了"各得其欲"就是"天理"，天理即是寓于人欲之中的正当合理性，又主张以欲从理、以理导欲，从而建构起一种辩证的理欲统一观。

二　三晋儒家之学术贡献

三晋儒家思想的复兴和终结，包含在宋元明清时期的三晋社会发展历程之中。宋元明清三晋大地的社会文化发展特点，是三晋儒家思想发展的内在动力和保障。我们对于三晋儒家代表人物孙复、郝经和薛瑄思想文化的研究，就需要结合三晋社会发展之历史特点和文化特征。同样，随着明清时期启蒙思想的兴起和发展，以傅山为代表的子学研究，既代表了明清时期启蒙思想发展的学术动向，又反映了三晋学者对于理学思想文化的反思和批判。在这一阶段的三晋儒家学者之中，有宋明理学发展先驱的"宋初三先生"孙复、有在元朝时期力推儒学的郝经、有明初理学大宗薛瑄、有明清之际启蒙思想家傅山，可谓思想丰富、特色鲜明、成果丰硕。

（一）宋元明清时期之三晋思想文化

宋元明清时期的三晋思想文化，是三晋儒家文化发展的思想来源和文化根基。我们试结合宋元明清时期三晋社会发展之实际状况，来从整体上分析宋元明清时期思想文化的特点和成就。

1. 宋元明清时期的三晋社会

宋元明清时期的三晋社会从整体发展历程上，可分为五代辽宋金元时期和明清时期二个总体阶段。在五代辽宋金元时期，五代之后唐、后晋、后汉以河东为根据地而建国，十国之北汉在太原建国；北宋建立后，北汉依托契丹在山西与赵宋抗衡；北宋灭北汉后，山西被契丹与北宋分别占领；金灭辽后，独占山西；蒙元实现大一统后，山西重新融入中央集权之内。在明清时期，山西作为中央王朝的腹里地区，不仅在政治上占有重要地位，而且经济、文化的繁荣与发展也是举足轻重。明王朝从洪武二年（1369），就开始在山西置行中书省，加强对山西地区的中央行政管辖。明朝一代，朱元璋为了保持朱家王朝之久盛不衰而分封诸皇子为王，用他们"屏藩王室"，其中封到山西的有晋王朱㭎、代王朱桂和沈王朱模，"三藩王封晋"。明朝一代，晋藩所封郡王24人，代藩24人，沈藩25人，这些藩王为了巩固和发展自己的势力，大都曾采取促进经济和文化发展的措施，藩王之后人有被誉为"孝贤"、有的善诗赋文章，尤以沈王后人出名，"时称沈藩多才焉"（《明史·沈王模传》）。

明朝中后期各种社会矛盾激化，尤其是张居正改革失败之后，政治愈趋败坏，朝廷内外，派系林立，纷争不已；土地兼并疯狂，农民无以为生，山西人民的反抗斗争此起彼伏。其中，刘六、刘七义军转战山西、陈卿起义、李福达案、大同兵变、三十六营起义等事件，都经过山西或由山西人发动，充分显示了山西人民反抗压迫的迫切愿望和斗争精神。清顺治元年（1644），清兵入关建立了中国历史上的最后一个封建王朝，秋季清军攻占山西，开始建立清在山西的地方政权。清的政权机构基本沿袭明朝，最高长官是巡抚，下设冀宁（驻省）、河东（驻运城）、冀北（驻大同）、冀南（驻汾州）四道，由分守道员掌管，全省分为4道5府3直隶州16属州77县。明清时期，晋商称雄商界五百年。晋商从明初到清末，在商界活跃了五个多世纪，其活动区域遍及全国各地，甚至发展到欧洲、日本、东南亚和阿拉伯国家。明清晋商资本之雄厚、经营项目之丰富、活动区域之广泛、称雄时间之长久，在世界商业史上都是罕见的。晋商的成功在于他们的审时度势、进取敬业、团结协作的精神，在中国贸易史上谱写了最壮丽的篇章。

2. 宋元明清时期的三晋思想文化

在宋元明清时期，三晋大地在思想文化领域取得了丰硕的成果，在我国思想文化发展的历史长河之中占有十分重要的文化地位。首先，在史学领域出现了以司马光的《资治通鉴》为代表的史学家和史学巨著。《资治通鉴》代表着宋代史学的最高成就，记事上起战国周威烈王二十三年（公元前403），下迄五代周世宗显德六年（959），包容了1362年的史事，是《史记》以后所记年最长的一部通史，足以与《史记》相媲美。《资治通鉴》以记述政治、军事事件为主，也记载了一些重要人物及其言论，与治乱兴衰相关的经济制度、礼乐兵刑、民族往来、社会风俗、人口增减等，目的在于为治国者提供历史借鉴和教训。同样，王溥之《唐会要》与《五代会要》，都具有独到的史料价值。《唐会要》记载了唐代各种制度的沿革和益损，为后人研究唐代的典章制度保存了大量的珍贵资料；《五代会要》是宋代修撰的第一部五代史书，成书在新、旧《五代史》之前，历来为史家所看重。《唐会要》与《五代会要》的编撰，形成了一种为后代所援用的新的史体"会要体"。刘祁之《归潜志》所记金末丧乱事多为亲身见闻目击，史料价值极高，与元好问《壬辰杂编》成了日后编纂《金史》的两大资料来源。清代史学发展引人注目的两大取向就是边疆史地与世界史地的研究，开导边疆史地研究先路者是山西的祁韵士、张穆，而山西的徐继畬则是掀起世界史地研究的先驱之一。在清代学术史的研究中，祁韵士历来被视为清代西北边疆史地学的开创者，尤其是他治学注重实地考察和文献考证相结合的研究方法，开启了一代学术研究新风，深刻影响了其后的西北边疆史地研究，从而促成了嘉道咸年间西北边疆史地学繁荣局面的形成。张穆之《蒙古游牧记》，尤其重视元亡以来蒙古各部之变迁，以及与历代北方各民族之间的交往，是研究蒙古历史地理的重要参考书，时至今日，仍是国际史学界瞩目的研究蒙古史地理的权威著作。徐继畬是中国近代放眼看世界的伟大先驱之一，《瀛寰志略》开中国研究世界史地之先河。

宋元明清时期三晋在文学领域出现了以"北方文宗"元好问为代表

的文化成就。元好问是金代最有成就的文学家，也是宋金对峙时期北方文学的主要代表。元好问多才多艺、才华横溢，按其学生郝经的说法，其诗作"五千五百余首"，流传至今可确定为元好问的诗篇有 1365 首，词现存 380 首所用词牌达 79 个，其也是元曲制作的先驱者之一。元好问作为金末元初北中国文坛的一代宗师、盟主，其诗文反映了金元易代的社会现实，以诗文存史，尽可能地保存金代文献、史实，成为研究金元社会尤其是金朝社会历史文学的宝贵资料。以山西籍的元曲作家关汉卿、白朴、郑光祖为代表的杂剧作家取得了较高的艺术成就，关汉卿的《拜月亭》、白朴的《墙头马上》、郑光祖的《倩女离魂》与王实甫的《西厢记》，被称为元代杂剧中有名的"四大爱情戏"。山西的元杂剧作家除了这三大家之外，还有平阳的石君宝、张择、赵公辅、于伯渊、孔文清，太原的李寿卿、刘唐卿、乔吉，大同的吴昌龄，绛州的李行甫等，均有剧作传世，故此，山西有"元杂剧的故乡""中国戏剧的摇篮"之美称。此外，《河汾诸老诗集》与"河汾诗派"、金末"文坛双星"杨云翼和李俊民、萨都剌与《雁门集》等，都在我国文学发展史上占有十分重要的历史地位。

宋元明清时期的三晋社会，在绘画、书法、建筑、雕塑、壁画领域也取得了较高的艺术成就。沁水人荆浩与后梁的关同和南唐的董源、巨然，被后人公认为五代时的"四大画家"，传世作品有《匡庐图》；世居太原的米芾，与苏轼、黄庭坚、蔡襄并称为书法"四大家"，其长子米友仁也是书画名家，与其父合称"大小米"；永济人马远，与李唐、刘松年、夏珪并成为"南宋四大家"，传世作品有《踏歌图》《雪图》《对月图》《寒江独钓》等，郝章画的人马、路皋画的骆驼、马远画的山水被时人称为"河东三绝"；太原人郭若虚所著《图画见闻志》，接续张彦远的《历代名画记》，记述唐末至熙宁七年（1054）150 余年间艺林名士、流派本末，并为期间 284 位画家作了小传，对研究这一时段的绘画理论、画家及其流派提供了弥足珍贵的历史资料。此外，宋金时代形成了四个雕版印书中心，北方的山西平阳就是其中之一，在元代大都和平阳是北方的印刷中心，尤其是金元时代平阳成为北方著名的雕版印刷中心，"平水"版的《赵城金藏》尤为出名。同样，晋祠圣母殿内的宋代彩塑、应县木塔及其中的具有辽代风格的雕像和壁画、永乐宫及其以《朝元图》为主的壁画、大同的九龙壁，以及晋中的乔家大院、王家大院、常家大院、阳城的皇城相府等宅院文化，都代表和体现了明清时期三晋的绘画和建筑成就。

宋元明清时期的三晋大地，除了在史学、文学、艺术等领域取得丰硕的文化成就之外，还出现了众多文化名人。如孙复、文彦博、司马光、郭若虚、毕仲游、宋德方、赵鼎、李俊民、元好问、石君宝、刘祁、郝经、白朴、郑光祖、乔吉、关汉卿、罗贯中、高巍、薛瑄、常伦、王国光、张慎言、傅山、毕振姬、于成龙、魏象枢、戴廷栻、范鄗鼎、阎若璩、吴琠、陈廷敬、刘璋、孙嘉淦、靳荣藩、安清翘、祁寯藻、徐继畬、张穆、乔松年、耿文光、杨笃、李宏龄、杨深秀、刘奋熙、渠本翘等，他们或著书立说、或出仕为官、或设教授徒等方式，为宋元明清三晋社会文化的发展做出了巨大的贡献。

3. 文化个案：王国光与三晋思想文化

王国光在张居正主政的万历新政期间任吏部尚书。王国光既是张居正推行新政改革的得力助手，也是张居正以省议论、核名实为主旨的裁汰冗官、改革吏治的具体实施者和执行者。我们试从王国光身上来探寻，主流文化之外的地方文化特色，以此来再次明证三晋思想文化的历史贡献。

（1）政治文化：《条议吏治疏》的务实思想

王国光（1512—1594），字汝观，号疏庵，润城上庄（今山西省晋城市阳城县润城镇上庄村）人。我们试结合记述王国光生平事迹的列传、墓志铭和《司铨奏草》的序文，对王国光的生平事迹以及《条议吏治疏》在《司铨奏草》中的位序进行简要分析。

①王国光的生平及其著述

王国光的生平事迹主要记载在《明史·列传·王国光》《明故光禄大夫太子太保吏部尚书疏庵王公墓表》等文献资料之中，我们主要以《明故光禄大夫太子太保吏部尚书疏庵王公墓表》为主，并结合《明史·列传·王国光》来呈现王国光的生平主要活动历程。

《明故光禄大夫太子太保吏部尚书疏庵王公墓表》（下文简称《墓表》）的作者为张慎言（1577—1645）。张慎言是王国光的外孙，字金铭、号藐山，阳城屯城（今山西省晋城市阳城县润城镇屯城村）人，万历三十八年（1610）进士，官至吏部尚书。据成文于崇祯壬午（1642）《墓表》记载，王国光四岁丧母，嘉靖甲辰（1544）进士，时年32岁。王国光的吏治生涯开始于吴江县令，几经官宦沉浮，嘉靖辛末（1571）调任

刑部尚书，后改为户部尚书。王国光因得张居正赏识，在万历五年
（1577）官至吏部尚书。至于王国光与张居正之间的个人关系，我们从
《答户部王疏庵》一文中可见一斑："若乃披肝胆，见情愫，一心奉公，
不引嫌，不避怨，与吾共图国家之事者，如公亦不多见。"从上述文字描
述之中，我们不难发现张居正对于王国光人品和官品的高度评价，张居正
的赏识为王国光带来官运的同时也给其仕途造成了严重的恶果——在张居
正去世之后而遭受陷害，王国光的仕途也走向末路而风光不再，于万历甲
午（1594）卒于里第。

王国光本人有收集和整理个人工作文档的习惯，在其担任尹京兆期间
编撰《赋役文册》、督太仓期间编撰《仓场事宜》、尚书户部期间编撰
《司农奏草》和《万历会计录》、尚书吏部期间编撰《司铨奏草》（《条议
吏治疏》出自于《司铨奏草》）。

②《司铨奏草》与万历新政

《司铨奏草》是王国光担任吏部尚书期间的工作文献总集，我们以王
篆撰写的《司铨奏草·序》为范本，来回顾《司铨奏草》的编纂历程及
总体特征：

"岁庚辰秋，余叨贰铨部，则得尽读今太宰王公所为《司铨奏草》也
者。"——庚辰秋，即万历八年（1580）之秋，王篆任吏部右侍郎，作为
王国光的下属同僚为书作序，"赐进士第通议大夫吏部右侍郎荆南王篆顿
首拜书"。

"公受知主上，与辅弼之臣，同心一谊，铨管九流，所以延进才贤，
登翊至理，盖三年于今矣。"——王国光从万历五年（1577）十月任吏部
尚书，至1580年王篆撰写序文之日，刚好任职三年。王国光与王篆作为
张居正推行改革的得力助手，掌管吏部做好各类人才的铨选工作，并取得
了一定的工作成效——"延进才贤，登翊至理""即无论岁所铨授，岁所
简汰，不下数万人，朝进一人而举其职，夕罢一人而除其患，功若斯其矩
也"。

"斯编首列敦趣元辅及考绩、会留三疏，盖当公掌铨之初，已则章六
七上，极言吏治，大要在辩名实耳黜贪婪，奖廉隅而薄矜炫，惜旧德而恤
卑官，节繁文而收实效，绝侥幸而抑浮夸，盖一日而规摹略定，此皆公素
所蓄积，愿以效之主上者也。"——《司铨奏草》前三篇为《敦趣元辅趋

朝疏》《题元辅十二年考满疏》《会留元辅张疏》，王国光把与张居正有关
的三篇疏稿放在文集的首位，足以证明王国光与张居正之间的亲密关系，
并足以体现王国光对张居正所推行改革的鼎力支持。《司铨奏草》共由八
卷组成，为王国光"素所蓄积"，主要包括"辩名实耳黜贪婪，奖廉隅而
薄矜炫，惜旧德而恤卑官，节繁文而收实效，绝侥幸而抑浮夸"等方面
的内容。

"公往尹京兆，刻有《赋役文册》；督太仓，有《仓场事宜》；及为尚
书户部，则有《司农奏草》《万历会计录》，所以经国大计，至纤悉
矣。"——王国光在自己历任官职期间，有收集、整理和总结工作经验的
个人习惯，《赋役文册》《仓场事宜》《司农奏草》《万历会计录》及《司
铨奏草》都是工作经验汇总文集。这些个人工作经验层面的文献材料，
补充和丰富了国家层面整理和编纂的相关历史文献资料，"诚国家久远之
利，然独六典之一耳。今所刻《人才治理》，所由宄隆，视彼溪啻倍而六
之，览者当自辨矣"。

我们根据《序》文不难发现：《司铨奏草》就是王国光在万历新政期
间，担任吏部尚书的工作经验汇总，是王国光个体层面所感知和经历的万
历新政。我们试引用《明神宗实录》中记载王国光任吏部尚书时的史料，
与《司铨奏草》中相应的史料加以比较，以此来感受和体悟王国光笔下
"个人版"的万历新政：

《明神宗实录·卷之七十三》万历六年（1578）三月记载："吏部尚
书王国光条陈八事，一曰采实证，二曰禁投揭，三曰别繁简，四曰议调
处，五曰恤卑官，六曰停加纳，七曰责守令，八曰重捕官，得旨：览奏，
深切时弊，有神铨选，务着实行捕官有地方之责，若不注定文凭，恐有事
相诿，还照旧注选，但拣精壮、有干局者升授，不称职的，着抚按径行问
革。"

《司铨奏草·条议吏治疏》是《明神宗实录》中所记载事项的完整
版，我们主要摘录《条议吏治疏》的前言部分、正文八条建议中的第一
条（其余七条只列出标题）以及结尾中神宗皇帝的御批，来呈现完整版
的《明神宗实录》记载：

　　　　题为陈末议以少裨益吏治事。恭惟皇上登极以来，清心懋学，拊

髀思贤，拳拳以饬吏治、安民生为首务。而吏部，则吏治之所由出，民生之所由安也，尚书实总摄之。臣以下材贱士，起之废弃之中，授之重大之寄。惟兹莅任将几三月，日息惊惕，检阅章程并事之端委，反覆规图，酌量可否。除事体琐细，势所得为，力有可为者，不敢渎奏外，其有积习已久，踵弊成风，旧例因循，难以擅变者，非奉明旨，则不信不从，未有能济者也。谨条为八事，开款上请定夺。伏乞皇上留神，则吏治甚幸，民生甚幸。

一、采实政。夫致理之要无他，在内外大小臣工共修实证而已。查得万历二年正月内，该本部题为钦奉圣谕等事。奉圣旨：这本说的是便行与各该抚按官，严督所属，务要修举教养实政，毋但取辨于薄书期会之间。其所举劾，一以政事修否为准，毋但取其奔走承奉，亦毋得拘泥资格，淆混名实。如有任情爱恶、举劾不当的，你部院即便纠奏处治，亦不许徇情容隐，钦此。明旨森然，其责成于臣工者，至严切矣。顾积习之弊，难于顿除，而名实之间，尤所易眩。故有耿介高洁而不谐于时者，有老成持重而涉于迟钝者，有高谈阔论而无当于用者，有跌宕不羁而托名豪迈者，有污肆不检而巧为藻饰者，有废职业而役志雕虫小技者，有婀娜脂韦、奔竞攀援而以才望称者。苟徒采其虚声而不核其实政，则儇巧者或致通显，而砥砺者多坐沉沦，士习之坏，莫此为甚。合无以后在内行各部院卿寺等堂上官，在外行各抚按衙门，务宜秉公持正，将所属官员细加徇访，果能恪修职业、卓有实政者，不分崇卑，不拘资格，许揭荐到部，容臣等查的，一体破格优处。如专事虚文、远怨避事与一切养交延誉、空谈废职者，定行劣处，亦不许徇情护隐，以滋浮靡。庶人知务实，或可收吏称民安之效矣。伏乞圣裁。

一、禁投揭。……（略）

一、别繁简。……（略）

一、议调处。……（略）

一、恤卑官。……（略）

一、停加纳。……（略）

一、责有司。……（略）

一、重捕官。……（略）

万历六年三月初九日题奉圣旨："览卿奏，俱深切时弊，有裨铨选，依议务着实行。巡捕官有诘捕专责，若不注定文凭，恐地方失事得以推委，还照旧注缺选除。但初选及推升，须拣年力精壮、有干局者升授；不称职的，着各抚按官径行选委问革。"

《条议吏治疏》中的内容与《明神宗实录》中所记载的内容大体一致，但是却更为详细地叙述了提出八条治吏措施的背景、原因及惩处手段，并在疏稿的结尾之处刊载了神宗的御批。我们看到除第八条略有调整之外，其余七条都得到神宗的恩准和许可，从一个侧面反映了吏部尚书王国光的治吏能力和治吏水平。

王国光的《条议吏治疏》同张居正的《陈六事疏》也有异曲同工之妙。《陈六事疏》为张居正在隆庆二年（1568），向穆宗提出救时和务实的奏疏，"审几度势，更化宜者，救世之急务也"。奏疏由六部分组成：省议论、振纪纲、重诏令、核名实、固邦本、饬武备，句句切中时弊，项项亟待整治。

奏疏名称	措施	主 要 思 想
条议 吏治疏	采实政	内外大小臣工公修实政，并成为选拔和任用官吏的标准。庶人如果具备为官之能力，并能采取务实的措施，也可以直接提拔为官吏
	禁投揭	规范官吏考核制度和上级公平推荐下级的制度，禁止下级官吏私自投揭而扰乱正常的官吏任用制度
	别繁简	针对官吏因任职于不同地区而带来工作繁简不同，提出对任职不同地区的官吏给予不同的等级评价
	议调处	针对部分官吏不适合其岗位工作而提出的官吏任职调整方案
	恤卑官	关怀处于偏远地区和地位较低的下层地方官吏
	停加纳	停止举贡监儒人等以钱粮加纳授官的局面
	责有司	加强有司对官吏的管理，特别是防止"势豪臣奸"的产生和出现
	重捕官	针对地方治安官吏弊端所提出推荐壮年强干、才思敏达者任职

续表

奏疏名称	措施	主 要 思 想
陈六事疏	省议论	官吏力求躬行之实效，戒除无用空虚的言语和行为
	振纪纲	重塑官吏的精神状态，加强相关法令制度建设
	重诏令	强化帝王的威严，注重中央对地方官吏的监督和管理
	核名实	举荐贤能之士，并加强对官吏选拔、任用的管理制度
	固邦本	民为邦本，爱护人民，以巩固封建政权统治
	饬武备	整顿军事、巩固边防、加强国力

虽然因王国光和张居正身处不同的职位而提出与各自分管工作相关的措施，但"务实"却是《条议吏治疏》和《陈六事疏》的核心要旨。从一定程度上来说，张居正所推行的新政改革就是从实践层面贯彻和落实了"六事"的精神内涵。同样，《张文忠公全集·书牍九》中张居正答王国光的两篇书牍——《答户部王疏庵》和《答太宰王疏庵》，为我们更加深入地考察和见证张居正与王国光彼此之间惺惺相惜的关系，提供了重要的史料佐证：

《答户部王疏庵》记述如下：

> 仆平生无他行能，独好推毂天下贤者。自在词林，迨入政府。其所保护引拔，宁止数十百人。然以为国非为私也，乃仆以诚心求贤，而人不以诚心相与。若乃披肝胆，见情愫，一心奉公，不引嫌，不避怨，与吾共图国家之事者，如公亦不多见。向以求归恳切，不得已暂遂高怀，别后惘然。如有所失，比闻太君康寿道体安和，宿恙全愈。当此清明之会，忍遂忘情于斯世乎。倘翻然回辙，当虚一席以俟。豚犬寡学，滥窃科名。猥辱遣贺，弥用为愧。厚贶概不敢当，辄附使归璧，草草附谢。

"披肝胆，见情愫，一心奉公，不引嫌，不避怨，与吾共图国家之事者，如公亦不多见"，足见张居正对王国光人品和官品的赏识和赞许，同样我们也可以真切地感受张居正求贤若渴的心情。

《答太宰王疏庵》记述如下：

前兵部差人去，孤方在苦块间，荒迷未及奉书。想垂原亮，铨衡重任，非公不足以当之。比时孤方乞归，然不敢以去国之故，而忘谋国之心。故敢以公进，然公之忠亮，实素简于上心，故疏上即荷俞允，非俟孤言以为用舍也。简命涣颁，与情胥服，方翘首跂足，以望公之至。愿端发征麾，以慰鄙望。

张居正认为吏部尚书之职非王国光莫属，"铨衡重任，非公不足以当之"，正是基于王国光的人品和学识，"故敢以公进，然公之忠亮，实素简于上心，故疏上即荷俞允"。可见，其为官能力也获得明神宗的认可。王国光因获张居正举荐而掌管吏部，并成为张居正推行新政的得力助手。

③《司铨奏草》之《条议吏治疏》

《司铨奏草》为王国光任吏部尚书期间的工作经验汇总。我们以王篆为《司铨奏草》所撰写的序文为范本，来大致呈现《司铨奏草》的成书历程及主体内容。王篆担任吏部右侍郎，为王国光任吏部尚书期间的下属同僚，在序文之中对王国光担任吏部尚书的工作成绩和《司铨奏草》的成书情况作了精妙概括。

据序文记载，王国光在三年工作期间取得了不错的工作成效，"延进才贤，登翊至理""即无论岁所铨授，岁所简汰，不下数万人，朝进一人而举其职，夕罢一人而除其患，功若斯其矩也"，《司铨奏草》就是其任吏部尚书三年期间的工作总结。《司铨奏草》共由八卷组成，为王国光"素所蓄积"，包括"辩名实耳黜贪婪，奖廉隅而薄矜炫，惜旧德而恤卑官，节繁文而收实效，绝侥幸而抑浮夸"等方面的主要内容。《司铨奏草》的前三篇分别为《敦趣元辅趋朝疏》《题元辅十二年考满疏》《会留元辅张疏》，"元辅良臣"即张居正，位列前三足见王国光与张居正之间惺惺相惜的个人关系。《条议吏治疏》列于三篇之后，足见其在王国光本人和《司铨奏草》之中的价值和地位。

《条议吏治疏》是《司铨奏草》中的著名奏疏，是王国光上书明神宗并得到恩准的重要奏疏，也是王国光司职吏部以来推行吏治制度改革的关键奏疏。

《条议吏治疏》是王国光在张居正主政万历新政期间提出的，可以说是体现万历新政改革精神的一个重要吏治文件。诚如黄宇仁在《万历十五年》自序中指出的那样，"明代'民穷'的根本原因不在国家赋税过重，而在于法律的腐败和政府的低能"，政府的行政效率低下和腐败盛行成为影响明代政府正常运行的关键因素。而要达到消除腐败以提高政府工作效率的目标，就必须对政府的行政系统和行政官员进行必要的革新，这就成为张居正以省议论、核名实为主旨裁汰冗官、改革吏治的关键所在。

张居正在《答殷石汀论吏治》中曾谈到，明代冗员泛滥是导致政府纲纪不振的重要原因，从某种程度上来说它比盗贼对于民间的危害还要大。而要裁革冗员就必须对吏治进行改革，张居正在《请定面奖廉能议注疏》中就认为"致理之道，莫急于安民生；安民之要，惟在于核吏治，前代令主，欲兴道致治，未有不加意于此者""恭遇皇上天纵圣明，励精图治。兹当考察之初，大明黜陟之典。又特蒙天语论臣等，欲引见廉能官员，破格奖赏。仰窥圣心，何以深纳臣等《图说》所陈，而远追我圣祖综核吏治之轨也"。吏部是负责吏治的主要机构，吏部尚书是吏部的主要负责人。作为张居正万历新政期间吏部尚书的王国光，必然知晓吏治建设对于明王朝的重要政治意义。故此，王国光提出在于整顿和改革吏治的《条议吏治疏》，其中的用意和决心是显而易见的。

王国光所提出的《条议吏治疏》由八条吏治改革措施组成，包括采实政、禁投揭、别简繁、议调处、恤卑官、停加纳、责有司、重捕官等八个方面。王国光在《条议吏治疏》的开篇指出，万历新政以"饬吏治、安民生"为首务，而吏部则是"吏治之所由出，民生之所由安"的重要部门，吏部尚书负主要责任——"尚书实总摄之"。王国光以吏治、安民为首要目标而提出八条吏治改革举措，每条举措都是在剖析固有吏治弊端的基础之上，提出具体的解决办法和保障措施。这八个方面的内容几乎涵盖了吏治建设的方方面面，是万历新政期间吏治改革的重要举措。如果要对这八条举措进行归类的话，我们不难发现采实政、禁投揭、别简繁、议调处四项举措是吏治建设的核心层面，恤卑官、停加纳、责有司、重捕官等四项举措则是吏治建设的具体层面，它们共同构成了王国光关于吏治改革的施政体系。我们试从《条议吏治疏》的核心层面和具体层面，来分析和论述《条议吏治疏》所包含的主要吏治改革内容。

采实政、禁投揭、别简繁、议调处是《条议吏治疏》核心层面的举措。其中，采实政就是要求各级官吏以修举实政为第一要务，而不要在诸如议论办事环节、方式等表面文章上花费功夫。同样，应以是否采取实政作为考核官吏的标准，以此来革除旧有官吏思想之中种种不实的错误思想和腐败作风。而对于"恪修职业、卓有实证"的官吏，则"不分崇卑、不拘资格"，一律加以重用，以此来树政风、倡实政。如果采实政在于倡导官吏实干新风的话，那么禁投揭则主要立志于革除官吏擢升由嘱托而来的吏治弊端。官吏的升迁应以官吏的政绩作为标准，如果不革除为升官而投递公文托情的弊端，采实政的改革措施就难以在吏治中得以推行。同样，采实政就必须别简繁，即对于官吏的考核要依据其所在部门、所在地区事务的简繁而给予裁决。别简繁的实质在于通过革除人与地不相宜的官吏考核弊端的基础之上，为处于不同部门、不同地区的官吏考核及职位升迁提供个性化的考核标准。议调处就是对别简繁官吏个性化考核结果的落实。为了使得官吏的政绩与其所处部门、地区工作的性质相结合，官吏的调动和升迁就应该考虑具体的工作性质和工作环境。只有这样才能保证人地相宜，也只有这样才能做到职权相称，同样也只有才能调动官吏工作的主动性和积极性，让不作为的官员腐败现象无处藏身。

《条议吏治疏》具体层面的举措包括：恤卑官、停加纳、责有司、重捕官。其中，恤卑官的举措重点在于关怀地远官卑的地方官吏。明代因种种条件的局限，造成处于沿边沿海地区的官员职位或无人问津或弃官的现象。究其原因就在于地远官卑，俸禄低下而不能得到应有的重视和升迁，所以应采取相应的措施体恤地远卑官。停加纳的举措在于革除因加纳制度而在一定程度上破坏监生铨选制度的吏治弊端，进而为出身卑微和官职低下的下层人士和下层官吏的升迁提供制度性的保障。责有司的举措在于核实各种优免政策是否属实，特别是涉及士夫、举监、生员等各项免粮、免丁的优免政策，涉及假充儒士、教读等项，涉及欺隐脱漏及飞诡冒免的现象，等等。只有责成负责此项事务的有司加强监管，才能从根源上避免此类现象的再次发生，也才能真正起到振肃吏治的作用。重捕官的举措旨在革除那些巡捕官员之中老迈孱弱兼不辨黑白之不称职者，并建议改革择选地方巡捕的具体办法，以此来加强巡捕队伍的建设工作。

（2）教育文化：《司铨奏草》中的查改书院疏

王国光的《司铨奏草》之中刊载了：江西、山东、湖广、辽东、宣大、河南、顺天、真定、甘肃、直隶（北）、山西、陕西、苏松、浙江、贵州、广东、四川、福建、云南、直隶（南）、广西等地巡按查改书院的二十一条奏疏，较为完整地记述了张居正万历新政期间在全国范围内查改书院的具体实施情况，同样也较为翔实地记载了明朝书院的整体发展状况。

①张居正禁毁书院的文本记忆

据《明通鉴·卷六十七》记载："七年春正月戊辰，诏毁天下书院。先是原任常州知府施观民，以科敛民财，私创书院，坐罪褫职。而是时士大夫竞讲学，张居正特恶之，尽改各省书院为公廨，凡先后毁应天等书院六十四处。"《明史·卷二十》记载："七年春正月戊辰，诏毁天下书院。"《明纪·卷四十》记载："七年春正月戊辰，诏毁天下书院。自应天府以下，凡六十四处，尽改为公廨。"此外，部分省通志也记载了地方十六所书院（大益书院、崇正书院、恒阳书院、道源书院、怀玉书院、松林书院、涵江书院、愿学书院、问津书院、龙城书院、瑞樟书院、大科书院、三立书院、河东书院、桔园书院、敷文书院）的禁毁情况：

史籍名称	记 载 内 容
《四川通志》（嘉庆）	成都府大益书院，万历五年，张江陵议毁
《畿辅通志》（光绪）	正定府崇正书院，自江陵相国当权，其乡之士讥之，遂迁怒尽毁天下书院，正定故有恒阳书院，至是废
《江西通志》（光绪）	南安府道源书院，万历初毁，寻复
	玉山县怀玉书院，万历九年，诏革天下书院，遂废
《山东通志》	青州府松林书院，以江陵当轴，毁天下书院，遂废
《福建通志》（同治）	兴化府涵江书院，万历八年，毁卖天下书院，于是将涵江书院祀田，只留三百亩，余俱官卖。十四年，诸生时中，疏请赐复
《图书集成·职方典》	长清县愿学书院，明万历九年，奉文拆毁
	叶县问津书院，万历初议毁天下书院，遂废
	武进县龙城书院，万历初，奉旨拆毁
	建阳县瑞樟书院，万历八年，裁革
	广州府大科书院，万历九年，张居正禁讲学，院遂废

续表

史籍名称	记　载　内　容
《山西通志》	太原府三立书院，旧名河汾书院，明万历初张居正柄权，奏毁
（光绪）	运城县河东书院，万历八年，张居正奏毁，遂废
《广西通志》	岑溪县桔园书院，明万历十年，复申毁书院之令，是以废
（嘉庆）	宣化府敷文书院，万历朝，罢天下书院，因改为别署

　　《明通鉴》《明史》《明纪》和部分省通志之中，只是粗略地记载了禁毁书院的数量及地方个别书院的禁毁情况，没有较完整地体现张居正万历新政期间禁毁书院的全貌。

　　②《司铨奏草》：巡按查改书院的奏疏见证

　　我们试对《司铨奏草·卷之七·疏》中的关于巡按查改书院的二十一条疏进行归纳和总结，以此来补充和完善关于明代查改书院的研究内容，并对张居正查改书院的情况进行史料补正。

序号	奏疏标题	记　载　内　容	题奏时间
1	覆江西巡按邵陛查改书院疏	正学等八书院俱改为公馆；明德等五书院俱改为府馆；豫章等八书院俱改为校士等项公署；文江等十书院俱改为社学、约社、社仓；崇正等十一书院俱改为祠；明经书院仍为尊经阁；凤冈书院等改为教官衙舍；忠礼等四书院俱应存留；金牛等三书院相应拆毁；盱江等六书院止迁基址（57 所）	万历七年九月十二日
2	覆山东巡按钱岱查改书院疏	至道书院改为提学道校士文场；武定等十书院改为衙门公廨；愿学等三书院拆毁；凝道等四书院改为先贤祠学（18 所）	万历七年九月十六日
3	覆湖广巡按郭思极查改书院疏	随州等十四书院改为公署；鳌山等六书院改为公所；跃龙等五书院改为祠宇；辅仁书院改为庄舍；岳麓、石鼓二书院照旧（28 所）	万历七年九月十六日

序号	奏疏标题	记 载 内 容	题 奉 时 间
4	覆辽东巡按安九域查改书院疏	辽阳城、广宁城书院二所，锦义、右屯、三城书院三所，懿路城、盖州城书院二所改为公署；开原城书院一所仍复为射圃厅（8所）	万历七年九月十六日
5	覆宣大巡按郭汝查改书院疏	安乐书院、云中书院改为公廨衙门（2所）	万历七年九月十六日
6	覆河南巡按苏民望查改书院疏	大梁、正学二书院改为祠；德星等五书院改为公署；承圣书院拆毁（8所）	万历七年九月十七日
7	覆顺天巡按李栻查改书院疏	昌黎等四书院各改为义仓、公馆、府馆、养济院；振英书院并入太仆寺衙门（5所）	万历七年九月十七日
8	覆真定巡按王应吉查改书院疏	井陉等十三书院改为公署、公馆、社仓；肥乡李文靖祠留存（14所）	万历七年九月十八日
9	覆甘肃巡按赵楫查改书院疏	凉州、甘州书院改为公署；巩昌府书院改为都察院公廨（3所）	万历七年九月十八日
10	覆直隶巡按李时成查改书院疏	正学等十一书院改为公署；孔观、义仓二书院留存；甘泉书院合归本主；芝山、明德二书院合各变卖（16所）	万历七年九月十九日
11	覆山西巡按黄应坤查改书院疏	河汾等七书院各改为公署；河东书院改为三圣庙宇；景贤等二书院合行拆毁；内河汾书院田粮变价入官（11所）	万历七年十月十一日
12	覆陕西巡按张宪翔查改书院疏	正学等九书院合改为公署；文正书院颓废地基，召人纳价开种（10所）	万历七年十月二十六日
13	覆苏松巡按田乐查改书院疏	龙城等四书院各改为公署；鹤山、石湖二书院合改为祠堂；中吴书院遗地合行变价入官（7所）	万历七年十一月初十日

序号	奏疏标题	记　载　内　容	题奏时间
14	覆浙江巡按谢师启查改书院疏	万松、天真二书院合改为祠；西湖等二十书院合改为公署、仓厫、乡约所、社学、射圃等项；讲德等三书院合行拆毁；贞义、罗山二书院系张家己业，给还本主（27 所）	万历七年十一月二十九日
15	覆贵州巡按马呈图查改书院疏	紫阳书院久已芜没；正学书院合改为公馆；都匀府读书堂合改为本府公馆（3 所）	万历七年十一月二十九日
16	覆广东巡按龚懋贤查改书院疏	天关书院各归本家子孙居住；弘道等十书院合改为公署、社学等项；拱极书院仍为启圣祠；西河、南岳二书院俱应拆毁；崇文书院田粮召买（15 所）	万历七年十二月初三日
17	覆四川巡按虞怀忠查改书院疏	大益等五书院合各改为祠；顺庆等十二书院合改为公署（17 所）	万历八年闰四月初四日
18	覆福建巡按敖鲲查改书院疏	内涵山等三书院存留；养正等二十八书院、草堂俱合改为公署、公馆、社仓、社学、习仪公所等项；二贤等四书院俱合改为祠；川上、栟榈二书院合给还本主；衍山等三书院年久基废，与原毁废勉斋等七书院各基址及各书院田地粮租召人承买（51 所）	万历八年闰四月初五日
19	覆云南巡按刘维查改书院疏	内崇正等七书院合改为祠；养正等二书院行令拆卸；怀新等二十八书院俱改为公署、乡约所、社学（37 所）	万历八年五月二十七日
20	覆直隶巡按陈荐查改书院疏	新泉等书院共二十二所合俱改为公署、乡约所、社学（22 所）	万历八年六月十七日
21	覆广西巡按胡宥查改书院疏	宣城等十一书院俱改为公署；三元、南麓二书院俱改为祠（13 所）	万历八年七月十一日

从万历七年（1579）九月十二日至万历八年（1580）七月十一日，由地方巡按查办并上疏朝廷获得御批，在全国 21 个省份共查改了 372 所书院。

我们以《覆山西巡按黄应坤查改书院疏》为例，来全面呈现万历新政期间地方查改书院的具体情况：

> 看得巡按监察御史黄应坤题称，太原等府河汾等七书院各改为公署，河东书院改为三圣庙宇，景贤等二书院合行拆毁，内河汾书院田粮变价入官，及召人开种，所易田价并买地支剩银两俱解布政司济边，一节为照。前项书院既经巡按御史查勘，分别具题前来，除霍州并荣河县书院先已改为公馆，其河汾书院改为提学道，内三贤祠并入太原府学乡贤祠，不必渎祀，遗下提学道旧衙改为公馆；河东书院照旧改为三圣庙宇；河中书院改为公馆，号房拆移本州，改盖公廨；绛州书院改为府馆；猗氏县书院拆修儒学；永和县两泉书院改为察院；介休县景贤书院拆修布政司公馆，止存高楼，以备瞭敌；榆社县书院照旧复为布政司公馆。内河汾书院田地据议欲将堪种者变价，不堪者召佃，但恐召佃年久，易于埋没。合将堪种者减原价三分之一，不堪者减三分之二，尽数召卖，或归本主；及猗氏、介休二县拆毁书院遗下基地，亦召民承买，各归本里、本甲户内，办纳粮差，其先置买书院剩下银七百三十七两，并今召卖田亩地基银两俱布政司贮库应作何项支用；仍同田粮归入里甲，缘由类造青册，一报本部查考，一报户部查归原额粮数。各书院既改明白，以后再不许擅自更易，聚集生徒，私收桃李，以启奔竞之门，以滋请托之弊；违者访出，定行指实参奏处治。
>
> 万历七年十月十一日题奉圣旨："是。今后巡监御史再不许仍立书院名色，旷废本职，聚徒讲授，致滋奔竞嘱托之弊；如违，回道之日，听本院考察参奏。"

山西查改书院的材料主要涉及三个方面的内容：首先，总体上陈述山西查改书院的大致情况，涉及山西各地书院共 11 所。其次，从两个方面来呈现查改书院的实施情况，一是介绍山西各地书院的具体查改变化，霍州并荣河县书院先已改为公馆，其河汾书院改为提学道，内三贤祠并入太原府学乡贤祠，不必渎祀，遗下提学道旧衙改为公馆；河东书院照旧改为三圣庙宇；河中书院改为公馆，号房拆移本州，改盖公廨；绛州书院改为府馆；猗氏县书院拆修儒学；永和县两泉书院改为察院；介休县景贤书院拆修布政司公馆，止存高楼，以备瞭敌；榆社县书院照旧复为布政司公馆。二是处置所查改书院所属学田及基地："内河汾书院田地据议欲将堪种者变价，不堪者召佃，但恐召佃年久，易于埋没。合将堪种者减原价三分之一，不堪者减三分之二，尽数召卖，或归本主；及猗氏、介休二县拆毁书院遗下基地，亦召民承买，各归本里、本甲户内，办纳粮差，其先置买书院剩下银七百三十七两，并今召卖田亩地基银两俱布政司贮库应作何项支用；仍同田粮归入里甲，缘由类造青册，一报本部查考，一报户部查归原额粮数。"最后，阐述查改书院的作用和目的，"各书院既改明白，以后再不许擅自更易，聚集生徒，私收桃李，以启奔竞之门，以滋请托之弊；违者访出，定行指实参奏处治"，并通过呈报皇上获得御批而进一步强化查改书院的效果。张居正万历新政期间通过查改书院既达到规范和监管全国书院的功效，也起到统一思想言论并进而控制天下知识分子的政治目的。

　　③《司铨奏草》之中查改书院疏的历史价值

　　《司铨奏草》之中地方巡按关于查改书院的奏疏，为我们更加准确地描述明代第三次查改书院的情况提供了可资借鉴的文献史料。首先，通过对二十一条奏疏的梳理，我们可以较为具体地了解万历年间各地书院的整体发展情况。《司铨奏草》所涉及二十一个地方查改书院的奏疏之中，我们不难发现各地书院的发展规模不尽相同，江西、湖广、浙江、福建、云南等地的书院无论从数量还是从质量上的发展情况都相对较好，宣大、甘肃等地书院发展相对来说较为滞后。同样，就单单从一个地域来看，府县之间书院的发展情况也不尽相同，除官办书院之外还存在许多既承担书院功能又具有祭祀功效的私立书院（以祭祀当地文化名人为主），并且各地都有名存实亡、年久失修的书院（或年久倒塌，或令立名目）。其次，万历新政期间除禁毁部分书院之外，对各地书院还有其他相应的查改措施。据《司铨奏草》查改书院疏记载，万历年间的查改书院最早是万历七年（1579）九月十二日从江西开始进行的。时任江西巡按邵陛本人所奏疏

《江西巡按邵陛查改书院疏》上报的书院共 57 所，其具体查改情况如下：（1）改：或改为公署，包括公馆、府馆、校士、教官廨舍；或改为祠；或改为社学、约社、社仓。（2）留：符合规范者保留，"崇祀圣贤，国有常典，礼不可废，亦不可渎"。（3）毁："或自设己像，或自标己号，藉先贤以眩观听，招无藉以贾声闻，不惟创建重修，徒增虚费，抑且礼文烦数，殊属不经"者毁。（4）废：书院倒坏，原遗地基合行变卖。江西书院改、留、毁、废的具体情况为：正学等八书院俱改为公馆；明德等五书院俱改为府馆；豫章等八书院俱改为校士等项公署；文江等十书院俱改为社学、约社、社仓；崇正等十一书院俱改为祠；明经书院仍为尊经阁；凤冈书院等改为教官廨舍；忠礼等四书院俱应存留；金牛等三书院相应拆毁；盱江等六书院止迁基址。最后，《司铨奏草》的奏疏之中对查改书院的目的作了更为客观明确地表述。"各书院既改明白，以后再不许擅自更易，聚集生徒，私收桃李，以启奔竞之门，以滋请托之弊""巡监御史再不许仍立书院名色，旷废本职，聚徒讲授，致滋奔竞嘱托之弊"（《覆山西巡按黄应坤查改书院疏》），"不许私聚生徒游食，贻害地方"（《覆直隶巡按陈荐查改书院疏》），地方官员不得以办书院之名达收生徒之目的，不准私自聚众讲学，以维护书院正常秩序，保证国家对于生徒自身及其言论的高度控制。总之，通过对王国光《司铨奏草》中查改书院疏的梳理，既拓展和深化了教育史学研究领域关于禁毁书院（特别是张居正禁毁书院）的学术研究，又丰富和补充了关于书院教育活动史中明代书院研究的相关内容，并可以从教育活动参与者——吏部尚书和地方巡按的视角来更加生动和全面地呈现万历新政时期的书院发展史。

（二）三晋儒家思想文化之学术贡献

宋元明清时期之三晋儒家思想文化，既与宋初理学三先生之孙复为开端直接相关，同样与程朱理学之标志人物程颢在晋城兴学有着密不可分的联系。我们首先从程朱理学之标志人物程颢在晋城办学的事迹及其影响说起，以此来走近宋元明清的三晋儒家思想文化，并以此来呈现三晋儒家思想文化之学术贡献。

1. 程颢晋城兴学之历史价值

（1）程颢晋城兴学之历史过程

晋城为山西泽州府之治地所在，"据《说文》：'潓水为泽'。郡逦倚太行、王屋，泝迤底柱、析城，虽丹沁经行期间，然层岗重阻、水鲜泓停，非潆水之谓也。缘汉河东郡有濩泽县，隋开皇初改建为泽州，蒙濩泽旧名故云。地距洛阳仅二百余里，楚词谓之中州，其说近是。第其岩陁迤锜绵邈五百余里，厥地土田沃腴，民庶聚落高而且平，曰高平，盖古泫氏邑也。又东北崇山隐天，溪盘土瘠，初本高平地，旋以山阜巇崒、道路幽邃，遂析为县，乃邑之最僻者，曰陵川。厥西峰峦险巇，林莽丛茂，因阳陵驿遗址，后魏兴安间移濩泽故治城之，山形自北而南，城于山之阳，故曰阳城。西北山谷险岨，溪壑清冽，地僻岩深，命曰沁水，以沁河经其地故也"（《泽州府志·方舆志》），高平、陵川、阳城、沁水为泽州府之领县。

宋太宗至道二年（996），分天下州军为十五路，河东路泽州领县六：高平、阳城、晋城、端氏、陵川、沁水。宋英宗治平四年（1067），程颢为晋城县令，任职三年。[①] 我们以《泽州府志·宦迹志》和《明道先生行状》为范本，来呈现程颢担任县令期间治理晋城的具体举措，以此来分析县令政令与地域文化之间的相互影响和相互促进。

据《泽州府志·宦迹志》记载：

> 程颢：河南人，治平中尹。晋城俗沿五季，民不知学，乃择秀异教之、亲正句读，明理义，指授大学之方。熙丰间，登科者相踵。邻邑高平，为社学四十余区。以崇其教，立社会以化民，使有劝耻。乘农隙以讲武，一时义勇咸为精兵，均赋役，禁火厝，民多异产，教而聊之。后十余年，刘立之官晋城，见民有聚口众而不析异者。问其所以，云守程公之化也。度乡村远近，为保伍，相恤行旅，则加柔惠，孤茕残废，责之亲党，使无失所。库有杂纳钱数百千，尝借以补助民力。视民如子，欲辨事者或不持牒，径至庭下，从容告语，谆谆不倦。尝云："县之政可达于天下，一邑者天下之式也。"座右书"视民如伤"四字，云："某每日尝有愧于此。"在邑三年，百姓爱之如父母。去之日，哭声振野。

---

① 注：宋英宗治平三年（1066），程颢被任命为晋城令，第二年赴任；宋神宗熙宁二年（1069）八月，由御史中丞吕公著推荐，受程颢为太子中允，权监察御史里行。

《明道先生行状》同样记述了程颢作为晋城县令的活动事迹：

> 再期，就移泽州晋城令。泽人淳厚，尤服先生教命。民以事至邑者，必告之以孝弟忠信，入所以事父兄，出所以事长上。度乡村远近为伍保，使之力役相助、患难相恤，而奸伪无所容。凡孤茕残废者，责之亲戚乡党，使无所失。行旅出于其者，疾病皆有所养。诸乡皆有校。暇时亲至，召父老而与之语；儿童所读书，亲为正句读；教者不善，则为易置。俗始甚野，不知为学。先生择弟子之秀者，聚而教之。去邑才十余年，而服儒服者盖数百人矣。……在邑三年，百姓爱之如父母。去之日，哭声振野。

通过对以上两则材料进行对比分析，我们不难发现程颢任晋城令期间在社会政治方面的改革举措：第一，通过推行伍保制度，实现互帮互助、老有所养；第二，乘农闲之际教民以礼教和武术，既锻炼了身体又维护了正常的社会伦理秩序；第三，通过均赋役、助民力，来减轻百姓生活负担、提高百姓生活水平。程颢的改革举措，既有利于维护正常的社会伦理秩序，又有利于改善百姓的社会生活水平，所以受到百姓的爱戴而在其离任之日哭声振野。晋城百姓的拥护与爱戴，为程颢在文化教育方面改革的顺利推行奠定了基础——"尤服先生教命"。程颢在社会教育方面，充分利用百姓的闲暇时间，向百姓讲解儒家的伦理道德，以养成晋城百姓孝悌忠信之美德；在学校教育方面，选取百姓子弟中根底聪慧之人，在其所创办的乡校之中读书学习并亲自给予指导，对于乡校之中不能胜任教学工作的教师给予辞退。程颢在文化教育方面的改革举措，在晋城取得了不错的教育功效：晋城本地随着学习儒学人数的增加，登科及第的人数也在逐年增长；此外，高平、沁水等县都出现了创办乡校的兴学重教的社会文化氛围。程颢本人的文化修养与县令的政治权威，在晋城乃至泽州地域文化范围之内实现了良性的交融与互动。正所谓："汉廷吏事不须惊，也令扶沟令晋城。岂少一双霹雳手？此翁独表大儒名。"（明·董其昌《怀明道先生》）

（2）程颢兴学之历史影响

"国之大事，在祀与戎"（《左传·成公十三年》），"上事天，下事

地，尊先祖而隆君师，是礼之三本也"（《史记·礼书》），祭祀在中国古
代社会文化生活之中占有十分重要的地位。尤其是"程朱集礼，创立祠
堂，通及士庶，均得建置，以奉祖先。其礼，月朔必荐新时祭用，仲月冬
至祭始祖，立春祭先祖，季秋祭祢，忌日迁主祭于正寝，故族有祠堂，先
人之灵爽于是凭焉，后嗣之孝思于是展焉"[《（湖南长沙）星沙冷木冲吴
氏续修族谱》，民国十七年（1928）木活字本]对祠堂礼制产生了巨大的
影响，更加强化了祠堂祭祀的文化地位和历史价值。程颢在晋城的兴学活
动历经元、明、清三代的朝代更迭，通过祠堂祭祀的文化仪式得以文化符
号表征，从而在泽州乃至更大的时空范围之内形成了特定的文化权力。我
们选取元、明、清三代具有文化地位和文化影响的记文，来更加客观和具
体地呈现程颢兴学在历代的文化地位。

①元代：郝经与《宋两先生祠堂记》

郝经（1223—1275），字伯常，山西泽州陵川人，金元之际著名的理
学家、文学家，元代翰林学士、国信太史，谥号文忠、崇祀乡贤。郝姓氏
族为泽州府陵川学者之佼佼者，"陵川学者，以郝氏为称首。郝氏之学，
浚源起本而托大之者，自东轩君始"（郝经：《先曾叔大父东轩老人墓
铭》），"东轩老人"为郝经曾祖叔父郝震的名号。陵川郝氏祖籍太原，郝
经的始祖郝仪自太原迁潞州，八世祖郝祚又迁泽州陵川。郝经的曾祖父为
郝昇，祖父为郝天挺，父亲为郝思温，"自八世祖以下，皆同居业儒，匮
德不仕，教授乡里，为一郡望族"（《陵川县志·士女录·郝经》）。郝天
挺"教人以治经行已为本，苴官治人次之，决科侍文则末也。故经其指
授者，往往有成资。河东元好问，从之最久。而得其传，卒为文章伯，震
耀一世。其余钜公硕士，出其门者甚众"（郝经：《先大父墓铭》），元好
问的诗文地位就是对郝天挺学问的最佳诠释。郝经师从元好问，其本人之
所以名为"经"，就是"不学无用学，不读非圣书，父命名经，盖以专学
望之。故慨然以兴复斯文，道济天下为己任"（《陵川县志·人物·郝
经》）的经学宏景的最佳明证。

《宋两先生祠堂记》收录于《泽州府志》和《凤台县志》，主要记述
元代泽州知州段直[元世祖至元十五年（1278）任知州]创设宋两先生
祠的历史往事。《宋两先生祠堂记》一文包含两个层面的主要内容：首
先，回顾和褒扬祭主（程颢）的主要活动和历史贡献。郝经在记文中回

顾了程颢在晋城的兴学历程，"择秀俊而亲教道之，正其句读，明其义理，指授大学之序，使格物、致知、诚意、正心、修身、齐家，笃於治己而不忘仕禄，视之以三代治具，观之以礼乐"。在此基础之上从两个方面论述了程颢兴学的历史贡献，一是"未几被儒服者数百人，达乎邻邑之高平、陵川，渐乎晋绛，被乎太原，担簦负笈而至者日夕不绝。济济洋洋有齐鲁之风焉……岁贡士甲天下，大儒辈出，经学尤甚"；二是"泰和中李先生俊民，得先生之传，又得邵氏皇极之学，廷试冠多士。退而不仕，教授乡曲，故先生之学复盛。经之先世，高曾而上，亦及先生之门，以为家学，传六世。至经奉承绪馀，弗敢失坠"。李俊民和郝氏家族都为当时泽州地区文化名人，李俊民和郝经高祖都师从程颢，程颢的理学魅力以及他们的文化影响，都在无形之中强化了程颢在泽州的历史地位。其次，阐述和展望祭祀的主要目的和现实作用。郝经指出了创设祠堂的必要性和紧迫性，"绍兴以来，先生之道南矣。北方学者惟是河东知有先生焉！先生之祠遍于江淮，独不恝食于立政设教之土耶！"并对泽州段直创设祠堂的行为给予高度的肯定和赞扬，"学其学而不知其报享焉，岂事师之道哉？乃移书泽守段君，创祠于州学，以伊川先生配，岁时释奠尊为先师。题曰：'宋两先生'"，习武出生的知州段直都能服先生之学，知晓创设祠堂，其行为值得称赞。郝经认为，宋两先生祠堂的创设必然会起到"序其学推本其道，使学者知所宗焉；视其泽而泳其渊，郁之久必发之迅，异时先生之道，未必不复自南而北也"的文化功效。

②明代：张珩与《重修程子祠记》

张珩，字伯淳，山西泽州人，明弘治丙辰（1496）科进士。张珩"幼有远志，自经而下，程朱是宗""知尉氏、宜阳，课农兴学，旌良耻否。入为御史，刘瑾衔其直，罔以罪，卒无验。晋河南提学佥事，中官廖鹏陷之，改陕西。河外收粮都御史甚贪而愎，珩及御史成文裁以法，为所陷，除名。嘉靖初起用，有仇者沮之。屏居山中，读书谈道，考订古义。正德间，士厌明文沿宋靡泛之习，欲振起之，乃宗秦汉之作，弗以为是也，曰：'说词迷趣，经学将晦，六经四书，程朱外无用师焉。'所著《邃言》《舜泽记》若干卷"。张珩特意与先生程颢同字，足见张珩对先哲程颢的内心诚服及对程朱理学的格外推崇——"程朱是宗"。

《重修程子祠记》收录于《高平县志》，主要记述高平知县龚进〔明正德八年（1512）任知县，后因兴学之功于正德十年（1515）升任刑部主事］于正德十年三月至六月主持重修程子祠的事迹。《重修程子祠记》一文，首先记述了因高平县旧有的程子祠历经风雨破败，知县龚进重新选址修建程子祠的大致过程。其次，记文简要回顾了程颢在晋城兴学的措施及功效，"乡有学，学有法，朝夕督励诱进。至亲为正句读焉。故熙宁元丰间，应召者数百人，登科者数十人，达乎邻邑之高平、陵川，渐乎晋绛，被乎太原。所谓济济洋洋，有齐鲁之风焉"。最后，张琏对于北宋因不重视道学而引发的恶果进行严厉批判的基础之上，积极呼吁以程朱之道为宗是实现国运昌盛、学术繁荣的必由之路。张琏认为，宋人因"要之神宗之处夫子与安石，其礼遇虽同，而任用则异"，而产生"视夫子之道若长物然者……靖康之祸，言者至今蹙额寒心。学术不正，祸天下后世如此"的严重后果，就更加需要后人积极提倡和学习程朱之道。张琏在分析程颢治晋而恩泽后人的基础之上，"兹地受夫子罔极之恩为多，故在太和中鹤鸣李先生（注：李俊民），史以为得程子之学；中统中陵川郝先生（注：郝经），自谓其祖亦及先生之门，遗山（注：元好问）之学又自郝氏始。宋人黄夷仲（注：黄庭坚之叔父）有言：'泽州学者如牛毛野处'，又云：'长平朱紫，半则高平。'祠而祀之，亦天理人心之不容已者"，认为"继往开来，夫子之功之德，虽与穹壤俱敝可也"。故此，重修程子祠就是为了弘扬圣人之道，"夫能知夫子之道，则知圣人之道矣；知圣人之道，则知天地之道矣。天地之道，诚而已矣；圣人之道，以诚而已矣。夫子之道，岂外是哉！"

③清代：朱樟与《明道先生祠堂记》

朱樟（生卒年不详，大约生活于康熙末雍正年间）字鹿田、号慕巢，浙江钱塘人。据《泽州府志·序言》记载，朱樟于雍正十二年（1734年）任泽州知府并开始编纂《泽州府志》，"雍正十二年三月，巡抚觉罗石大中丞修山西通志成。先是雍正六年奉旨泽州改州为府，州治设附郭邑曰凤台，以一统驭而专职。守樟于十二年春以工部屯田员外郎命来泽知府事。泽既改府，凡官秩、典制、礼度、执事允宜维新，以昭法守，且省志以告成功，则郡志一书自应素行纂修以仰副"，并署名"中宁大夫泽州府事钱塘鹿田朱樟书"。同样，朱樟的《观树堂诗集》被《四库总目》所收录，其中包括：《叱驭集》《问绢集》《白舫集》《古厅集》《冬秀亭集》

《剙曲集》《一半勾留集》等共十四卷，《冬秀亭集》为朱樟在泽州任知府时所作。

《明道先生祠堂记》收录于《泽州府志》，主要记述雍正十二年（1734）泽州知府朱樟与凤台知县罗著藻［雍正十年（1732）任知县］重修明道先生祠堂的历程。记文首先提出设立程子祠的必要性，"先生躬行心得，接数千年绝而复续之圣道，于遗经此万古绝续之、会之一人，配享孔庭，祠祀寰宇，非为一乡一邑之思企"。其次，朱樟简要回顾了程颢在晋城的兴学历程，"择秀异者与之讲明义理，设乡校凡七十於所""泽之人亲被其风教，起而善良，达乎邻境，通乎大都者哉！"并认为泽州因"得先生之泽化，至今犹有於韵焉！"最后，朱樟对于重修程子祠的作用给予了殷切的冀许，"诚能入庙思敬，蹶然兴起，奉其遗书，则先生之学之教，悉在学入篋衍中。出而负未，入而横经，以无忘先生旧时谆谆。无一人不欲其笃行好修，勉以循德礼之所为，则乡校之兴废自在人心，无劳过客之唏嘘，是先生之志也。是余守土者之责望也"。

（3）程颢兴学之文化价值

程颢兴学所形成的文化资本，以具体的、客观的、体制的三种状态存在于地域文化之中，并通过不断地被强化而"达乎邻邑之高平、陵川，渐乎晋绛，被乎太原，担篓负笈而至者日夕不绝"（郝经《宋两先生祠堂记》），产生绵延元、明、清三代的地域文化再生产的教育功效。

①具体化层面：以理学为核心的精神体系

宋元明清以来，理学在逐步成为封建社会官方哲学的同时，也成为国家选拔人才的科举考试科目的规定内容。诚如南宋理宗赵昀在诏文中所强调，"朕观朱熹集注《大学》《论语》《孟子》《中庸》，发挥圣贤蕴奥，有补治道"（《宋史纪事本末》），"朕惟孔子之道，至我朝周敦颐、张载、程颢、程颐，真见实践，深探圣域，千载绝学。始有指归。中兴以来，又得朱熹，精思明辨，折衷融会，使《大学》《论》《孟》《中庸》之旨本末洞彻，孔子之道，益以大明于世"（《宋史纪事本末》），再到明朝"国家明经取士，说经者以宋儒传注为主，行文者以典实纯正为主"（《松下杂钞》涵芬楼秘籍本）、清朝康熙帝自称"读书五十载，只识得朱子一生所作何事"（《朱子全书》明嘉靖刻本），最后发展成为"婺源之有朱子，犹邹之有孟子，继曲阜之有孔子也"（《婺源县志》清康熙年刊刻本）的圣贤地位，先师程颢本人随着理学地位的提升其文化影响力也在逐步提高。

　　理学在官方层面地位得以确立的同时，在程颢曾经作为县令的泽州地区其文化影响力也是与日俱增。元代贾鲁在《明道先生祠堂记》中认为，创建祠堂的目的在于"观先生之容，诵先生之书，行先生之行"；元代李聪在《阳城县尹赵侯兴学记》中谈到，"盖兴学育才，化民成俗，即程明道尹晋城之遗意"，以此来倡导兴学重教；明代薛瑄在陵川《重修庙学记》中对程朱理学地位给予高度肯定，"宋二程、朱子既有以接孟氏之传，乃深深隆古教人之法，必由小学大学达夫诸经之精蕴，其归亦在乎知其性，分之所固有职分之所当为而已"；明代郭鋆在《程明道先生祠碑记》中指出，"先生承绝学之后，体认天理。统一末学，卓然有《六经》注我之见"；清代陈廷敬在《体仁书院记》中着重强调了程颢之学的历史地位，"先生道大德尊，光被天壤"；清代雷正在《陵川重立义学记》中，认为"宋之晋城，去陵川不百里而近。淳公乡梭七十余所，被其教者，高平、陵川为尤。至今郡中书院一村犹可寻。流风遗韵，到今不歇也"；清代司昌龄在《石村修文庙记》中认为，"程子之道，一孔子之道也。学者由其教，可以入圣"。从元代至清代以来，晋城、阳城、高平、陵川等地的知县或学者都对程颢兴学的历史贡献以及理学的学术地位，给予了高度的肯定和赞扬，并把其作为兴学重教的历史依据和现实基础。

　　②客观化层面：以书院为平台的物质体系

　　书院作为一种特殊的教育组织机构，自产生以来就发挥着学术研究、教育教学、祭祀先贤等教育功能。特别是中国古代以地域命名的地方学术流派，如"关学""洛学""浙东学派""泰州学派""桐城学派"等，大多往往得益于书院制度的学术机制保障，或因某一学派的中心就是某一书院，而书院的弟子又多以地方文化人士为主，进而形成以地域文化为特征的学术流派。在北宋时期，书院制度由确立逐步走向完善，白鹿洞书院、岳麓书院、应天府书院、石鼓书院就是典型的与官学并驾齐驱的代表性书院。特别是在南宋时期，书院与理学之间的完美结合，更是把书院制度推向了一个新高峰，并发展成为封建社会的学术中心和教育中心。诚然，明清以来，随着书院规模的扩张和影响力的增强，书院官学化、禁毁书院等一系列政治事件干扰了书院的正常发展，但是不可否认的是直到清末书院改制成为学堂之前，书院作为一种十分重要的文化力量在封建社会的舞台上发挥着重要的作用。诚如清雍正十一年（1733）的"上谕"就曾明确指出，"建立书院，择一省文行兼优之士，读书其中，使之朝夕讲诵，整躬励行，有所成就，俾远近士子观感奋发，亦兴贤才之一道也"（《清文献通考·卷十七》），书院的政治文化作用可见一斑。

"洛学"就得益于书院讲学，程颢和程颐在洛阳伊川书院的讲学活动，既培养出了诸如杨时、谢良佐等学生来继承和弘扬"洛学"，又为理学与书院的结合乃至理学全面走入书院学术生活奠定了基础。事实上，程颢早在治理晋城期间就注重通过办乡校、创书院来化行乡党，在晋城至今存留的书院村据说为程颢所创办的书院旧址。据《凤台县志·卷三》记载："社学：宋程子令晋城，于城北建社学一区，亲为民子弟正句读，今尚名书院村。"在现今仍保存的《重修明道祠碑记》[清嘉庆二十四年（1819）] 的记文开篇阐明，"明道祠者，乃宋明道先生令晋城时讲学处也，斯地旧无居人，因就教而遂家焉，是村特以古书院名"；另一块《玄武尊神碑》[清康熙五十六年（1717）] 记载，"书院后村乃宋程夫子命其名，为教育州俊之地"。程颢的兴学活动在明清两代泽州的书院办学实践活动中得以延续和强化，明代的晋城书院、清代的体仁书院、宗程书院、望洛书院就是典型代表。明嘉靖巡察使姜润身主持修建并撰文《晋城书院记》记载，嘉靖十三年（1534）修建晋城书院的目的就在于，"不有负于明道之遗教也哉！"清代陈廷敬在《体仁书院记》中特别强调，"泽州书院始宋宗丞伯淳程先生"，而创建于明代重修于清代康熙年间的体仁书院，就是专门"为先生而立，祠先生于其中，并有合于先王之教，有学有祀之义"。同样，清代康熙年间高平知县梅建在《宗程书院碑记》中记载，修建于清康熙四十六年（1707）的宗程书院，"书院以宗程名，愿诸弟子凛凛焉，惟程是宗也"。陵川知县范泰恒在《创建望洛书院碑记》中指出，创建望洛书院之目的就在于，"将欲成德教而美风俗，明先王之道以道之，一如明道之在晋城也"，望洛之义在于惟程是宗。

③体制化层面：以进士为标准的评价体系

诚如刘海峰在论述科举学时曾经指出，科举学不是关于一时一地或一人一书的学问，而是与中国一千多年间大部分知名人物、大部分书籍和几乎所有地区有关的一门学问；不是关于中国传统文化局部，而是关于中国传统文化整体的学问，又是至今还有相当现实意义并和东亚及西方主要国家有关的一门学问①，科举几乎关涉中国封建社会文化生活的方方面面。以进士科为核心，金榜题名与名落孙山之中所内含的科举文化，在再现举子们悲欢离合的原生态生活学习风貌的同时，也成为制约和影响地方社会文化生活的晴雨表。"五尺童子，耻不言文墨"的社会文化氛围，"耕读为上，商贾次之，工技又次之"的社会层次体系，无形之中推动和扩大了程颢在晋城兴学重教的社会影响和社会魅力。

金代状元晋城李俊民"得先生之传""退而不仕，教授乡曲，故先生之学复盛"；以程颢为祖师的陵川郝氏家族，既受益于程颢的泽州恩泽，又是程氏文化的继承者和传播者；"北方文雄"元好问师从郝氏家族郝经之祖父郝天挺，其又授业于郝经；元文忠公进士郝经在《宋两先生祠堂记》中指出，泽州得益于程颢的兴学活动而"大儒辈出，经学尤甚"；元代宋史撰修官、中书左丞高平贾鲁，倡导创建明道先生祠以"观先生之容，诵先生之书，行先生之行"；明代弘治进士张琚以伯淳为字，足见其对程颢人品和学术的崇敬，"夫子得不传之学于遗经，以兴起斯文为己任，汉唐以来一人而已"；清代顺治进士、吏部尚书阳城陈廷敬撰文《体仁书院记》，极力推崇和高度赞扬程颢治晋之历史功绩及深远影响，"迄于今，风行泽流，闻而兴起，德化之盛，犹有存焉"。地域文化名人对于地域社会生活的影响是极其深远和持久的，更何况在以耕读为上的社会抉择面前，以李俊民为旗帜的泽州进士对于生活在泽州大地的读书人的影响可想而知。正是以他们为榜样，泽州在明清时期出现了众多登科及第的进士及在全国范围内都有历史影响的文化名人。科举与理学的结合、进士与功名的联姻，更是进一步拓展了程颢文化形象对于泽州地域文化影响的深度和广度。尤其是河东学派创始人薛瑄对于理学的传承和发展而"开明代道学之基"，则是从学理层面延续和深化了程朱理学对于泽州文化乃至河东文化的历史影响和学术价值。进士官员的实践感召与河东宗师的学术诱惑，无形之中强化了程颢兴学的时空价值。

2. 三晋儒家代表人物之思想文化贡献

我们通过对程颢在晋城任县令期间兴学活动的研究，不难发现儒学对

---

① 刘海峰：《"科举学"发凡》，《厦门大学学报》（哲社）1999 年第 1 期，第 70 页。

于三晋大地乃至全国的文化影响和历史地位。我们看到在有宋一代，三晋士子通过饱读儒家经典而考取功名之士络绎不绝，尤其是在河东地区出现了众多士族家族，在当地的政治文化生活之中产生了较为深远地影响。在五代十国时期，由于山西特殊的地理位置而造成儒学传递的时断时续。"自石晋燕、云十六州之割，北方之为异域也久矣，虽有宋诸儒叠出，声教不通"（《宋元学案·鲁斋学案》），盛行于南方的程朱理学，在北方地区几乎没有什么影响。直至元朝实现统一之后，儒学在山西乃至北方的传播再次得以复兴和延续，特别是山西人郝经为儒学在三晋大地的传播做出了重要的贡献。明代三晋人士薛瑄承程朱理学之大宗，其本人及其河东学派对于儒学的兴盛起到了重要的推动作用，直至有清一代，三晋大地的儒学思想在诸多思想体系之中仍然占据着中心地位。

以《四书》《五经》为主要内容的科举考试，使得儒学获得了重要的教育制度支撑。历代统治者尊师重教的文教政策，让儒学在与其他学派竞争之中获得了官方的力量。我们对于宋元明清时期三晋社会的代表文化成果和文化名人的分析中，不难发现：在文化领域取得显著成就的代表人物，都是饱读儒家经典之士，并且大多通过科举考试取得了相应的功名利禄。因此，以儒家经典为主的教育体系和教育制度，为儒家思想文化成为宋元明清时期的主流文化，提供了文化保障和制度依托。在宋元明清时期，以孙复、郝经、薛瑄为代表的儒家人物，为三晋儒家思想文化的传播和发展，做出了重要的学术贡献。特别是作为宋初理学发端的三先生之一的孙复、明初作为程朱理学重要代表人物薛瑄，以及为儒学在元代发展做出重要贡献的郝经，甚至包括在明清启蒙思想发展中以子学研究著称的傅山，都不仅仅是宋元明清时期三晋儒家思想文化而且是三晋思想文化的重要代表人物。我们试通过对（宋）孙复、（元）郝经、（明）薛瑄、（清）傅山思想的研究，来探究三晋儒家代表人物对于儒学思想发展的学术贡献，并以此来分析三晋儒家思想对于三晋文化的历史贡献。

第二节　孙复的思想文化与价值传承

宋兴八十年矣，安定（胡瑗）先生，泰山（孙复）先生，徂徕（石介）先生，始以师道明正学，继而濂（周敦颐）洛（二程）兴矣。故本朝理学虽至伊洛而精，实自三先生而始，故晦庵（朱熹）有伊川（程颐）不敢忘三先生之语。

——《宋元学案·泰山学案》

作为"宋初三先生"之一的孙复，对于儒学的复兴和理学的发端具有先驱和开创之功。

一 孙复思想文化的历史概述

正如全祖望在《安定学案》中指出，"宋世学术之盛，安定（胡瑗）泰山（孙复）为之先河，程、朱二先生皆以为然"，孙复在北宋儒学复兴中有先驱和开创之功，所以得到被后来称为"理学正宗"的程颐、朱熹等人的推崇。

（一）生平及学术活动

孙复（992—1057），字明复，晋州平阳（今山西临汾）人，"宋初三先生"之一。孙复学《春秋》，著《春秋尊王发微》，成为宋代《春秋》学史上的高峰，对宋代学术演变影响深远，世称"泰山先生"。

年 代	年 龄	生平事迹和学术活动
公元 992 年	孙复出生①	出生于今山西省临汾
公元 1027 年	孙复年三十六岁	向范仲淹学习《春秋》之学
公元 1034 年	孙复年四十三岁	第四次应举失败，结识石介
公元 1035—1042 年	孙复年四十四岁至五十一岁	泰山七年从事经学研究和讲学，撰写《易说》和《春秋尊王发微》
公元 1042 年	孙复年五十二岁	出任国子学直讲之职
公元 1044 年	孙复年五十三岁	被赐五品服
公元 1047 年	孙复年五十六岁	因受牵连而坐贬外任九年
公元 1055 年	孙复年六十四岁	官复原职，回太学执教
公元 1057 年	孙复年六十六岁	官至殿中丞，同年因病去世

① 注：孙复的家世及其早年经历，因文献资料的残缺，已经无法进行考查，我们现在能推测的只有从孙复本人约三十六岁左右的事迹开始。

欧阳修为孙复所撰《孙明复先生墓志铭（并序）》[①] 是现今最早的系统记载其生平事迹的文献资料，我们试从其中探寻孙复的生平及学术活动。

> 先生讳复，字明复，姓孙氏，晋州平阳人也。少举进士不中，退居泰山之阳，学《春秋》，著《尊王发微》。鲁多学者，其尤贤而有道者石介，自介而下，皆以弟子事之。先生年逾四十，家贫不娶，李丞相迪将以其弟之女（原注：一作子）妻之，先生疑焉。介与群弟子进曰："公卿不下士久矣，今丞相不以先生贫贱而欲托以子，是高先生之行义也，先生宜因以成丞相之贤名。"于是乃许。孔给事道辅为人则直严重，不妄与人，闻先生之风，就见之。介执杖屦侍左右，先生坐则立，升降拜则扶之，及其往谢也，亦然。鲁人既素高此两人，由是始识师弟子之礼，莫不嗟叹之，而李丞相、孔给事亦以此见称于士大夫。其后介为学官，语于朝曰："先生非隐者也，欲仕而未得其方也。"庆历二年，枢密副使范仲淹、资政殿学士富弼言其道德经术，宜在朝廷，召拜校书郎、国子监直讲。尝召见迩英阁说《诗》，将以为侍讲，而嫉之者言其讲说多异先儒，遂止。七年，徐州人孔直温以狂谋捕治，索其家，得诗，有先生姓名，坐贬监虔州商税，徙泗州，又徙知河南府长水县，签署应天府判官公事，通判陵州。翰林学士赵概等十余人上言，孙某行为世法，经为人师，不宜弃之远方，乃复为国子监直讲。居三岁，以嘉祐二年七月二十四日以疾卒于家，享年六十有六，官至殿中丞。先生在太学时为大理评事，天子临幸，赐以绯衣银鱼。及闻其丧，恻然，予其家钱十万，而公卿大夫、朋友、太学之诸生相与吊哭，赙治其丧。于是以其年十月二十七日葬先生于郓州须城县卢泉乡之北扈原。先生治《春秋》，不惑《传》注，不为曲说以乱经。其言间易，明于诸侯大夫功罪，以考时之盛衰，而推见王道之治乱，得于经之本义为多。方其病时，枢密使韩琦言之天子，选书吏，给纸笔，命其门人祖无择就其家，得其书十

---

① 欧阳永叔：《欧阳修全集》，北京中国书店 1986 年版，第 193 – 194 页。

有五篇，录之，藏於秘阁。先生一子大年，尚幼。铭曰："圣人既殁经更焚，逃藏脱乱仅传存。众说乘之汩其原，怪迂百出杂伪真。后生牵卑习前闻，有欲患之寡攻群。往往止燎以膏薪，有勇夫子辟浮云。刮磨蔽蚀相吐吞，日月卒复光破昏。博哉功利无穷垠，有考其不在斯文。"

从上述文献资料，我们能简要列举孙复的主要学术活动：第一，孙复因结识石介而去泰山讲学，并撰写《易说》和《春秋尊王发微》；第二，宰相李迪因孙复的学识和人品，将其侄女嫁与孙复，"圣裔"孔道辅拜见孙孚，增加其礼贤之声誉，提高了孙复的社会地位；第三，孙复以布衣身份超拜，任秘书省校书郎、国子监直讲；第四，孙孚因徐州举子孔直案而无辜受牵连，贬外职，后重返太学任教。"行为世法，经为人师"正是对孙复一生最为中肯的历史评价。

（二）贡献及学术论争

宋明理学是继汉代儒学独尊之后，儒学在封建社会发展的第二个繁荣期。理学体系的形成并最终得以完善，是几代儒学大儒共同努力和奋斗的结果。孙复的学术贡献，主要在对于理学思想体系形成过程中所取得的学术成就。理学集大成者朱熹认为，"程子未出时，如胡安定、石守道、孙明复诸人，说话虽粗疏，未尽精妙，却尽平正"（《朱子语类》卷一二九），肯定了孙复对于理学的贡献。黄宗羲认为："宋兴八十年，安定胡先生、泰山孙先生、徂徕石先生始以师道明正学，继而濂洛兴矣。故本朝理学虽至伊洛而精，实自三先生而始，故晦庵有'伊川不敢忘三先生'语"（《宋元学案》卷二《泰山学案》）；全祖望称："宋世学术之盛，安定、泰山为之先河。程朱二先生皆以为然"（同上）；清人刘谦吉认为："夫圣人之道，得宋儒而复显。宋儒之学，得孙、石而始倡，得范、韩、欧阳而后大，得周、程、张、朱而后成。"（《徂徕石先生文集》附录三《重修鲁两先生祠堂记》）经过二程、朱熹、黄宗羲、刘谦吉等人的推尊和宣扬，孙复作为宋初著名三先生之一的学术地位和学术贡献，得以在宋明理学发展史上得以确立。

孙复之《春秋尊王发微》既是其获得宋明理学先驱之学术代表，又是其遭受学术争议的学术著作。宋庆历前后的数十年内，孙复的《春秋》学盛行一时，人们把《春秋尊王发微》看作不世出的惊俗之作。以欧阳修为代表的儒家学者对孙复在经学史上的地位给予了极高的评价，"先生治《春秋》，不惑《传》注，不为曲说以乱经。其言间易，明于诸侯大夫功罪，以考时之盛衰，而推见王道之治乱，得于经之本义为多"［《孙明复先生墓志铭（并序）》]。王得臣认为孙复的《春秋》学"大得圣人之微旨，学者多宗之。以谓凡经所书皆变古乱常则书之，故曰'《春秋》无褒'，盖与谷梁氏所谓'常事不书'之义同"（《经义》，《麈史》卷中）。理学集大成者朱熹同样给予孙复《春秋》学较高的评价，"近时言《春秋》皆是计较利害，大义却不见。如唐之陆淳、本朝孙明复之徒，他虽未曾得于圣经，然观其推言治道，凛凛然可畏，终是得圣人个意思"（《文献通考》卷一八三）。与朱熹同时期的学者对孙复《春秋》学之批判，多集中于批评孙复治学方法太过严刻，常秩认为："明复为《春秋》，犹商鞅之变法，弃灰于道者有刑，步过六尺诛。"（《郡斋读书志》卷一）甚至连孙复的再传弟子，胡安国本人也认为其师祖治《春秋》过于深求，如商鞅之法。如果说宋明时期对于孙复的学术批评主要集中于《春秋》注解本身的话，那么有清一代对于孙复《春秋》学的批判更多的是因为学术范式的转变，因批判宋学而导致对孙复《春秋》学的批评。其中，章太炎的批判最为典型，"宋自庆历，始有儒言。孙复、石介之徒，务为峭刻，而或近怪，犹摭唐之余华"（《检论·通程》及《訄书》），认为孙复曲解了孔子的本意、毫无建树，且在章太炎视野里欧阳修、朱熹对于孙复《春秋》学的极高评价都是错误的。章太炎倡导古文经学，孙复、朱熹等人为宋学，为学态度不同自然学术旨趣不同，批判自然在情理之中。但是，在章太炎批判《春秋》之学时，能涉及孙复之《春秋》学，从一定程度上可见孙复之学问在宋代学术中的历史地位。

二 孙复思想文化的逻辑体系

孙复以"道"为核心的思想体系，开宋朝道学之学术先河。孙复以倡导孔子之"夫子之道"为学术根本，而倡导古文运动，以明道、教化为功，"夫文者，道之用也；道者，教之本也"（《孙明复小集》，《答张洞书》①），并在泰山兴学设教，通过自己的著书立说来言传身教儒学之道

---

① 注：下引《孙明复小集》仅标明篇名。

统，"行为世法，经为人师"总结和概括了孙复在自我修养和兴学传教方面的历史贡献。

（一）本体论：倡道统

在孙复的学说中，"道"是最高的范畴，把"道"视作其全部思想的核心。孙复将皇帝看作为道统的起始人。

> 厥初生民冥焉而无知，浩焉而无防，蠢蠢群群，孰君孰师，与鸟兽无别。黄帝观乾坤，创法度，衣之裳之，以辨君臣，以正上下，以明贵贱，由是帝天下之制从而着焉。黄帝创之于前，帝尧奉之于后。然二帝之间，厥制未尽。黄帝取乾坤，分上下，为一人之服，以至于尧，无所增益，逮乎虞舜。再觐厥象，以尽其神，谓五等之制，不可不正也。于是分其命数，异其等威，殊其采章，以登以降。自公而下，杀之以两，然后一人之服，五等之制，焕然而备。俾臣无以僭其君，下无以陵其上，贱无以加其贵，僭陵篡夺之祸不作。虽四海之广，亿兆之众，上穆下熙，可高拱而治。故《易》曰：黄帝尧舜，垂衣裳而天下治。皋陶曰：天命有德，五服五章哉是也！若五等之制非由虞帝而备，则易何以兼言夫舜，皋陶谟何系之于虞书耶。或曰：舜以三十登庸，三十在位，五十载陟方乃死。且舜自历试与居摄三十年，在天子之位又五十年，其八十年间，作事垂法，为万世利者，多矣。今子称舜，止以因一人之服，增五等之制者，何？愿闻其说。曰：善乎？子之问也。吾之所言，圣人之极致也，夫干者君之道，坤者臣之道，衣上而裳下者。乾坤之象也，衣可加之乎裳，示君之可加于臣也。裳之不可加于衣，示臣之不可加于君也。圣人南向而治天下，久久不相渎者，始诸此也。故舜增五等之制，自上而下，俾贵贱之序益明，天子之位益尊。此舜所以杜万世僭陵篡夺，无穷之祸也。虽后世有作千制万度，无以踰于此矣。故曰：吾之所言者，圣人之极致也。（《舜制议》）

孙复认为，黄帝开创儒家的"帝天下之制"，逮及虞舜发扬光大之，观象制礼，"五等之制，焕然而备"。从此，儒家道统代代相传，绵延至今。孙复在《信道堂记》中，对于从黄帝开始的儒家道统之传承体系进行了说明。

吾之所为道者，尧、舜、禹、汤、文、武、周公、孔子之道也，孟轲、荀卿、杨雄、王通、韩愈之道也。（《信道堂记》）

他还进一步指出：

孔子而下，称大儒者，曰孟轲、荀卿、杨雄。至于董仲舒，则忽而不举，何哉？仲舒对策，推明孔子，抑黜百家，诸不在六经之科者皆绝其道，勿使并起，斯可谓尽心于圣人之道者也。暴秦之后，圣道晦而复明者，仲舒之力。（《宋元学案》卷二《泰山学案》）

可见，孙复构建一个儒家庞大的道统体系，甚至把韩愈所排斥的荀卿、杨雄及韩愈本人都列于儒家学术传承的体系范围之内，从一定程度上扩大了儒家道统自身的内张力。那么，孙复本人所主张的道统之"道"具体内容是什么呢？

夫仁义礼乐，治世之本也，王道所由兴，人伦所由正。（《儒辱》）

君君、臣臣、父父、子子，邦国之大经也。……君不君、臣不臣、父不父、子不子，禽兽之道也，人理灭矣。……此乃圣人正君臣，明父子，救昏乱，厚人伦之深旨也。而世之说者以为正百世之名者。（《世子蒯聩论》）

可见，孙复所倡导之道，就是儒家之伦理道德"仁义礼乐"，及君臣父子之伦理秩序。孙复认为要倡行儒家之道统，就需要继承韩愈、柳宗元之"文以载道""文以明道"之传统，高扬古文运动的旗帜，树立儒家思想的正统地位。

夫文者，道之用也；道者，教之本也。故文之作也，必得之于心而成之于言。得之于心者，明诸内者也；成之于言者，见诸外者也。明诸内者，故可以适其用；见诸外者，故可以张其教。是故诗书礼乐大易春秋之文也，总而谓之经者，以其终于孔子之手，尊而异之尔，斯圣人之文也。后人力薄，不克以嗣，但当左右名教，夹辅圣人而已。或则列圣人之微旨，或则摘诸子之异端，或则发千古之未寤，或则正一时之所失，或则陈仁政之大经，或则斥功利之末术，或则扬圣人之声烈，或则写下民之愤叹，或则陈大人之去就，或则述国家之安危，必皆临事摭实，有感而作。为论为议，为书疏歌诗赞颂箴辞铭说之类，虽其目甚多，同归于道，皆谓之文也。若肆意构虚，无状而作，非文也。乃无用之謷言尔，徒污简册，何所贵哉？明远无志于文则已。若有志也，必在潜其心而索其道。潜其心而索其道，则其所得也必深，其所得也既深，则其所言也必远。既深且远，则庶乎可望于斯文也。不然则浅且近矣，曷可望于斯文哉？噫，斯文之难至也，久矣。自西汉至李唐，其间鸿生硕儒，摩肩而起，以文章垂世者，众矣。然多杨墨佛老，虚无报应之事，沈谢徐庾，妖艳邪哆之言，杂乎其中。至有盈编满集，发而视之，无一言及于教化者，此非无用謷言，徒污简册者乎！至于始终仁义，不叛不杂者，惟董仲舒、扬雄、王通、韩愈、而已。由是言之，则可容易至之哉。若欲容易而至，则非吾之所闻也，明远熟察之，无以吾言为忽不宣。（《答张洞书》）

在文、道、教三者关系之中，道是核心，是文之体，是教之本。文是载道的工具，是施行教化的手段。

（二）工夫论：明经典

孙复认为，"文者，道之用也；道者，教之本也"（《答张洞书》），既然文本为道之载体，那么就应该重视通过明儒家经典之修养工夫来倡导"夫子之道"，复儒家道统之也。孙复认为，六经就是记载儒家之道德文本，乃孔子损益德圣之创制，就是"治天下，经国家，大中之道"的书面文本形式记录。

所谓夫子之道者，治天下，经国家，大中之道也。其道基于伏羲，渐于神农，着于黄帝尧舜，章于禹汤文武周公。然伏羲而下，创制立度，或略或繁，我圣师夫子，从而益之损之，俾协厥中，笔为六经。由是治天下，经国家，大中之道，焕然而备。此夫子所谓大也，其出乎伏羲、神农、黄帝、尧、舜、禹、汤、文、武、周公也远矣。

噫，自夫子殁，诸儒学其道，得其门而入者，鲜矣。惟孟轲氏、荀卿氏、扬雄氏、王通氏、韩愈氏而已，彼五贤者，天俾夹辅于夫子者也。（《上孔给事书》）

在孙复看来，孟轲、荀卿、杨雄、王通和韩愈五位贤人，就是通过学习六经之道而成为儒家道统的真正传承人。所以，我们需要通过倡导六经之经典，来承继孔子之学和孔子之道。

然则虞夏商周之治，其不在于《六经》乎？舍《六经》而求虞夏商周之治，犹泳断潢污渎之中望属于海也，其可至矣哉！（《寄范天章书二》）

既然《六经》之中包含虞夏商周之道，那么就需要学习《六经》之文本内容。孙复针对《六经》注释之版本参差不齐、良莠混杂、拘泥古人的现状，提出教育内容更新的问题。

孔子既殁，七十子之徒继往，六经之旨郁而不章也。久矣，加以秦火之后，破碎残缺，多所亡散。汉魏而下，诸儒纷然四出，争为注解，俾我六经之旨益乱，而学者莫得其门而入。观夫闻见不同，是非各异，骈辞赘语，数千百家不可悉数。今之所陈者，正以先儒注解之说，大行于世者，致于左右，幸执事之深留意焉。国家以王弼、韩康伯之《易》，左氏、公羊、穀梁、杜预、何休、范宁之《春秋》，毛苌、郑康成之《诗》，孔安国之《尚书》，镂板藏于太学，颁于天下。又每岁礼闱，设科取士，执为准的，多士较艺之际，一有违戾于注说者，即皆驳放而斥逐之。复：至愚至暗之人，不知国家以王韩左氏公羊穀梁杜何范毛郑孔数子之说，咸能尽于圣人之经耶？又不知国家以古今诸儒，服道穷经者，皆不能出于数子之说耶？若以数子之说咸能尽于圣人之经，则数子之说不能尽于圣人之经者，多矣。若以古今诸儒，服道穷经，皆不能出于数子之说，则古今诸儒，服道穷经可出于数子之说者，亦甚深矣！噫，专主王弼、韩康伯、之说而求于《大易》，吾未见其能尽于大易者也；专守左氏、公羊、穀梁、杜预、何

休、范甯之说而求于《春秋》，吾未见其能尽于春秋者也；专守毛
苌、郑康成之说而求于《诗》，吾未见其能尽于诗者也；专守孔安国
之说而求于书，吾未见其能尽于书者也。彼数子之说既不能尽于圣人
之经，而可藏于太学，行于天下哉？又后之作疏者，无所发明，但委
曲踵于旧之注说而已。复不佞游于执事之墙藩者，有年矣，执事病注
说之乱六经，六经之未明，复亦闻之矣。今执事以内阁之崇，居太学
教化之地，是开圣阐幽，芟芜夷乱，兴起斯文之秋也。幸今天下无
事，太平既久，鸿儒硕老，驾肩而起，此岂又减于汉魏之诸儒哉！执
事亟宜上言天子，广诏天下鸿儒硕老，置于太学，俾之讲求微义，殚
精极神，参之古今，覆其归趣，取诸卓识绝见大出王、韩、左、穀、
公、杜、何、毛、范、郑、孔之右者，重为注解，俾我六经，廓然莹
然，如揭日月于上，而学者庶乎得其门而入也。如是则虞夏商周之
治，可不日而复矣。(《寄范天章书二》)

孙复反对仅仅以先儒注解之说作为教学用书，认为古文经学诸子之说
不能尽于经之本意，批评把先儒的注疏当作科举取士的标准，主张选拔胜
过王弼、韩康伯、左丘明、谷梁赤、公羊高、杜预、何休、毛苌、范宁、
郑玄、孔颖达等前儒的学者来为六经"重为注解，俾我《六经》，廓然莹
然，如揭日月于上，而学者庶乎得其门而入也"。孙复对于六经注释情况
的重视，是其重视文以载道思想的具体体现，是为了更好地通过明经典之
修养工夫来践行夫子之道，以此来保证儒家道统的传承和延续。

(三) 发用论：兴教化

孙复认为，既然夫子之道保存于六经之中，那么就需要通过兴教化来
学习儒家之经典，并以此来达到明经典、立道统之根本宗旨。

　　幸今天下无事，太平既久，鸿儒硕老，驾肩而起，此岂又减于汉
魏之诸儒哉！执事亟宜上言天子，广诏天下鸿儒硕老，置于太学，俾
之讲求微义，殚精极神，参之古今，覆其归趣，取诸卓识绝见大出
王、韩、左、穀、公、杜、何、毛、范、郑、孔之右者，重为注解，
俾我六经，廓然莹然，如揭日月于上，而学者庶乎得其门而入也。如
是则虞夏商周之治，可不日而复矣。(《寄范天章书二》)

孙复积极主张广招天下之鸿儒硕老，置于太学，传授儒家之经典，以明圣人之道。如是，则圣人之道不久就可以得益彰显，"虞夏商周之治，可不日而复矣"。

孙复认为儒者的责任就在于"长世御俗、宣教化之大本"（《书汉元帝赞后》），而设立太学就是"宣教化之本"的最佳途径。

> 夫太学者，教化之本根，礼义之渊薮，王道之所由兴，人伦之所由正，俊良之所由出。是故舜、禹、文、武之世，莫不先崇大于胶序，而洽至治于天下者焉。今执事恳求而莅之者，吾知之矣，执事将俾我宋之学为舜、禹、文、武之学也。既俾吾宋之学为舜、禹、文、武之学，是将俾吾宋公卿大夫之子弟为舜、禹、文、武公卿大夫之子弟也，既教吾宋公卿大夫之子弟为舜、禹、文、武、公卿大夫之子弟，然后以舜、禹、文、武之道，上致吾君为舜、禹、文、武之君也，既致吾君为舜、禹、文、武之君，然后以舜、禹、文、武之道，下跻吾民为舜、禹、文武之民也，自京师型于邦国，达于天下，皆雍雍如也。兹其执事之心也已，然念欲求舜、禹、文、武之道者，必质诸周公孔子而后至焉耳，今执事既莅是学也，将行是道也，非一手一目之所能，必须博求鸿儒硕老，能尽知舜、禹、文、武、周公、孔子之道者，增置学官，相左右之，俾朝夕讲议舜、禹、文、武、周公、孔子之道，以教育乎国子也。（《寄范天章书二》）

太学为教化之根本，"礼义之渊薮，王道之所由兴，人伦之所由正，俊良之所由出"，立太学之目的就在于弘扬夫子之道，"朝夕讲议舜、禹、文、武、周公、孔子之道"就是儒者的职责所在。

> 今有大名府魏县校书郎王建中，南京留守推官石介，二人者，其能知舜、禹、文、武、周公、孔子之道者也，非止知之，又能揭而行之者也。执事若上言於天子，次言於执政，以之为学官，必能恢张舜、禹、文、武、周公、孔子之道。（《寄范天章书二》）

王建中和石介二人就是孙复心目当中，"能讲议舜、禹、文、武、周公、孔子之道"的代表和楷模。同样，孙复本人在泰山期间的讲学活动也是其力行儒家之道的最好明证。石介在泰山筑室，邀孙复去讲学，于是孙复客居泰山，"于泰山之阳起学舍，构堂聚先圣之书满屋，与群弟子而居之"（石介《泰山书院记》），聚徒讲学八年，"先生晨起生堂上，口讽大《易》《春秋》辞。洪音琅琅响齿声，鼓横孔子兴宓义"（《徂徕文集》，《乙亥冬诗》），当时学者称其为泰山先生，"其道高于天下而穷于其身，其文出于千古而否于当时，其行齐于古人而轻于众俗"（《徂徕文集》，《与董秀才说》）。欧阳修在《孙明复先生墓志铭（并序）》中评价孙复为"行为世法，经为人师"的言语，同现今"学为人师，行为世范"的北京师范大学之校训具有内在精神的一致性。

三　孙复思想文化的价值传承

孙复以"道"为核心的思想体系，主要体现在其对于《春秋》的研读之中。《春秋尊王发微》既是开启宋代经学之代表性学术成果，又是体现孙复治学方法和治学态度的学术力作。我们对于孙复《春秋》学的解读，就是要探寻《春秋尊王发微》对于理学之学术价值，并从中借鉴和继承"不惑传注"的学术风格和治学精神。

（一）学术地位：《春秋尊王发微》之学术传承

疑传、疑经、变古是宋代研治经学的主流，《春秋尊王发微》具有开风气之先的学术功效。孙复为宋初大儒，其治《春秋》，实开宋人重《春秋》之先声。程颐《回礼部取问状》记："孙殿丞复说《春秋》，初讲旬日间，来者莫知其数。堂上不容，然后谢之，立听户外者甚众。当时《春秋》之学为之一盛，至今数十年传为美事。"（《河南程氏文集》卷七）孙复讲《春秋》出现的盛况，一方面反映了孙复的学术影响，另一方面也反映出当时学者对孙复治学风格的首肯。孙复开了风气，以后治《春秋》者相继效法，宋代治《春秋》出名的如孙觉、刘敞、瞿子方、叶梦得、吕本中、胡安国、高闶、吕祖谦、程公说、张洽、吕大圭、家铉翁等，他们的《春秋》学在内容上固然与孙复多有不同，舍传求经、变专门学为通学这一特点是完全一致的。北宋初年《春秋》学研究兴起的意义在于，《春秋》学体现和反映了北宋学者致力于摆脱汉唐以来重视名物训诂的章句之学，主张从自己对经典的理解出发，开辟研治经学的新途径，进而开创出符合时代和思想发展的义理之学。

孙复在有宋一代开《春秋》之学或经学的新范式，在《两宋春秋学之主流》之中有较为明确的论述：

> 治《春秋》而废三传，始于唐之啖助、赵匡，然读陆淳所著《春秋纂例》，述二家之说，其旨在于考三传之得失，弥缝阙漏，犹非尽出己意。孙氏之书则不然，其书虽名为曰发《春秋》之微意，其内容则在于匡时论证，多断于己意，大异前人。盖啖赵之学犹在旧经学范畴中，若夫泰山之书，则别开说经之新途径。其影响所及者，不仅《春秋》之学或经学而已。[《大陆杂志》（台湾），第五卷第四期]

虽然"治《春秋》而废三传"之学术传统开端于唐代啖助和赵匡，但是因其仍困囿于旧经学范畴之中而无建树，后起之陆淳更大程度上在于"弥缝阙漏"之工夫。唯有孙复之《春秋》之学，起到"别开说经之新途径"之学术功效。孙复《春秋尊王发微》的新意在于"匡时论证"，即按照封建的大义名分进行善恶褒贬。孙复以"尊天子，黜诸侯"立论，把传统《春秋》学中"一字褒贬"的"笔法"，说成是有贬无褒，这算是他的创建。孙复指出："孔子作《春秋》，于其笔削，损之益之，以成大中之法，"亦即指孔子把纲常伦理贯彻于人物的褒贬评价之中。孙复这种治经的精神与方法，被后来的理学家所继承，特别被朱熹的《通鉴纲目》一书发挥成为一套完整的封建史学的书法体系，被封建史学家们奉为圭臬。孙复的学术影响不仅局限在其《春秋》学。他对传统经学的否定和批判，在促进当时整个学风的转向，促使儒学从汉唐的章句之学向宋明的义理之学的转换上，也起到了一定的推动作用。

（二）文化价值："不惑传注"之治学精神

欧阳修在《孙明复先生墓志铭（并序）》中指出，"先生治《春秋》，不惑《传》注，不为曲说以乱经。其言间易，明于诸侯大夫功罪，以考时之盛衰，而推见王道之治乱，得于经之本义为多"。这里所谓"不惑传注"，即指孙复之经不拘泥于汉代以来的训诂解经，而是通过经书"考时之盛衰，推见王道之治乱"，寻求圣贤精神。孙复的"不惑传注"在其《春秋尊王发微》之中得到了淋漓尽致的体现，如恒公十五年有经云"天王使家父来求车"，左氏、公羊、谷梁三家对此事的看法完全一致，都是认为周王"非礼"。孙复则提出自己的观点，他说："'天王使家父来求车'者，诸侯贡赋不入，周室材用不足也。"（《春秋尊王发微》卷二）孙复将此事的根源归结为诸侯身上，从而转移了周王"非礼"的责任，同时也体现了其尊王的立场。由孙复等上承陆淳，在宋初学术界，掀起了一股怀疑和否定传统经学章句注疏之学的学术思潮，称之为"庆历学风"，即在大胆怀疑先儒注说的基础之上，力图对儒家经典中所蕴含的义理重新加以阐发，以此来重新构建儒学新体系。以孙复为代表的一批儒士，在宋初的书院和讲学兴起的潮流中，用治经的形式，以重义理、不重训诂的学术风格，将在唐朝中后期已经出现的宋学的基本趋向导出，发展为颇具声势的儒学复兴热潮，形似复古，实为创新，终于使儒学走出了汉以后长期徘徊的低谷，重构出了一个思想丰富的儒学学术体系，为开启宋明道学奠定了坚实的基础。

　　孙复治学主要是治经，其治经重经不重传，重探求义理不重文字训诂，语言风格简易明了。"舍传以求经"的治学方法，即以时代的需要为出发点，直接从经学中寻求有用之道，并以自己的理解，进行阐述，提出见解，实际上开了有宋一代以义理解经的风气。北宋初期是我国封建社会学术思想一个巨变的关键点，这个学术思想的巨变首先表现在学风的转变上。作为汉唐儒学的主要表现形式，崇尚天人感应论的今文经学在南北朝时期开始衰落，进行文字训诂的古文经学在唐代变得更为兴盛。但是，古文经学派墨守师说，终身在训诂圈内殚精竭虑，"惜乎微言久绝，通儒不作，遗文所存，三传而已。传已互失经旨，注又不尽传意。春秋之义，几乎泯灭"（《春秋集传纂例》），至北宋初期已经严重束缚了儒学的向前发展。因此，变革儒学的表现形式就成为北宋初期儒家学者所面临的重要课题，孙复就是倡导儒学新风的开路者和践行者。清代孙葆田在《重刻孙明复小集序》中写道："当宋时谈经者墨守注疏，有记诵而无心德。有志之士，若欧阳氏、二苏氏、王氏、二程氏，各出新意以解经，蕲以矫学究专已守缺之陋，而先生（指孙复）实倡之，"把新学风的倡导之功归于孙复，孙复是当之无愧的。孙复认为前代儒生无所发明，但求委曲于旧之注说，主张回到经本身去。他的弟子石介记述说："先生尝以尽孔子之心者《大易》，尽孔子之用者《春秋》。是二大经，圣人之极笔也，治世之大法也，"（《泰山学案》）这表明孙复不以先儒注疏囿己，而是敢于直接探取圣人之心意，寻求圣人真精神之所在。这正是后来理学家的治学精神，从而开启了注重本经的道与义理之学，标志着我国古代思维方式的一大进步。

第三节　郝经的思想文化与价值传承

> 金有天下百年，泽、潞号多为士。盖其形势表里山河，而土风敦质，气禀浑厚，历五季而屡基王业，而尝雄视天下，故其为学广壮高厚，质而不华，敦本业，务实学，重内轻外。宋儒程颢尝令晋城，以经旨授诸士子，故泽州之晋城，陵川、高平，往往以经学名家，虽事科举，而六经传注皆能成诵……陵川学者以郝氏为称首，郝氏之学，浚源起本而托大之者，自东轩君始。
>
> ——郝经：《先曾叔大父东轩老人墓铭》

陵川学者，以郝氏称首，郝氏家学是金元之际地方学术中极为重要的一支。程颢作晋城令时，曾选择当地出类拔萃的可造之才亲自传授，郝氏家学的开创人郝元就在其列。郝元为郝经之六世祖，东轩老人名郝震，为郝经之曾叔大父，郝元和郝震都以经旨授学者，两人之名都见于《宋元学案补遗》（卷一四）。郝天挺为郝经祖父，元好问是郝天挺的学生，又与郝经的父亲郝思温是同窗，后来郝经又拜元好问为师，可谓渊源深厚。程朱之学在北方复兴于元代，从传承上始于赵复，"北方知有程朱之学，自复始"（《元史·赵复传》）。郝经与赵复曾有往来，其思想也受到赵复的影响。从郝氏家学的渊源及郝经与元好问、赵复等学者的交往情况，可见郝经之学术渊源及其学术传承。郝经之于三晋儒家学者中的地位可见一斑。

一　郝经思想文化的历史概述

据《元朝名臣事略》记载：忽必烈曾召见李治①的对话。忽必烈曰"素闻仁卿学瞻才优，潜德不耀，久欲一见之，其毋它辞"，对话中元世祖问今人

---

① 注：李治（1192—1279），金末进士，与郝经有往来。

才贤否，李治答曰："天下未尝乏才，求则得之，舍则失之……且今儒生有如魏璠、王鄂、李献卿……赵复、郝经、王博文辈，皆可用之才。"[《元朝名臣事略》卷一三《内翰李文正公（治）》] 从李治向元世祖所推荐的人才名单，我们可以看出郝经在金元之际的学术成就和学术地位。

（一）生平及学术活动

郝经（1223—1275），字伯常，泽州陵川（今山西晋城）人。郝氏其家世代业儒，皆治经力学，教授乡里。郝经在元代思想上是位不可忽略的儒家人物，其作为金朝灭亡后南北方理学思想交融初期的践行者，对于程朱理学在北方的复兴和传播发挥了重要的作用。

年　代	年　龄	生平事迹和学术活动
公元 1223 年	郝经出生	出生于河南
公元 1243—1252 年	郝经年二十一岁至二十九岁	先后曾被顺天府贾辅、张柔聘入府内设馆教学，期间结交众多名儒
公元 1254 年	郝经年三十二岁	去燕京托转《上赵经略书》，表达出仕愿望
公元 1255 年	郝经年三十三岁	元世祖两次征召，第二年进入幕府
公元 1259 年	郝经年三十七岁	上奏《东师议》，劝蒙古与宋休战
公元 1260 年	郝经年三十八岁	授翰林侍读学士，充任国信使赴南宋议和，被拘十六年，得以北还归朝
公元 1274 年	郝经年五十二岁	拘留真州十五年，咏《馆人饩雁》
公元 1275 年	郝经年五十三岁	北归，因病去世，遗书《天风海涛》

我们再从阎复[①]所作《故翰林侍读学士国信使郝公墓志铭》的部分段落，来呈现郝经一生的主要活动及其过往经历。

> 公讳经，字伯常，系出有殷帝乙支子，封太原郝乡，子孙因土命氏。
> 八世祖祚，自潞徙泽之陵川，遂为临川人。
> 八世同居，以儒术教授乡里。
> 幼不好弄，沉厚寡言。

---

① 注：阎复（1236—1312），字靖，平阳和州（今山西离石）人。元翰林学士承旨，正奉大夫，知制诰兼修国史。著有《静轩集》，《元史》有传。

金亡，北渡侨寓保定，乱后生理狼狈，晨给薪水，昼理家务，少隙则执书读之。父母欲成其志，假馆于铁佛精舍，俾专业于学，坐达旦者，凡五年。初被郡师贾侯之知，待以宾礼。蔡国张公闻其名，延之家塾，教授诸子。蔡国储书至万卷，付公管钥，恣其搜览。公才识超迈，务为有用之学，上沂、洙、泗，下迨伊、洛诸书，经史子集，靡不洞究，掇其英华，发为词章，论议视前古，慨然以羽翼斯文为己任，自是声名藉甚。藩帅交辟，皆不屑就。时世祖在潜，以太弟之贵开府朔庭，招集四方贤士，讲明当务之士。岁丙辰，公应召而北，优被顾问，首陈唐虞三代治道以对，又条经国远图及民间利病凡数十事，悉见嘉纳。

悲夫！公在仪真，日以著述为事，准《通鉴纲目》，作《续后汉书》，以正史寿之失，著《春秋》《周易外传》《太极演》《原古录》《通鉴书法》《玉衡真观》《注三子》《一王雅》《行人志》等书，凡数百卷。先哲立言垂世，多自幽忧困阨中，是知天之厄公，适所以厚公也。

从我们节录的部分墓志铭段落来看，郝经年幼经历金末战火，侨寓保定，学铁佛精舍，为家塾师，应元世祖征之主要人生历程。郝经学习以追求有用之学为宗旨，既学习理学内容也相应地学习经史子集之学，学习内容庞杂一切以有用为本。郝经一生著述颇丰，在《元史》有传。墓志铭之中还记述了郝经家庭成员之状况，因研究之考虑，就不再作摘录。

（二）贡献及学术论争

明初学者宋濂①在《元朝名臣颂序——郝文忠公经》写道：

瞻彼郝公，上师孔、颜，挺然一气立于天地之间。衔命出使，杖节弗屈十有六龄如一日，堵门断垣，不翘狱庭；臣节甚重，万死实轻。吐其崛奇，见于直笔！奸雄虽亡、诛之，则力汉有苏武啮毡；海上郝公继之，双璧相望。

"上师孔、颜，挺然一气立于天地之间"为郝经的学术声誉。虽然从

---

① 注：宋濂（1310—1381），字景濂，浦江（今浙江）人，明初学者，《元史》编纂总裁。

《元史》之中，我们读到的更多的是关于程朱后学赵复为代表的儒家学者，对于元初儒学复兴过程之中所起到的重要作用。史料记载：在赵复到达燕京之前，北方人虽然知道有朱子，但是却未能拜读其著述，只有等到赵复至太极书院讲学之后，才得以亲见朱熹之著述，并从赵复口中听到朱熹关于理学的论述，至此以后儒学才开始在北方逐渐复兴和流传。实际上，赵复仅在太极书院讲学一年有余，学术影响也仅限于太极书院之中听其讲学之人。当时，由于社会条件的限制，真正能接触到儒学的还是少数人。而真正让儒学（包括理学）在北方得以复兴和兴盛的，却是以许衡为代表一大批北方学者，并且是在与元朝官方合作的过程之中，借用政治权力的力量，使儒学在北方再次得以传承和延续。

> 国朝土宇旷远，诸民相杂，俗既不同，论难遂定。考之前代，北方奄有中夏，必行汉法，可以长久，故后魏、辽、金历年最多，其他不能实用汉法，皆乱亡相继。史册具载，昭昭可见也。……以是论之，国家当行汉法无疑也……陛下笃信而坚守之……则天下之心，庶几可得，而致治之功，庶几可成也。（《元文类》卷一三）

这是许衡作为元朝京兆提学，向元世祖疏陈《时务五事》，极言立国规模必行汉法之言论，畅谈实行汉法的重要性。而要推行汉法，势必就得任用大批汉族儒士，就能复兴以儒学为主的汉文化。郝经本人就是在元世祖招纳贤能之人的时候，受到了元世祖的召见并授予了官职。因此，虽然从儒学发展的道统观来考察和确认，很难找到郝经本人应有的学术地位和学术贡献；但是从儒学（包括理学）在北方尤其是元代复兴的历程来看，以郝经为代表的地方学者确实做出了重要的贡献。同样，学术的发展包括儒学的发展，正是在一代又一代人的共同努力和奋斗之下，才取得了丰硕的学术成就和学术影响，儒学也是如此。故此，我们对于郝经学术贡献的确认，更多的是从推动儒学向前发展方面所考虑的。此外，由于赵复本人在燕京的时间较短，所以造成北方学者所能接触到的理学相对较为庞杂，因此在郝经关于理学的理解和接受过程之中，就出现了理学诸流派之间思想在其思想之中的交流和碰撞，从学术系统体系的整体性上来看必然存在一定的缺陷。

"汉有苏武啮毡；海上郝公继之，双璧相望"则为郝经的政治声誉。

郝经年仅五十三岁，其中从三十八岁至五十三岁的约十六年的时间，因充当国家信使而被扣留，直至生命结束之时才得以回到元朝，故有苏武之称。但是苏武是汉臣，郝经却是元臣，并历经金元二朝，期间还有南宋的存在。所以在当时的历史文化背景之下，就存在站在南宋的立场上来反观郝经的行为，并做出了用现在的视野来看不太恰当的言语评价。但是，郝经在十六年里所体现出的忠节，却是我们应该学习和提倡的。学术界关于郝经的学术争议，主要就在于对郝经的仕元行为的评价问题。同样，学术界对于郝经与赵复之间的关系，还有一定的学术争论。设想，因赵复本人在理学传承体系中的学术地位，郝经向赵复求教或是拜见赵复应该是正常的行为。我们如果仅局限于儒家弟子的规矩，固执于儒家本身的学术传承，则赵复和郝经之间应该没有正式的师承关系，但是如果从学术交流和学术讨论的情况来看，郝经与赵复之间肯定存在一定程度上的交流。

二 郝经思想文化的逻辑体系

以兴复斯文，道济天下为己任。读书则专治六经，潜心伊洛之学，涉猎经史子集，以穷理尽性修己治人为本，其余皆厌视而不屑也。

——《郝公行状》

"专治六经，潜心伊洛之学"是郝经思想文化体系之根源所在，"穷理尽性修己治人为本"为郝经修养工夫之根本所在，"兴复斯文，道济天下为己任"为郝经学术追求之功用所在。郝经以六经文本兼涉经史子集为思想基奠，以道济天下的学术情怀和人生抱负为行事准则，形成了其具有儒学特征和地方特色的思想文化体系。

（一）本体论：心统理气

郝经的心性理论主要是在借鉴和吸收程朱心性理论的基础之上，提出"心统理气"的心性说。在宋明理学家之中，张载是较早提出心性理论学说的理学家之一。张载把性分为"天地之性"和"气质之性"，并在此基础之上提出了"心统性情"的心性理论；程颐则是把性分为"天命之性"和"气禀之性"，据此提出"性即理"的学术命题，把性与仁、义、礼、智等理论道德结合起来；朱熹在把性分为"天地之性"和"气质之性"的基础之上，注重通过区分理与气的不同来构建其心性理论。

郝经在赞同二程"性即理"观点基础之上有所发挥，主张把性分为"本然之性"和"生质之气"，"盖有本然之性，则有生质之气。性统气，气载性，相须而一"（《陵川文集》卷一七《性》）。性有"本然"和"生质"之分，本然为性，生质为气，性与气相结合，二者相须为一。郝经提出性与气相须就是对朱熹思想的继承和发展。朱熹认为："性非气质而无所寄，气非无性而无所成"（《朱子语类》卷四）。在朱熹看来，性与气二者就是相互依存的关系，二者紧密相联共同组成人之人性。郝经是在其性分为"本然之性"和"生质之气"观点的基础上，进一步认为本然之性统领生质之气，而生质之气则承载本然之性，二者相须而一。郝经把性分为"本然之性"和"生质之气"，实质上是对朱熹把性分为"天地之性"和"气质之性"的转换和运用。

郝经在论述"本然之性"和"生质之气"的基础之上，对性与情二者之间的关系作了进一步的阐释。郝经指出，"情也者，性之所发，本然之实理也"（《陵川文集》卷一七）。情是性的外在表现，但性表现出外在的形式——情之后，因物欲的干扰而出现"人为之伪"，"盖有性则有气，有情则有欲。气胜性则恶，欲胜情则伪"，后天之伪是气胜性之后而形成的。郝经认为要克服人生之伪，就需要改变气质以去恶，通过去恶来制欲，通过制欲来去伪，并最终达到无伪的境界。那么，又如何达到去伪的境界呢？郝经提出心统性情的命题，即重视心的作用。郝经认为，"自命而为性，自性而为情，其所以然者，心也"。命为性之本源，情为性之功用，而心为性之枢纽。人禀受于命而终于情，心则妙众理而为用。若心之已发，则性理由心之所发而表现于气而外显于情；若心之未发，性理因未发而内藏于心，可见，心之已发和未发是性和情转化的中枢，即心因统性与情；而性之见乎情，即理之形于气，故心既统性与情又统理与气。这就是，郝经在心性理论上的"心统理气"说。

（二）工夫论：存心定情

在郝经看来既然"心统理气"，那么在道德修养工夫上就需要存心定情。存心定情的过程就是克服私欲，最终实现由下学而达于理的过程。因为心易受私欲的蒙蔽，所以要探寻心中之理就非常不容易。"天理，人心之固有也。而又诞幻以拂其性，偏驳以惑其心，势利以胁其志，嗜欲以汩其情"，人心之中所内存天理，但是外在于人的诞幻、偏驳、势利、嗜欲会扰乱人的心智，从而让人因情而失去已有之天理。那么，人为何又会产生私欲呢？在郝经看来也是缘于人心，只不过是缘于易产生私欲之"人心"而非"道心"。郝经把心分为"人心"和"道心"两种，"道心则其理，人心则其欲"（《陵川文集》卷一七《心》）。因为人既有道心又有人心，所以就必然会受私欲的干扰。

那么，作为人该如何克服"人心"之危害呢？郝经认为，人需要在日常生活之中做到存养谨敬，就是要在动容貌、整思虑、尊瞻视等日常礼仪过程之中循礼而谨敬，让心在未发之前，即未产生情之前而能有克制私欲之心。"思虑之先，藏密之地，闲邪存诚，可不务乎？"（《陵川文集》卷二九《变异事应序》），存养谨敬未发之心，就在于存心，"敬则心不散"，心不散，则凝聚而中正。中正在于心之未发，但是当心已发之后，就需要省察。因为，当心发之后必然会产生喜、怒、哀、乐之情，如果情之所发不得时中之道，就会因失其而流于私欲，所以必须加省察之力以断绝之。经过省察，达到欲节而情定，情定而心存，心存则中正不偏，中正不偏则天理保存。因此，存养谨敬之于心未发之前，自我省察之于心已发之后，性情之于中正，则会达到心统性情而理气的理想境界。

（三）发用论：期于有用

郝经认为学习儒家经典之书的目的在于有用，"士为有用之学"就是其一生之中始终不曾动摇的理想和追求。郝经之"士为有用之学"理想和追求，既是受家学熏陶和影响，"治经业儒者六世，百有余年，以及于先君，于是有君"（《陵川文集》卷二六《铁佛寺读书堂记》），家学厚重的积累的结果；又是受其所处社会环境的影响的结果。郝经生于金末战乱之中，受战祸的影响避乱于保定，因此在其心中必然会产生学为世用、经世致用的思想，此种思想必然会对其一生的学术生活产生深远的影响。重视实用的家学背景再加上年少时期遭受的战乱之苦，郝经思想之中产生经世致用、追求实用之学的想法是可以理解的。

> 尝以为士之为学，期于有用，不区区于浮末。天之与己者大，而己自小；辅异者皆有用，而己自弃也。……为有用之学，待有用之几，行有用之事。或遇，或不遇，或成焉，或否焉，命与时不可期，故有一时之用，有一世之用，有万世之用。不虚生，不妄为，则建一

时之事业，建一世之事业，建万世之事业。事业虽殊，而期于有用一也。（《陵川文集》卷三七）

"命与时不可期"即是对自己人生经历一种感悟，又是对"或遇，或不遇，或成焉，或否焉"人生境遇的智慧把握，"有用"成为郝经读书和做学问的信念和追求。

> 不学无用学，不读非圣书。不为忧患移，不为利所拘。不务边幅事，不做章句儒。达必先天下之忧，穷必全一己之愚。贤则颜孟，圣则周孔。臣则伊吕，君则唐虞。毙而后已，谁毁谁誉？诅儒韦儒脂，趑趄啜嚅，为碌碌之徒屿！（《全元文》第四册《志箴》）

以"贤则颜孟，圣则周孔。臣则伊吕，君则唐虞"为学习之榜样，以道为指引，学为世用，经世历练，尤其"不做章句儒"。

郝经"期于有用"之发用论的另一深层涵义就是，士无论出于任何时代，无论身处任何环境，就应该有所作为，即"无不可为之世，亦无不可为之时"。郝经认为"士为有用学，有志终有为"，有志者事竟成。

> 与时而奋者，众人也；无时而奋者，豪杰也。……人之于世，治亦有用，乱亦有用。天生斯人，岂欲其治而安于享利，乱而安于避祸，治亦无用，乱亦无用，徒乐其生、全其身而已乎？必有用也已。必有用，故亦必有为。必有为，故天下无不可为之世，亦无不可为之时。……知己之有用，与己之有为者，百千人一焉而已矣。知己之有用与己之有为，而必于有用、必于为者，又万亿人一焉而已矣。（《厉志》）

郝经认为在应该有作为的时代而有所作为，这是一般人都能达到的行为；在不能有所作为的时代而有所作为，这才是真正豪杰圣人的行为。郝经所认同的就是这种豪杰圣人的行为。郝经之理想就是"知己之有用与己之有为，而必于有用、必于为者"，士要有所作为完全是自我努力的行为，与"时"无关。

孟子曰:"待文王而后兴者,凡民也。若夫豪杰之士,虽无文王
犹兴。"今天下既若此矣,文王其有乎尔?亦无有乎尔?诵书学道之
士,将安坐而待之乎?将亦有为乎?必有其时而后有为乎?(《陵川
文集》卷一九)

君子诵书学道,砥节砺行,其修己切,其植身正,固其有用,而
不与草木腐、尘埃飞,安忍视天民之毙而莫之救也?学而有用,亦不
协肩而笑于未同,以求试互用,不以天民为己任而自私也。(《全元
文》第四册《答冯伯文书》)

郝经之强勉努力、积极进取的自我奋进精神,与孔子所提倡之"克
己复礼为仁。一日克己复礼,天下归仁焉。为仁由己,而由人乎哉?"
(《论语·颜渊》)的精神实质,具有异曲同工之妙。正是在这种不以时势
所左右的人生哲学指导之下,郝经积极于仕途而立志有为于天下。郝经充
任元朝国信使之行为就是其对"有用之学"的行动明证。"吾读书学道三
十余年,竟无大益于世。……上有意息兵,是社稷之福也……乘机契会,
得解两国之斗,活亿万生灵,吾学有用矣",冒生命之危险,行有为之功
业,正是郝经一生的学术宏愿和人生写照。郝经用十六年的囚禁生活,向
我们诠释了其对人生理想的坚守和执着,可敬可佩!

三　郝经思想文化的价值传承

不学无用学,不读非圣书,不务边幅事,不做章句儒。达必先天下之
忧,穷必全一己之愚。

——《全元文》第四册《志箴》

郝经一生的学术追求以"不学无用学,不读非圣书"。"有用"之学、
"圣书"之道,是其一生学术活动的真实写照。郝经思想文化的价值就在
于,立足于"圣书"之道,阐释"有用"之学,使儒学在社会日常功用
之中体现其学术价值和社会责任。

(一)学术地位:"用夏变夷"之学术观

郝经"用夏变夷"之学术观,是在儒家传统的"用夏变夷"之命题
基础之上的新发展,是从理论上明确提出并较为系统地论证了夷狄统治中

国的合理性。儒家传统的"用夏变夷"的观点，在孔子思想之中就有一定程度上的体现。《论语·八佾》记载："夷狄之有君，不如诸夏之亡也"，孔子夷夏之变是从文化及伦理道德的层面而着眼的，故夷夏之变就是文化之变而非种族之变。孟子在此基础之上指出，"吾闻用夏变夷者，未闻变于夷者。陈良，楚产也，悦于周公、仲尼之道，北学于中国。北方学者，未能或之先也。彼所谓豪杰之士也"（《孟子·滕文公上》）。在孟子看来，出生于夷地楚国的陈良，在学习中原的周孔之道后使得其学识超过了北方的学者，陈良可以被看作为"用夏变夷"的典型代表人物。陈良的典型性在于验证了孟子用华夏文化改变狄夷文化的案例，这是一种文化上的优越感和自豪感。显然，孔孟思想具有内在的一致性。

唐代韩愈从儒家的道统出发，提出了"诸侯用夷礼则夷之，进于中国而中国之"的"用夏变夷"的新观点。

　　今也欲治其心，而外天下国家；灭其常也，子焉而不父其父，臣焉而不君其君，民焉而不事其事。孔子之作《春秋》也，诸侯用夷礼则夷之，进於中国则中国之。经曰："夷狄之有君，不如诸夏之亡！"诗曰："戎狄是膺，荆舒是惩。"今也举夷狄之法，而加之先王之教之上，几何其不胥而为夷也！（《原道》）

韩愈在《原道》之中所谈到的夷狄之法，实际上就是外传入中国的佛教文化。韩愈所担心的是佛教文化凌驾于儒家文化之上，故提倡重塑儒家之道统，以复兴儒学为己之使命。陈寅恪甚至认为韩愈倡导古文运动的目的也在于复兴"尊王攘夷"之华夏观：

　　退之（韩愈）以谏佛骨而得罪，当时后世莫不重其品节，此不待论者也。今所欲论者，即唐代古文运动一事，实由安史之乱及藩镇割据所引起。安史为西胡杂种，藩镇又是胡族或胡华汉人，故当时特出之自觉或不自觉，其意识中无不具有远则周之四夷交侵，近则晋之五胡乱华之印象，"尊王攘夷"所以为古文运动中心之思想也。[1]

――――――――――

[1]　陈寅恪：《金明观丛稿初编论韩愈》，生活·读书·新知三联书店2001年版，第328页。

可见，在唐朝儒家学者心目当中，无论是文化还是政权，只要是来自于夷狄之处，都是他们不可以接受的，都是需要群起而反对之的。

郝经之"用夏变夷"思想相对于前世儒者来说，体现出包容和开放的思想特征。

> 今主上（忽必烈）在潜，开邸以待天下士，徵车络绎，贲光丘园，访以治道，期以汤、武。岁乙卯，下令来徵，乃慨然启行。以为兵乱四十余年，而孰能用士乎？今日能用士，而能行中国之道，则中国之主也。（《全元文》第四册《辨微论·时务》）
>
> 故礼乐灭于秦，而中国亡于晋。已矣乎！吾民遂不沾三代、二汉之泽矣乎。虽然，天无必与，惟善是与；民无必从，惟德是从。中国既而亡矣，岂必中国之人而后善治哉？圣人有云，夷进于中国，则中国之，苟有善者，与之可也，何有于中国于夷？故符秦三十年而天下称治，元魏数世而四海几平，晋能取吴而不能遂守，隋能混一而不能再世。以是知天之所兴，不在于地而在于人，不在于人而在于道，不在于道而在于行力为之而已矣。（《全元文》第四册《辨微论·时务》）

在郝经看来，所谓"中国遂亡也"，只是以华夏（汉族）作为"中国之主"政权的暂时结束，而作为儒家思想之本的"先王之道"并没有消亡。相反，只要真正接受并推行"先王之道"，无论是哪个民族建立的政权都能够长治久安。故此，无论是何种民族建立的政权，也无论是在何地由何人所建立的政权，只要用儒家之士、行中国之道，就是中国之主。即以儒家之道是否被采纳和推行，作为衡量其是否为中国之主的"用夏变夷"之学术观。"尧、舜、三代、二汉之世，亦吾民也，今而天下，亦吾民也。吾民不变，则道亦不变。道既不变，则天亦不变"（《陵川文集》卷一九《时务》），"先王之道"是体认"中国之主"的唯一标准。

（二）文化价值："文化中国"之认同观

郝经基于"用夏变夷"之学术基础，提出"能行中国之道，则中国之主"的"文化中国"观，对于用"先王之道"统一各民族之思想文化，强化各民族对于华夏文化或中国文化的文化认同，具有十分重要的思想文化启蒙价值和实践价值。"中国"作为一个文化概念，在孔子的思想之中就曾有体现，诸侯用夷礼，则夷之；进于中国，则中国之。孔子在《春秋》之中，用礼的标准来区分中国和狄夷的思想，被后世所接受和认同，并成为历代儒家学者所坚持和奉行的标准。直至金元之际，中州士人的"中国观"随着政权的更迭，开始发生转变——由忠"国"向忠"夏"转变，即从王朝政权层面向华夏汉文化的文化认同转变。元好问在其《中州集》之中，按照"道统文脉无南北"的标准来收录诗歌，"视九州四海之人物，犹吾同国之人"的文化认同理念，所形成的"中国"意识和中华文化观被同世不同地域的人广为接受和认同。

南宋遗民家铉翁在对《中州集》中所体现的"中国"意识进行评价的过程中，指出：

> 世之治也，三光五岳之气，踵而为一代人物，其生乎中原，奋乎齐鲁汴洛之间者，故中州人物也。……故壤地有南北，而人物无南北，道统文脉无南北，虽在万里外，皆中州也，况于中州者乎？……百年而上，南北名人节士、巨儒达官所为诗，与其平生出处，大致皆采录不遗。而宋建炎以后，衔命见留，与留而得归者，其所为诗，与其大节始终，亦复见纪。凡十卷，总而名之曰《中州集》，盛矣哉，元子之为此名也！广矣哉，元子之用心也！夫生于中原，而视九州四海之人物，犹吾同国之人；生于数十百年之后，而是数十百年前人物，犹吾生并世之人。……余于是知元子胸怀桌荦，过人远甚。彼小智自私者，同时藩篱，一家而汝，视元子宏度伟识，溟涬下风矣。
> （《中州集》附录）

"视九州四海之人物，犹吾同国之人"之感慨，使得"中国"意识在《中州集》中拓展成为具有文化意义的"中国概念"，由此产生"同国"之人的文化向心力和文化认同感。

郝经曾师从元好问，进一步继承和发展了元好问的文化"中国观"。郝经认为无论是哪个民族建立的政权，只要能传续文化和道就可以被称作为中原的正统君主，"以为兵乱四十余年，而孰能用士乎？今日能用士，而能行中国之道，则中国之主也"（《全元文》第四册《与宋国两准制置使书》）。并认为"道"之所在，"统"之所在，正统与否以"道"作为标准。

天无必与，惟善是与；民无必从，惟德是从。中国既而亡矣，岂必中国之人而后善治哉？圣人有云，夷进于中国，则中国之，苟有善者，与之可也，何有于中国于夷？故苻秦三十年而天下称治，元魏数世而四海几平，晋能取吴而不能遂守，隋能混一而不能再世。以是知天之所兴，不在于地而在于人，不在于人而在于道，不在于道而在于行力为之而已矣。（《全元文》第四册《辨微论·时务》）

"天无必与，惟善是与；民无必从，惟德是从。中国既而亡矣，岂必中国之人而后善治哉？"，谁能践行儒家纪纲礼仪的"道"，谁就有资格成为"中国之主"，而不论其是夏是夷，这既是一种进步的历史观，更是一种促进各民族之间文化认同的"中国观"。由此，以汉族为唯一性的"中国观"被以道为本位的"文化中国"观所替代，这样必然就会形成包容各民族在内的文化认同感和归宿感。郝经之"文化中国"观具有十分重要的文化认同价值。

第四节　薛瑄的思想文化与价值传承

大抵朱、陆分门以后，至明而朱之传流为河东，陆之传流为姚江，其余或出或入，总往来于二派之间。（卷五八）

明河东一派，沿朱之波，姚江一派，嘘陆之焰，其余千变万化，总出入于二者之间，脉络相传，一一可案。（卷九四）

朱、陆二派，在元则金、吴分承，在明则薛、王尚异，四百年中，出此入彼，渊源有自，脉络不诬。（卷五八）

——《四库全书总目》

薛瑄是明代著名的理学大师，是朱学思想的主要代表人物，被尊为"开明代道学之基"的"明初理学之冠"。薛瑄在明代朱学的发展历程中占有十分重要的学术地位，有明一代号称"以理学开国"，薛瑄可以被看作为"理学开国"之学术功勋。

一　薛瑄思想文化的历史概述

在今山西省万荣县平原村薛夫子（薛瑄）祠堂，悬挂傅山亲笔手书对联：

果知复性一言，虽四民二氏，俱许入祠谒夫子。
不辨读书二录，即两榜三元，亦虚在世称士人。

以复性为宗，著读书二录，既是对薛瑄一生学术生涯的高度概括，也是对其学术地位的推崇褒奖。傅山以"膺一好骂人之名"（《霜红龛集》卷二五《杂记》）而著称，尤其对于程朱理学更是反感至极，却尊崇薛瑄并为之书对联，这其中的缘由与薛瑄思想文化特点的有着密不可分的关联。

（一）生平及学术活动

薛瑄（1389—1464），字德温，号敬轩，谥号文清，山西万荣县平原村人。明前期理学家，河东学派的创始人，明代程朱理学的代表人物。

年　代	年　龄	生平事迹和学术活动
公元 1389 年	薛瑄出生	出生于北平
公元 1421 年	薛瑄年三十三岁	登进士第
公元 1428 年	薛瑄年四十岁	授行在广东道监察御史
公元 1436 年	薛瑄年四十八岁	提督山东学政
公元 1441 年	薛瑄年五十三岁	升大理寺左少卿，因逆王振，归故里，设馆授徒七年
公元 1449 年	薛瑄年六十一岁	召为大理寺右寺丞
公元 1451 年	薛瑄年六十三岁	升南京大理寺卿
公元 1455 年	薛瑄年六十七岁	进阶通议大夫
公元 1457 年	薛瑄年六十九岁	升礼部右侍郎兼翰林院学士
公元 1458 年	薛瑄年七十岁	告老还乡，教授四方学者，直至逝世
公元 1464 年	薛瑄年七十六岁	逝世，至 1465 年诏赠礼部尚书，谥文清

我们试结合薛瑄在宣宗宣德三年所作《与杨进道书》一文中对自我为学进路的陈述，来剖析薛瑄本人的学术渊源、研究心得及实践工夫。

> 某七八岁时，侍先君子左右。闻其称古人某为大儒，今人某为伟士。因记于心，曰："彼亦人耳，人而学人，无不可及之理也。"又六七年，先君子见可教，授以诸圣贤书。始发奋笃志专于诵习，昼不足则继以夜，不讽诸口，则思诸心，虽人事胶扰，未尝一日易其志。积十余年，然后察夫圣贤千言万语之理，无不散见于天地万物之中，而天地万物之理，无不统会于此心微密之地。自是以来，澄治本源，而恒惧夫邪念以淆之，笃志修习而不敢以他好夺之。积之既久，因以中之欲发者，发为文辞，则但觉来之甚易，若有物以尝于内而迫于外也。后先君子命试有司，一往既得之。仰希大儒伟士虽不敢及，然韩子所谓在进士中粗为知读书者，窃以为近似焉。今退居又六七年，遭值大故，哀痛之余，尚惧玩愒荒怠，负先君之大训。因时取向所授书而温绎之，但觉意味愈切，理趣愈深，有得于心而不能形于言者。此某之自少及长，勤苦既得，而犹不敢自已者也。（《薛瑄全集·年谱》）

薛瑄通过自述的方式对其一生学术经历进行了回顾和总结，从中我们不难读到其自幼为学、澄澈本源、体察圣贤、以心契道之学习历程，不难感受其夜以继日、笃志修习、终身学习之学习志向，不难体悟其谦虚好学、小心谨慎、专心致志之学习态度。从幼及老，学习不辍的学者形象，跃然纸上。

（二）贡献及学术论争

作为明代从祀孔庙第一人①，薛瑄的学术贡献可见一斑。我们从隆庆元年（1567）潘晟等人请薛瑄从祀孔庙的上疏中，来回顾薛瑄的主要学术贡献：

---

① 注：有明一代三百年间，从祀孔庙仅四人，薛瑄为第一人（1571 年从祀），按时间先后顺序后三位分别是：王守仁（1584 年从祀）、胡居仁（1585 年从祀）、陈献章（1585 年从祀）。

其学以复性为的，以居敬穷理为功，以反躬践履危实。潜心体
玩，至老弥精，充养之纯，超然自得。此其学问之大原可考也。平生
言动举止，悉合于矩；辞受取与，一揆诸义。居家则孝友无间，与人
则乐易可亲，中正足以矫枉律偏，刚直足以廉顽立儒。此其行履之大
略可稽也。所著有《读书录》，有《河汾集》，虽不专以述作为事，
而只简片言，皆可师法；微词奥义，悉合圣谟，至今学者莫不尊信而
诵习之。此其著述之大旨可窥也。至于立朝行己之际，不折节于权
门，不谢恩于私室，不屈法于贵近，不摄志于临刑，荣辱不以关其
心，死生无以易其操。此其树立之大节可纪也。故一时信从者有
"河东夫子"之称，而后之追尊者有"一代真儒"之许。（《薛瑄全
集·行实录卷二》）

明朝的庙学制度已经成为国家祀典制度的重要组成部分，得以逝后进
入庙学享受祭祀的都是在儒学发展过程之中做出重要贡献的人物。上述疏
文从学问之大原、行履之大略、著述之大旨、树立之大节等四个方面，对
薛瑄一生的主要学术活动进行了简练的概括和高度的评价，为我们理解薛
瑄的一生的学术活动和学术成就提供了文献基础。"河东夫子""一代真
儒"就是对薛瑄学术生涯的最佳评价。

同样，薛瑄的"僚友"太子少保、华盖殿大学士李贤在《薛文清公
神道碑》中，对薛瑄为人和学术思想进行了中肯的评价。

夫公之学，践履笃实之学也，尝曰：格物只是格个性，吾于日用
之间必体察之：何事是仁之发见，何事是义的发见。至于万物，各具
一理，万理同出一原，是其贯通处。每以圣贤为师，随其所寓，图书
箴规常在左右，手不释卷，一言一动于理稍有违失，便觉身心不安。
凡辞受取予必揆诸义，一毫不苟。晚年玩心高明，默契其妙，有不言
而悟者矣。其出处大节光明峻洁，于富贵利达泊如也。接人无小大众
寡，一以诚待之。教人有序，而其言平易简切，不为穿凿奇僻之说。
为文必根于理，辞旨条畅。诗皆古淡，出于自然。

李贤从薛瑄之为学、为教、为文、为诗等四个方面，对薛瑄一生的学

术成就给予了中肯的评价，“夫公之学，践履笃实之学”为世道所称赞。

“恪守宋人矩矱”（黄宗羲语），“矩矱”即法度与规矩，这是黄宗羲在《明儒学案》之中，对于薛瑄及河东学派的评价，同样也是引起学术界争议的关键所在。黄宗羲认为：“河东之学，悃愊无华，恪守宋人矩矱。故数传之后，其议论设施，不问而可知其出于河东也。”① 黄宗羲对于薛瑄之“恪守宋人矩矱”评价，根源于其师刘宗周在《师说》中对薛瑄的评价。刘宗周认为：“愚按前辈论一代理学之儒，惟先生无闲言，非以实践之儒欤？然先生为御史，在宣、正两朝，未尝铮铮一论事。景皇易储，先生时为大理，亦无言。或云先生方转饷贵州。及于萧愍之狱，系当朝第一案，功罪是非，而先生仅请从未减，坐视忠良之死而不之救，则将焉用彼相焉。就事相提，前日之不谏是，则今日之谏非，两者必居一於此。而先生亦已愧不自得，乞身去矣。”② 刘宗周对于薛瑄的评价不仅仅涉及其学术方面，我们只对于其关于学术方面的评价进行分析。“惟先生无闲言，非以实践之儒欤?”与“恪守宋人矩矱”，具有内在的一致性。刘宗周与黄宗羲认为薛瑄之学祖述宋学、毫无建树是引起学术争论的原因所在，后世学者在指出黄宗羲是站在拥护王阳明心学立场的“门户之见”，而做出此番评价的学术立场的缘由之外，对黄宗羲对于薛瑄“恪守宋人矩矱”的评价持否定的态度和批评的立场。正如黄宗羲指出薛瑄学术宗旨“以复性为宗”一样，我们认为薛瑄“以复性为宗”既是对程朱理学的继承和发展，更是对程朱理学在践履方面的重大突破。“以复性为宗”就是没有“恪守宋人矩矱”的最好明证。

二 薛瑄思想文化的逻辑体系

惟我先师，崛起数百年之后，心印濂、洛，神会洙、泗。学以复性为本，言以明性为先。其言曰：六经、四书，性之一字概括。又曰：孟子之后道不明，只是性不明。至论所传之事，曰：明此性，行此性而已。

——阎禹锡：《文清公行状》

① 黄宗羲：《明儒学案》，中华书局1985年版，第109页。

② 同上书，第2页。

阎禹锡为薛瑄高足，一生基本上在讲学授徒之中渡过，为其师编印《读书二录》书稿，并撰写了《文清公行状》一文，记述了薛瑄生平事迹及学术贡献。"学以复性为本，言以明性为先"，准确地概括出了薛瑄思想文化的特点，以"复性"为本、以"明性"为先，足见"性"字在其思想文化中的重要地位，而"明此性，行此性"就是"复性"的关键所在。

（一）本体论：明理复性

明理复性说是薛瑄思想体系的核心内容。"七十六年无一事，此心惟觉性天通"（《文清公行状》），是薛瑄一生学问的真实写照。在薛瑄看来，"为学只是要人知性、复性而已"（《读书续录》卷二），知性复性是学问的根本。

"此心惟觉性天通"，薛瑄首先倡导"性为天下之大本"的性本体论。薛瑄认为"性"是万物的本源，"性者万物之一源"（《读书录》卷五）。薛瑄关于"性"的认识可称得上是"性之一字无所不包"的泛性论思想的倡导者。我们试对其关于"性"的内涵进行整理和分析。

第一，薛瑄认为"性"是千古圣贤立教的根本，"千古圣贤之言，一性字括尽"（《读书录》卷三），"圣人所以教，贤者之所以学，性而已"（《读书录》卷三）。薛瑄把自孔、孟以来的儒学统统归结为"性学"或"天命之学"，认为儒家道统"一以贯之"的本真就是性或天命之性。基于性为儒家道统的认识，薛瑄认为韩愈《原道》中之所以形成"轲之死，不得其传"的认识，其实质在于"自孟子没，道失其传，只是性不明"（《读书续录》卷十二）。因此，在薛瑄看来识性是领悟儒学之要，彰明儒学道统的唯一路径，并且只有性大明于世，儒学道统才能得以传承。

> 宋道学诸君子有功于天下，万世不可胜言。如性一字，自孟子以后，荀、扬以来，或以为恶，或以为善恶混，议论纷然不绝，天下学者莫知所从。至于程子"性即理也"之言也，然后知性本善而无恶；张子气质之论明，然后知性有不善者，乃气质之性，非本然之性也。由是性之一字大明于世，而无复异议者，其功大矣！（《读书录》卷三）

足见，薛瑄所倡导之"性"就是"性即理"之性，就是天命之性。

第二，薛瑄认为"性"无所不存，为宇宙万物的本体。薛瑄指出，"满天地间皆性也"（《读书续录》卷十二），"天地万物，唯性之一字也"（《读书录》卷二），性为天地万物的本体，既包括人伦之理也包括万物之性。薛瑄在论述人伦之理时指出：

> 性之仁，贯乎父子之亲、仁民爱物之类；性之义，贯乎君臣之
> 义、尊贤之等，事物之宜；性之礼，贯乎长幼之序、天秩之节文仪
> 则；性之智，贯乎夫妇之别、是非善恶贤否之分；性之信，贯乎朋友
> 之交、五常万事之实。（《读书续录》卷十）

因此，在薛瑄看来，性为仁义礼智信之人伦道德的本源。

第三，薛瑄提出"理即性"，为了突出性的重要性，而把程朱"性即理"的命题倒置。薛瑄指出，"万事万物一理贯之，理即性也"（《读书续录》卷十），既然理为性，那么"理一分殊"就必然成为"性一分殊"，"一性散为万善，万善原于一性，一本万殊，万殊一本也"（《读书续录》卷四）。在薛瑄看来，既然"性一分殊"那么性的地位就在理的地位之上，"万理之名虽多，不过一性"，"性之一言，足以该万理"（《读书录》卷二），"性为万理之枢，故曰天下无性外之物，而性无不在"（《读书续录》卷三）。据此，薛瑄认为，"性者，万理之统宗"（《读书录》卷五），性就成为天下万物之本体。

薛瑄赋予性为天下万物之本体的本体论高度，目的在于追求"复性则可以入尧舜之道"（《读书续录》卷八）的"圣人之气象"的儒家理想。薛瑄指出，圣人之所为圣人，就在于"天命之性具于圣人之心，率性之道由于圣人之身"（《读书录》卷六），圣人具有天命之性。因此，在薛瑄看来复性首先就是要复固有之性，"复其固有之性而已"。薛瑄把性分为"本然之性"和"气质之性"，"无极而太极，天地本然之性也。阴阳太极，气质之性也。天地本然之性，就气质中指出不杂者言之，气质之性即本然之性堕在气质中者，初非二者也"（《文集》卷九），性有不善者乃"气质之性"，非"本然之性"。复性就是要复其固有的"本然之性"，就是复归原有的善性。而要复归原有的善性，就需要去掉"气质之偏"，

即去除恶，去除因人欲而带来的恶，复归天理，从而回归性之本善。

> 张子曰："形而后有气质之性，善反之则天地之性存焉。故气质之性，君子有弗性者也。"此言气质混浊，则天地之性为其所蔽，故为气质之性，善反之而变其混浊，则天地之性复明；若气质本清，则天地之性自存，初无待反之之功也。（《读书续录》卷七）

薛瑄倡导复性的目的就在于，"性即理也，理则尧舜之于途人一也，故复性可以入尧舜之道"（《读书续录》卷八），追求圣人之道而成为圣人之人生宏愿。

（二）工夫论：知性知天

薛瑄认为"知性"即所以"知天"，"知性知天，则理无不明矣"（《读书续录》卷九），"知性知天"就是明理复性的修养工夫。

> 尽心工夫，全在知性知天，盖性即理，而天即理之所从出，人能治性知天，则天下之理无不明，而此心之体无不贯。（《读书续录》卷一）

所谓"知性知天"，就是通过"尽心工夫"，达到"心理"与"天理""此心之性"与"天命之性"的内外合一或天人合一。

薛瑄认为，知性知天主要包括"格物致知"和"自我体认"两种修养方式。首先，我们对"格物致知"进行分析。薛瑄认为，性普遍存在于一切事物之中，只要学者格物穷理，就可以识性、复性，"格物致知，物物各有一性，穷物之性而极其至，则物格致知矣"（《读书续录》卷三），学者从外物中穷理，反复穷究，即可至极其理。我们知道通过物物而格就会得到具体事物之理，而性是万理之通宗，那么如何由具体事物之理的体认而达到对万理之性的贯通呢？薛瑄认为通过"格物致知"的深化，就可以达到领悟贯通万理之性。

> 然天下之物众矣，岂能遍格而尽识哉？惟因其所接者，量力循序以格之，不躁以略，不密以穷，澄心精意以徐察其极。今日格之，明

日格之，明日又格之，无日不格之。潜体积玩之久，沉思力探之深，
已格者不敢以为是而自足，未格者不敢以为难而遂厌。如是之久，则
塞者开，蔽者明，理虽在物而吾心之理则与之潜会而无不通。始之通
也，见一物各一理；通之极也，则见千万物为一理。朱子所谓众物之
表里精粗无不到，而吾心之全体大用无不明者，可得而识矣。(《读
书录》卷二)

薛瑄认为，天下之物无穷，学者首先要"澄心精意"、循序渐进，在
经过"今日格之，明日格之，明日又格之，无日不格之"的学习之后，
达到"塞者开，蔽者明"的认识阶段。在通过不断的积累和训练，就可
以从"始之通也，见一物各一理"的初级阶段，进入"通之极也，则见
千万物为一理"的识性、复性阶段，达到认识性体之目的。薛瑄"格物
致知"的思想，是汲取朱熹从"物物而格"到"豁然贯通"的思想发展
而来的。

薛瑄除提倡"格物致知"的修养方式之外，还重视"自我体认"的
修养方式。薛瑄认为，要把格物致知中所获得的人伦之理与人内在的心性
融为一体，就必须借助于学者的自我体认。他说："有人为学者徒日讲
道，学道不知所以体认之则，所讲学者实未知为何物也？"(《读书录》卷
三)，可见，自我体认在学者修养过程中的重要作用。那么如何进行自我
体认呢？薛瑄认为，自我体认就是强调在学习人伦之理时要从自我的内在
心性出发作理解，以使道德义理能落实在个体自我的道德实践之中。

体认之法，须于身心之所存所发者，要识其孰为中？孰为和？孰
为性？孰为情？孰为道？孰为德？孰为仁？孰为义？孰为礼？孰为
智？孰为诚？又当知如何为主敬？如何为致恭？如何为存养？如何为
省察？如何为克己？如何为复礼？如何为戒慎恐惧？如何为致知力
行？如何为博文约礼？于凡天理之名皆欲识其真，于凡用功之要皆欲
为其事。如此则见道明、体道力，而无行不著习不察之蔽矣！(《读
书录》卷三)

自我体认就在于能把对外在的道德义理的学习，转化为一种内在的道

德心性的显露。这时，学者在格物致知过程中所获得的人伦之理就不仅是一种与本人无关的客观知识，而是与学者的内在心性密切相关的自然流露，并总是和学者的生活实践紧密结合为一体。

（三）发用论：践履重行

薛瑄以"学贵践履"的"实践之儒"（李贤语）而著称于史。薛瑄非常重视实践，认为它是为学的重要标准，"为学之要，必先致其知而后力于行"（《文集》卷十八《重庆堂记》），"为学不在言多，亦顾力行如何耳！"（《读书录》卷三），"实得而力践之，乃有益"（《读书续录》卷十一）。

薛瑄摒弃了朱熹的"知先行后"说，继承和发扬了"知行相须互发论"，明确提出"知行两得"（《读书续录》卷二）。他说："知行虽是两事，然行事行其所知之理，亦一也"（《读书录》卷一）。因此，"知行不可偏废"（《读书录》卷六），"非明，则动无所之；非动，则明无所用。知行贵乎兼尽也"（《读书续录》卷二）。就是说，知是行的指导，离开知，行就没有方向。

> 知理而行者，如白昼见路分明而行，自无差错。不知理而行者，如昏夜无所见而冥性，虽或偶有与路适合者，终未免有差也。（《读书录》卷四）

反过来，行是知的功用，不去行，知也达不到目的。薛瑄尤其注重和强调行对于知的决定作用，"居敬、穷理二者不可偏废，而居敬又穷理之本也"（《读书录》卷六），居敬是"力行"，穷理是"致知"；"居敬为穷理之本"，就是"行为知之本"。那么，究竟如何才能做到实行呢？薛瑄认为："为学最要务实，知一理则行一理，知一事则行一事，自然理与事相安，无虚泛不切之患"（《读书录》卷三），就是要切实做事，逐一实行，日积月累，积少成多，务使事理结合，使理是切实的理，事是明白的事。同样，实行也是通过实践检验真知的最好方法，"凡事必有微验之实乃可，不然即妄言者多矣"（《读书续录》卷二），"见得理明，须一一践履过"（《读书录》卷四），才能叫作"真知"；只有"真知其理而实践之"，即只有经过实践，才能不仅知其名，而且知其实，从而也才证明获得了真知。譬如登泰山：

> 人皆知其高，然必亲至其处，方知其所以高；若听人传说之高，
> 而未尝亲至其处，则亦臆想而已，亦未见其高之实也。（《读书录》
> 卷二）

实践出真知，践履是获得真学问的唯一途径。

三　薛瑄思想文化的价值传承

> 盖河东之学，虽或失之拘谨，而笃实近理，故数传之后，尚能恪守师
> 说，不至放言无忌也。
>
> ——《四库全书提要》卷九三

薛瑄在长期的学术研究和教育实践生涯之中，形成了以"教本于道，道本与性"的复性说为核心，以笃实践履、身体力行的"实学"思想理论与学风为特色的"为学之道"，并在其弟子及再传弟子的传承之下，形成了独具学术风格和学术精神的河东学派。"实学新风"和"师道传承"，就是薛瑄思想文化的学术地位和文化价值之所在。

（一）学术地位：实践之儒开实学新风

薛瑄是"学贵践履"的"实践之儒"，在理论和实践方面积极倡导并形成求实、务实的实学思想和学风，为明代中、后期实学思潮的兴起奠定了坚实的基础，起着开风气之先的向导和旗帜作用。

薛瑄的实学思想是对孔子"为己之学"的继承和发展。孔子说："古之学者为己，今之学者为人"（《论语·宪问》）[1]，为己就是为学求知要躬行践履，以求德业并进；为人就是只能讲说不思实行，以求进身的阶梯。薛瑄就是倡导躬行践履的"为己之学"，"读书不体贴向自家身心上做工夫，虽尽读古今天下书，犹无益也"，"读书体贴到自己身心上方有味，皆实理也，圣人岂欺我哉！"（《读书录》卷二），读书就是要在自家身心上作工夫，亲身体认而得其实，这就是真正的"为己之学"，即薛瑄

---

① 注：刘保楠《论语正义》云："孔曰：为己，履而行之；为人，徒能言之"。

所倡导的"实学"。薛瑄极力反对贪多而不求甚解的读书观，"不察理之有无，而泛读一切不经驳杂之书，务以闻见该博取胜于人，吾知其记愈多而心愈窒，志愈荒，而识愈昏矣。如此读书，非徒无益，是又适所以为心术之害也"（《读书录》卷二），多而杂，又不求甚解，既害学业又害心术。

薛瑄提倡以实定名和以名责实的名实观，这也是其所追求的求实和务实学风的宗旨所在。他说："读圣贤之书，句句字字见有的实用处，方为实学。若徒取以为口耳文词之资，非实学也"，"凡圣贤之书所载者，皆道理之名也，至于天地万物所具者，皆道理之实也。书之谓其道某理，犹人之当某名某姓也，有是人之姓名，则必实有是人，有是道理之名，则必实有是道理之实。学者当会于言意之表"（《读书录》卷一），读书就是要追求道理之名和道理之实的相吻合，并以道理之名去考求和验证道理之实。"实理皆在乎万物万事之间，圣贤之术不过模写其理耳。读书而不知理之所在，徒滞于言辞之末，夫何益之有？"（《读书录》卷十），同样也需要在道理之实中去应用道理之名，名实相合，读书之道成矣！薛瑄又进一步指出，"天理如人，天理之名，如人之有名。既识人名，须亲见人之貌，方为真识其人；既知理之名，须真知理之实，方为真知其理。徒知理之名而不知理之实，犹徒知人之名而未尝亲见其人之貌，又乌为真知真识哉？"（《读书录》卷三），读书就是要追求名实相符，探寻真知真识的过程就需要求实、务实，身体力行才能获得真知真见，"体于身心，则有实用矣"（《读书录》卷五）。

薛瑄提倡实学的原因与其反对"不思实行，以求进身"的科举辞章之学密切相关。"学举业者，读诸般经书，只安排作时文材料用，于己全无干涉，故其一时所资以进身者，皆'古人之糟粕'，终身所得以行事者，皆生来之习气。诚所谓书自书，我自我，与不学者何以异？"（《读书录》卷一），为人之学就是章句之学、科举之学违背圣人著书立说之本质所在。科举之学对人的危害在于害己害心，对人毫无帮助和用处，"道之不明，科举之学害之也"（《读书录》卷八）。薛瑄既反对追求科举之学的学者，更反对讲求科举之学的先生，因为他们"割裂经史子集百家之说，区别门类，缀集成书，务欲包括古今间目，以为决科之列，使后学转相剽窃，但资侥幸利达，而无心资身心之用，其弊也甚矣！"（《读书录》卷四）。所以"为科目而著书者，皆非为己之学也"（《读书录》卷四），只注重章句之学讲学和著书的先生，是败坏学风的源头和始作俑者，更应该被批评和指责。所以，当有学者向薛瑄本人请教科举之学时，其态度是"默然不对"，用自己的行动向科举之学和章句之学提出抗议和批判。可见，薛瑄的"实学"不仅是时代的产物，也是同科举辞章之学斗争的必然结果。

（二）文化价值：河东学派守师道传承

薛瑄讲学授徒二十余年，弟子遍及秦晋关陇和吴楚闽越大地，形成了强大的学术阵容，被人称为河东学派。以薛瑄为首的河东学派，是同姚江学派并列的明朝两大显学，"大抵朱、陆分门以后，至明而朱之传流为河东，陆之传流为姚江，其余或出或入，总往来于二派之间"（《四库全书提要》卷五八），"明河东一派，沿朱之波，姚江一派，嘘陆之焰，其余千变万化，总出入于二者之间，脉络相传，一一可案"（《四库全书提要》卷九四），"朱、陆二派，在元则金、吴分承，在明则薛、王尚异，四百年中，出此入彼，渊源有自，脉络不诬"（《四库全书提要》卷五八）。由此可见河东学派的思想渊源和学统传承关系，以及河东学派在明朝思想文化史上的重要历史地位。

《明儒学案》中所载十五位河东学派的学者，按其师承关系示图如下：

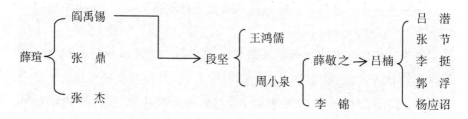

这十五位学者之中，张鼎、张杰、段坚、周小泉、薛敬之、李锦、吕楠、吕潜、郭浮等被收入《关学编》之中，正如《明儒学案》指出："时关中之学，皆自河东派来，而一变至道"，关学学者就是在继承和发扬薛瑄河东之学的基础之上出现和形成的。薛瑄在长期的教育实践之中，以以笃实践履的"实学"学风为特色的"为学之道"，培养出了诸如开创关学的一大批学者。弟子及其再传弟子们把其学术思想和学风代代相传，"盖河东之学，虽或失之拘谨，而笃实近理，故数传之后，尚能恪守师说，不至放言无忌也"。

　　薛瑄的弟子们能"恪守师说"的原因，在于薛瑄本人就是一位恪守道统之士。薛瑄十分推崇韩愈所倡明的道统说，"韩子生于道术坏烂之余，无所从游质正，乃能卓然有见，排斥异端，扶翼正道，遂有立于天下后世，真可谓豪杰之才矣"（《读书录》卷二）。薛瑄认为，在儒家道统不被彰显的唐代，韩愈重抬道统之说是只有"豪杰"才能具有的行为和举动，所以"韩子乃孟子以后绝无仅有之大儒"。薛瑄心目之中的道统传承次第，同韩愈的道统有所不同，他认为：

　　　　使尧、舜、禹、汤、文、武、周、孔、颜、曾、思、孟、周、程、张、朱之道昭然明于万世，而异端邪说莫能杂者，朱子之功也。韩子谓孟子之功不在禹下，余亦谓朱子之功不在孟子下。（《读书录》卷九）

　　薛瑄发展韩愈的道统说，在孔孟之间增加了颜回、曾参和子思，没有提及韩愈，补续了周、程、张、朱。薛瑄提倡道统，既为了重塑儒家学术传承之脉络，更为了排斥异端之说（主要是佛老之说），即"汉儒谶纬九流之杂，唐士释老辞章之支"等异端邪说。

　　薛瑄的弟子们能"恪守师说"的原因，还在于薛瑄倡导以实学内容和实讲风格来传授学问、教授弟子。薛瑄倡导"实理"，"实理皆在乎万物万事之间，圣贤之书不过模写其理耳！读书而不知实理之所在，徒滞于言辞之末，夫何欲之有？"（《读书录》卷十）。而要追寻"实理"就需要为师者实讲。薛瑄极力反对明初的讲学诵经之讲风，"俗儒不知教人之本，或为讲语之类，使学者诵习全文，为说书应答之用，其坏人才也甚矣！"（《读书录》卷四），讲者照本宣科，学者照本背诵，脱离实际，不求实用，真的是害人害己。故此，薛瑄认为："凡圣贤之书，一字一义灼见下落而体之心，体之身，继之以勿怠，则推之人者，不外是而所学皆为实理，虽不言道，而道即在是矣！"（《文集》卷十二）明道的目的在于致用，明道体现在致用上。"圣人所以为圣人，无一毫之不实处"（《读书续录》卷九），"圣贤工夫，步步着实"（《读书录》卷七），儒家圣贤之所以为圣贤，皆在能够以实心践实理，以实得载实言，内外合一，处处皆实。河东学派正是在恪守儒学之道统传承，坚守讲实学求实理的过程之中，形成了独具特色的师风和学风。正是如此，薛瑄被尊为"开明代道学之基"的"明初理学之冠"。

第五节　傅山的思想文化与价值传承

在三百年间，援儒乳释者有之，外儒内释者有之，但对于二氏之学与杨墨异端，都认为与儒家相反，斥之辟之不遗余力，没有人敢于公然研究，自命为异端，以干犯儒林传统的攻击。清初大儒也有吸收释道方法论者如王夫之，有兼赞墨学者如顾炎武，但他们都摆脱不开正统思想的形式。惟独傅山不然，他大胆地提出了百家之学，对于六经与诸子无可轩轾地加以阐发和注释，首开近代子学研究的蹊径，这不能不说是 17 世纪中国思想界的一支异军。[①]

——侯外庐：《中国思想通史》

傅山的思想不仅超越了理学与经学的藩篱，而且博采诸子百家，出入释老二教，一视同仁，为我所用。与同时代学者相比，傅山无愧于"17世纪中国思想界的一支异军"的称号。

傅山（1606—1684），初名鼎臣，后改名名山，原字青竹，后改为青主，字号众多，山西阳曲县西村（今属太原市尖草坪区）人。傅山是我国明末清初著名的启蒙思想家之一，是中国 17 世纪启蒙思潮中"最突出的代表人物"[②]。我们试从反奴儒、倡个性，反讲学、倡实学，反经典、倡子学三个方面，对傅山独具特色的启蒙思想文化进行研究。

一　傅山思想文化之一：反奴儒　倡个性

傅山从对"奴俗"的批判入手，来反对圣贤之奴学，倡导"将奴俗龌龊意见打扫干净"之个性解放思想。

---

① 侯外庐：《中国思想通史》（第五卷），人民出版社 1957 年版，第 272 页。
② 侯文正：《傅山传》，山西古籍出版社 2007 年版，第 167 页。

　　傅山认为，奴儒的表现在于对圣贤的"依傍"和"义袭"，而毫无自己的真知灼见。傅山在《学解》一文之中，对依傍于程朱理学的奴儒进行了严厉的批判。

　　　　世儒之学无见。无见之学，则瞽者之登泰山泛东海，非不闻高深也；闻其高深，则人高之深之也。……荀子非子思、子舆氏，……后世努儒实中其非也。……努儒尊其奴师之说，闭之不能拓，结之不能觿，其所谓不解者，如结也，如縢篋也。至于才剧志大，犹不然。本无才也，本无志也，安得其剧大？本无闻见也，安得博杂也？沟犹瞽儒者，所谓在沟渠中而犹犹然自以为大，盖瞎而儒也，而奴儒也肖之，然而不可语于思、孟也。后世之奴儒，生而用皋比以自尊，死而图从祀以盗名，其所闻见，毫无闻见也，安有所谓"觉"也？不见而觉几之徵，固难语诸腐奴也。若见而觉，尚知痛痒者也；见而不觉，则风痹死尸也。（《霜红龛集》卷三十一《读经史》）

　　奴儒所谓的学问本是奴性十足的无见之学，却把自己吹捧为"才剧志大"的渊博学者，实际上不过是坠入沟渠中的"无才""无志""无见闻"的"瞽儒"或"瞎儒"。奴儒就是这样一群思想僵化、神经麻木的如同"风痹死尸"的人，是一群欺世盗名之徒。傅山又进而指出，奴儒之所谓学有本原，不过是死守经传章句注脚，诵说语录而已。

　　　　读理书，尤著不得依傍之义。大悟底人，先后一揆，虽势易局新，不碍大同。若奴人不曾究得人心空灵法界，单单靠定前人一半句注脚，说我是有本之学，正是咬翻人脚后跟底货，大是死狗扶不上墙也。（《霜红龛集》卷三十六）
　　　　明王道，辟异端，是道学家门面，却自己只作得义袭工夫。（《霜红龛集》卷三十六《杂记》）

　　依傍儒家经书注疏，就是奴儒的生动表现。奴儒本无识见，依傍门户不过是因为统治者独尊儒术的缘故罢了。在傅山看来，正是由于读书人的奴性，从而使得他们丧失了读书人应有的人格尊严，而堕落成为封建圣贤偶像和封建教条的奴才，让人可恶、可恨。

> 自宋入元百年间，无一个出头地人，号为贤者者，不过依傍程朱蒙袂，侈口居为道学先生，以自位置……真令人齿冷！（《傅山手稿照片》）

奴儒不仅自己只说不干，还往往反对、贬斥别人将所学的东西付诸行动，则让人更觉可恨。

> 一切文武，病只在言多。言者名，根本无实济而大言取名。……又不知人有实际，乱言之以沮其用，奴才往往然。而奴才者多，又更相推激以争胜负，天下事难言矣。偶读《宋史》，暗痛当时之不可为，而一二有廉耻之士又未必重用。奈何哉，奈何哉，天不生圣人矣，落得奴才混账。所谓奴才者，小人之党也；不幸而君子有一种奴才，教人指摘不得！（《霜红龛集》卷三十一）

这些奴儒道貌岸然，以致使南宋的败局不可避免，叫人指摘不得，实际危害巨大。面对奴性十足的奴儒，如何才能改造人们的奴性，把"奴俗龌龊意见打扫干净"，堂堂正正做人，是傅山要面对和解决的一个重要问题。因此，傅山以其"一双空灵眼睛，不惟不许今人瞒过，并不许古人瞒过"，"不受私蔽，光明洞达"（《霜红龛集》卷三十六），竭力崇扬独立人格，积极倡导个性解放。

> 天地有腹疾，奴物生其中。神医须武圣，扫荡奏奇功。金虎亦垂象，宝鸡谁执雄。太和休妄想，笔削笑王通。（《霜红龛集》卷九《读史》）

以"武圣"来扫荡为虎作伥的"降奴"和"骄奴"，以华夏"宝鸡"的高鸣来唤起"奴儒"和"腐儒"，推倒奴性十足的封建社会制度，就是傅山这位"神医"的向往和追求。对此，傅山说："天下虚心人莫过我，怜才人亦莫过我，而谬膺一好骂人之名，冤乎哉！即使我真好骂人，在人亦当自反，骂不中耶，是仰唾天；若骂中耶，何不取以自省，以我为一味药如何?"（《霜红龛集》卷三十六）傅山就是要人们打破那文过饰非、死要面子的心理，在对奴性的斥骂声中痛自反省。傅山曾作《窝囊解》一文，他对窝囊人的行为进行了注解。

> 俗骂龌龊不出气人曰窝囊。窝，言其不离其窝，无四方远大之志；囊，言其知有囊囊，包包裹裹，无光明取舍之度也，亦可作月囊：月囊是多肉而无骨也。大概人无远大光明之志，则言语行事无所不窝囊也。而好衣好饭不过图饱暖之人，与猪狗无异。（《霜红龛集》卷三十六《杂记》）

在傅山看来，无远大光明之志的窝囊之人，从本质上来说与猪狗无异。那么，如何才能成为拥有"远大光明之志"的人呢？傅山认为，就是要真正扫除奴性、实现个性解放。

傅山从人与人之间关系的重塑方面，主张圣凡、君民人人平等，"王侯皆真正崇高圣贤，不事乃为高尚，其余所为王侯者非王侯，而不事之，正平等耳"（《霜红龛集》卷三十一）。一类王侯，就因为他们崇高如圣贤，所以不应事他们；一类王侯，是由奴才捧起来的，或叫大人，则是老百姓的仇人，焉能爱之事之。只要没有奴才，不事王侯，就会有平等，天下就为天下人所主宰了。傅山强调学的本义为"觉"，即要人们认识到奴俗的束缚和压抑，认识到自己受奴役的地位，才能真正摆脱被王侯圣贤所束缚的心理和行为。"后世之据崇高者，只知其名之既立，尊而可以常有。天下者，非一人之天下，天下之天下也"（《霜红龛集》卷三十二）。傅山倡导商汤的革命精神和革命行为，"乐尧舜之道，学也；而就汤伐夏以救民，则其觉也"。汤因为"觉"才有救民的行为，所以傅山号召人们效法汤之革命精神，解放自己，从而释放自己的天性，这才是向圣贤学习的真正表现。那么，在傅山心目当中，充满个性的人物理想形象又是什么样子的呢？傅山的回答是：具有自然人性的"山汉"。

> 矮人观场，人好亦好；瞎子随笑，所笑不差。山汉啖柑子，直骂酸辣，还是率性好恶。而随人夸美，咬牙掠舌，死作知味之状，苦思

极矣。不知柑子自有不中吃者，山汉未必不骂中也。（《霜红龛集》卷三十七《杂记》）

"山汉"之真性情与奴儒之假正经，形成了强烈的对比。"山汉"之所以"山"，就是其不加掩饰其自然性情之表达，奴儒之所以"奴"，就在于其极力掩饰其性情之真伪。傅山所主张和提倡的就是以"山汉"形象为寄托的自然人性论，并进而认为人与人之间的关系应该建立在真情至性的基础之上。傅山批判封建奴性、倡导人性解放的思想，对于救治专制社会之弊端、恢复人性之尊严具有重要的社会启蒙作用。顾炎武曾称之说："萧然物外，自得天机，吾不如傅青主"（《亭林文集》卷六《广师》）。

二 傅山思想文化之二：反讲学 倡实学

傅山反对宋代以后理学家尤好讲学的空疏学风，他们仅仅将"治国平天下"放在口头质上，把"学"只限于听"讲"上，从而形成了讲而不行、学而不用的败坏学术的坏风气。傅山鉴于理学家们热衷"讲学"的空疏学风，提倡"文章为实用"的实学思想。

傅山对于宋代以来理学家只注重讲学及其危害进行了揭露和批判：

凡讲学，皆剩义。……吾尝谓"讲"之一字，正堪向鏖糟奴货用之。止因先圣"学之不讲"一句，遂开此一门，以讲为学。不知此句实具奥义，谓徒学而不知讲者，如仲由之于孔悝，徒知食食死事之学，而不讲食谁之食，死谁之事也。推此一节，即知学径有误人时，出于人之庸昧，所以要下一讲字，《说文》解薣字鄙陋特甚。吾为释之，大有快处。泥许说者又且以为我背许不经，而我能自信，时与子孙论之，但用我义。（《霜红龛集》卷四十）

傅山认为，讲学只是"剩义"，即剩余之事，而现今奴儒却在歪曲孔子讲学之"讲"的原意的基础之上，把讲学看作为做学问中的要事，最喜欢以讲为学，这样的情形必然会误人不浅的。傅山在释"道之人"三字时，深刻揭露了讲学的本质和危害。

"道之人"三字有义。"道之人"是人自谓有兴世之道者也，如道学日日讲平治者是也。(《庄子批点》卷六)

道学家日日讲"治国平天下"，"自谓有兴世之道"，而无实际之功用。自谓就是其自我标榜之意，实际上并没有"平治"之功。可见，"齐家治国平天下"也只是讲讲和说说而已罢了。"自宋入元百年间，无一个出头地人，号为贤者者，不过依傍程朱蒙袂，佝口居为道学先生，以自位置。至于华夷君臣之辨，一切置之不论，尚便便言圣人《春秋》之义，真令人齿冷！"(《傅山手稿照片》)，至于是否具有实际功用，那就不是讲学者所关心的事情了。学风空疏让人齿寒！故此，傅山倡导"文章为实用"，人们获得知识，不应只为图名，而应求实际之效用。

读书不必贪多，只要於身心有实落实受用处，时时理会。(《霜红龛集》卷三十)

圣人之利天下也，不为名，为名之无益于已也。(《霜红龛集》卷三十五)

文章为实用，世界忌名高。(《霜红龛集》卷九)

读书和求知的目的在于实用，而不在于外在的名声。一个人是否有知识，在于有用与无用、用与不用之间，"聪明知识，用不用间"(《治学篇》手稿)，只有有用的知识，才能算是聪明的知识。只有拥有了聪明的知识，才能被看作有知识。傅山认为，为学就必须学到有用之知识，只有获得有用之学，才能实现治世之目的，故"排难解纷，济人利物，是大丈夫本分事"(《霜红龛集》卷三十七)。傅山还倡导到日常生活中学习，并提出"好学而无常家"的论断。

好学而无常家，家似谓专家之家，如儒林、毛诗、孟易之类，我不作此解。家即家室之家，好学人难得死坐屋底，胸怀既因怀居卑劣，闻见遂不宽情。故能读书人，亦当如行脚阇黎，瓶钵团杖，寻山问水，既强筋骨，亦畅心眼，若再遇师友，亲之取之，不胜塞居不潇洒也。(《霜红龛集》卷二十五)

所谓"无常家"的含义，就是倡导学者们既不要像经学家那样专注于一家之言，又不要像理学家那样局限于一派之学，要博采众长，像云游僧一样，到实际生活中不断开阔视野，取得新知识，获得新学问。此外，傅山比较赞许宋儒之中的陈亮功利主义之学，指出："或强以宋儒之学问，则曰：'必不得已，吾取同甫先生'"（全祖望：《鲒埼亭集》卷二六《阳曲傅先生事略》）。傅山之所以重视陈亮之功利主义学问，就在于其救世济时的治学目的。傅山的学必实用、有益于世的治学主张，批判了理学空谈崇虚之流弊，倡导经世致用之学风，对于清初务实学风的兴起，具有一定的启蒙作用。

三　傅山思想文化之三：反经典　倡子学

傅山倡导个性解放，就是力图要打破两千年来禁锢人们思想的、以圣贤经典为代表的"经术"之业，所以就试图通过对子学的研究来寻找思想解放的思想武器。傅山昌言子学，身体力行，曾阅读、评注的子学著作有：《老子》《庄子》《列子》《管子》《墨子》《荀子》《邓析子》《公孙龙子》《鬼谷子》《亢仓子》《尹文子》《淮南子》等，开启了后世"酷尚诸子，文理多谲"的风气。

傅山主张经、子平等，反对经学的正统和独尊地位。他说："今所行'五经''四书'注，一代王制，非千古之道统也。注疏泛滥矣，其精处非后儒所及，不可不知"（《霜红龛集》卷三十六），故此，"经、子之争亦末矣。只因儒者知六经之名，遂以为子不如经之尊，习见之鄙可见"（《霜红龛集》卷三十八）。四书、五经因王权之尊崇而获得了学术地位，子学应没有获得王权支持而地位旁落，学者们只因熟知四书、五经之名而尊崇之，实际上是千古遗留下来的陋习所致。傅山不仅认为诸子和四书、五经应该地位平等，而且认为诸子之学与佛家之理，彼此之间约略相同，皆有功效于社会人生，故为学治世不可独尊儒学经书一家之言，而应博取诸子佛学众家之理，何况甚至诸子和佛典在某些方面的学术见地高于四书、五经。傅山曾指出："吾以《管子》《庄子》《列子》《楞严》《唯识》《毗婆》诸论，约略参同，益知所为儒者之不济事也。释氏说断灭处，敢说过不断灭，若儒家似专断灭处做功夫，却实实不能断灭"（《霜红龛集》卷三十四），理学家被物欲所牵累，要"存天理，灭人欲"，结果只是虚张声势，反而没有释道之真诚，足见释道在物欲方面之见解实高于儒家。傅山还认为在性与天道等形而上问题方面，释道的论述也比儒家更为透彻。

　　佛经此家（指儒家）回避不敢读，间读之异，早有个辟异端三字作难与他，耳耳戛戛，去说不违背处。大有直捷妙谛，凡此家蒙笼不好问答处，彼皆粉碎说出，所以教人翻好去寻讨，当下透彻，不骑两头马……随论如何博学辨才，却是没有底，须向《大易》《老子》寻个归根命处。（《霜红龛集》卷二十五）

　　在傅山看来，儒家经典、诸子之学与释道之学既然各有长短，那么学者们就应该平等对待各种学术，而不应该只是专守儒家经典，对于理学之外的著作视而不见。"无如失心之士，毫无餐采，致使如来本迹大明中天而不见，诸子著述云雷鼓震而不闻，盖其迷也久矣！"（《霜红龛集》卷十六）足见，理学家的门户之见是多么的壁垒深严。然而，"子书不无奇鸷可喜，但五六种以上，经欲重复明志见道取节而已"（《霜红龛集》卷二十四），诸子书蕴含奇与鸷的性格，必然能够冲击固有的价值观念和思维方法，起到明志、见道、取节之学术攻下皮。傅山所倡导诸学地位平等的思想，在儒学经典独尊的年代其破坏力和影响力的程度是显而易见的，其所起到的思想启蒙和学术解放的作用是巨大的。
　　傅山对于子学研究的学术贡献主要表现，首先在于提出"经子齐观"之论点。傅山认为正统的经尊于子的观念是一种"鄙见"，"经、子之争亦末矣！只因儒者知六经之名，遂以为子不如经之尊，习见之鄙可见"，事实上"孔子、孟子不称为孔经、孟经，而必曰孔子、孟子者，可见有子而后有作经者也"，经由子来，这是傅山对经子关系的基本看法。由于子先于经，自也不卑于经，所以傅山致力于诸子的研究。傅山一生对于"《观化翁遗事》《老子》《庄子》《管子》《荀子》《列子》《墨子》《鬼谷子》《公孙龙子》，诸子皆有注"。综观其注解内容，既有发挥义理、进行思想阐释的，也有校勘训诂、诠释辞句的，傅山对于子学的研究在当时可谓首屈一指。此外，傅山对于批注诸子所采用的最基本、最普通的校勘训诂方法，同样也有着坚实厚硬的功夫。他对于《淮南子》的批注就体现了其在校勘训诂方面的工夫，对于《墨子》《荀子》《管子》等子书的批注也堪称经典，另外其对于《公孙龙子》《墨子》所做的校勘训诂被后来的章炳麟消化于《齐物论释》之中。傅山"经子齐观论"中重视子学研究的思想，被乾嘉后学所接受和实践，近代学术领域由考经向考子的学术转变，启发着更多学者摆脱经学束缚，有着思想启蒙和思想解放的作用，因此在实践上、学术上都有启蒙意义。傅山通过对诸子学术思想的义理阐发，其实质在于挑战理学、儒学独尊之历史地位，打破理学独占学坛的禁锢局面，以求复兴百家争鸣的学术风气，并寄希望从子学之中探寻思想和个性解放之文化因子，从学术启蒙之中探寻社会启蒙的学术功用。

正是鉴于傅山所做出的学术贡献，梁启超在《清代学术概论》之中给予了傅山高度评价：

> 太原傅山者，以任侠闻于鼎革之交。国变后，冯铨、魏象枢尝强荐之，几以身殉，遂易服为道士。有问学者，则告之曰："老夫学庄列者也，于此间诸仁义事实羞道之。"然史家谓："其学大河以北莫能及者"。

重实用、倡实学、行实功，树思想启蒙之旗帜，立一代学者之新风，这就是太原傅山，一支中国 17 世纪思想界的异军！

第五章　三晋儒家思想文化的特点和价值

　　文化是民族的血脉，是人民的精神家园。文化自信是更基本、更深层、更持久的力量。中华文化独一无二的理念、智慧、气度、神韵，增添了中国人民和中华民族内心深处的自信和自豪。

　　中华文化源远流长、灿烂辉煌。在5000多年文明发展中孕育的中华优秀传统文化，积淀着中华民族最深沉的精神追求，代表着中华民族独特的精神标识，是中华民族生生不息、发展壮大的丰厚滋养，是中国特色社会主义植根的文化沃土，是当代中国发展的突出优势，对延续和发展中华文明、促进人类文明进步发挥着重要作用。

　　　　　　　　——《关于实施中华优秀传统文化传承发展工程的意见》

　　三晋儒家思想文化作为中华文化的重要组成部分，对于三晋文化以及我国特色社会主义文化建设具有十分重要的文化价值和文化作用。我们对于三晋儒家思想文化与价值传承的研究，其实质就在于整理和分析三晋儒家代表人物思想文化的基础之上，挖掘其对于我国现今文化建设的理论价值和实践意义，为更好地促进我国文化建设提供必要的借鉴作用和指导价值。

第一节　三晋儒家思想文化的特点

　　从孔子回车之史迹流传至子夏西河设教，儒者及其学说正式走进三晋大地的社会生活。三晋儒家从兴起之日起，就深深地印上了三晋文化的烙印。务实与权变、守本与兼容、承继与拓新，既是三晋儒家思想文化的特点，又是对三晋社会文化生活的真实写照。以子夏、荀子、王通、柳宗元、孙复、郝经、薛瑄及傅山为代表的三晋儒家学者，在三晋儒家思想文化兴起和分化、独尊和变异、复兴和终结的历史发展进程中，为三晋文化及儒家思想文化的发展做出了重要的学术贡献，在儒学思想文化发展史上占有十分重要的历史地位。

一 务实与权变：三晋儒家思想文化的兴起和分化

春秋战国时期，特别是战国时期之三晋大地，战火纷飞，各国都力图通过变法来增强自己的国力，以求在实现自保的同时称霸天下。从晋国开始的变法运动一直持续和蔓延至魏、赵、韩，特别是事微国小的韩国更是寄希望于通过改革力保其国家之生存和地位。故此，在三晋大地，法家文化一时成为主流文化，三晋大地亦成为法家文化的试验场。但是，我们在对魏、赵、韩三国进行研究和分析时不难发现，在各国推行变法的法家代表人物思想之中，都能看到三晋儒家思想文化的影子。战国时期，魏国魏文侯所倡导的变法运动，无论是魏、赵、韩三国之中还是在其余战国七雄的四雄之中，从改革的时间来说是最早的，从改革的效果来说在战国初期是最好的。魏文侯推行改革的得力助手是李悝，而"李悝、吴起、商鞅都出自儒家子夏"，是"西河学派"的成员；同样，魏文侯本人包括其弟弟魏成子都是子夏的学生。子夏为孔子弟子，可见儒家思想文化对于法家的影响，以及儒家借助于魏文侯而得以推行儒家思想文化的文化贡献。同样，法家思想的集大成者韩非，与李斯同受业于荀子。韩非集成和发展了法家先驱商鞅的思想，并在融合儒、墨、道等家的思想基础之上，发展和完善了法家的思想体系。

子夏"学以致其道"的儒学思想文化，开创了宋明理学儒学"道问学"之治学路径，为后世儒学注重向外求知以达人的内在本性发扬提供了学术思路。同样，在治学过程之中注重学与道二者之间关系的辩证统一，以求知识学与伦理学的统一，对于学习者来说具有十分重要的人格指导价值，成为后世如何求知及如何做人的学术楷模和典范。

第一，开创修习儒学的"道问学"之风采。"尊德性"和"道问学"原本是相辅相成的，体现中庸原则的治学途径，"故君子尊德性而道问学，致广大而尽其微，极高明而道中庸，温故而知新，敦厚以崇礼"（《中庸》），人通过向外求知以完其本性和向内省察以助其求知来完善自身。宋明理学在重视"尊德性"和"道问学"两条治学途径的同时，夸大了"尊德性"与"道问学"之间的区别与对立，以至于以此为标准形成了相对立的学派。朱熹较为注重"道问学"的治学路径，而陆九渊则较为关注"尊德性"的治学路径。我们对于宋明理学发展过程中所出现的"道问学"和"尊德性"学习路径的反观，不难发现在子夏和曾子之间就存在一定的分歧。但是，我们如果据此认为子夏和曾子就是某个路径的代表人物确实有些牵强。我们又不可否认的是，诸子后学就是按照他们所开辟的路径而出现的继承和延续，这按照学术发展内在路径来看又是能说得通的。所以，我们认为子夏所倡导的"学以致其道"之中，已经内涵注重外求的修身方式，具有开创修习儒学"道问学"风采的学术功效。同样，梁启超也认为，孔子死后，门人弟子分为两派：一派注重外观的典章文物，以有若、子夏、子游、子张为代表；一派注重内省的身心修养，以曾子、子思、孟子为代表。法令、礼乐、制度等就是外观的典章文物，子夏对包括儒家经典在内的外观的典章文物的重视，使得其在治学过程之中更加重视外在的学习和践履，所以就会在其弟子及其后学过程中形成相对重视向外求知的学习方式和修身行为。

第二，儒家在人格修养方面，注重通过对经典的学习来提高自己的道德修养。子夏继承和发展了以孔子为代表的先秦儒家的道德人格养成理论，注重通过学与道两个方面的互动来实现知识论与伦理学二者之间的相互影响和相互促进。首先，道德修养需要通过广博的学习来提供相关的知识储备。子夏在学习的内容上强调博学，既注重学习以儒家经典为主的儒学内容，也注重向身边的师长、朋友甚至具体的事物学习。这样在扩大学习内容的基础之上，也在一定程度上避免了先秦儒家学者所存在的抱残守缺的学习心态——即只以儒家经典为学习内容的教条主义的学习倾向。广博的学习内容，让学者们能有更多的知识积累，为不断提高自我的道德修养奠定知识基础。其次，广博的学习内容的选择以道为标准，即学习内容是否合适的判断标准是以是否更有利于道的获得和实现为唯一的标准。这样，学习者在学习内容的选择过程之中，就有了清晰的方向和努力的目标。同样，道的标准的提出也有助于学习者进一步明确道德修养的方向。人格的道德修养过程是道德认知和道德实践二者之间的统一体。子夏既注重学与道相结合的道德认知的培养，也注重学、问、思、仁相结合的道德实践。子夏认为即使是"洒扫应对"之中也包含着礼的因素，更体现着学习者如何实践和应用所学到之礼。所以，学习者更需要在实践环境之中通过具体的行为，来锻炼和检验自己的道德修养水平。

荀子以"性恶论"为前提预设，突出了加强道德修养的重要性。"人之性恶，其善者伪也"，所有人的本性都是恶的，化性起伪的重要途径便是加强道德修养。

第一，荀子重视"外王"之学的学术传承。在儒学发展史上，内圣和外王是同一思想体系中的两条主线，"内圣外王"的统一是儒家学者们追求的最高境界。在孔子的思想中，内圣和外王是相互统一的，内圣是基础，外王是目的，只有内心的不断修养，才能成为"仁人""君子"，才能达到内圣，也只有在内圣的基础之上，才能够安邦治国，达到外王的目的。荀子继承了孟子外王的大思路，用"王制"思想对外王之道作了更为细致的阐述。荀子强调"圣人"的外在社会事功，"修百王之法，若辨黑白；应当时之变，若数一二；行礼要节而安之，若运四肢；要时立功之巧，若昭四时；平正和民之善，亿万之众而博若一人"（《荀子·王霸》），"圣王"形象跃然纸上。荀子讲先王或后王，实际上就是为将要出现的一统天下的圣王的出场奠定基础。荀子在《王制》之中，提出了"王者之政""王者之人""王者之治""王者之论""王者之法"的王道政治。故此，荀子认为："圣也者，尽伦者也；王也者，尽制者也。两尽者，足以为天下极矣，故学者以圣王为师"（《荀子·解蔽》），尽伦为人道之极，是主观之术；尽制为事功之极，含客观之理。只有兼两"尽"于一身的"圣王"才是统一主客的体系，成为"尊圣者王"（《荀子·君道》）。至此，荀子在坚持性恶论的基础之上，使得内圣和外王实现了高度的统一，理想与效用得到了相当的融合，内圣与外王呈现出一而二，二而一的关系，扩展和深化了儒家的内圣外王之道。即以"化性起伪"的性恶论为基础，以"尽伦尽制"的圣王为最高理想的礼学。

第二，《劝学篇》被安置在《荀子》之首，本身就包含着一个整体的思想上的考虑，这个考虑的核心就是对"学"本身的重视。《论语》以《学而》为篇首，终于《尧曰》；《荀子》以《劝学》为篇首，终于《尧问》，都有标明主旨或突出主题的作用。以学开端，以圣人终结，其中就暗含着"由学致圣"的个体道德修养路径。《劝学篇》的首句为："君子曰：学不可以已"，揭示着学与君子之间的紧密联系。荀子论"学"的角度，主要是和德性与生命紧密联系在一起。在荀子看来，学习的过程就是生命不断塑造和提升的过程，或者一个道德生命的成就过程，"君子博学而日参省乎己，则知明而行无过矣"。如果把知明理解为道德知识，行无过理解为道德践履的能力，那么可以说，这种知识和能力并非生而具有，必须通过"学"的方式才能实现。可见，后天的学习对于君子的重要价值，作为君子只有通过后天的学习来获得道德知识，才能提高自己的道德践履能力。这样，后天的学习就决定着一个人生命成长的方向。在荀子看来学习包括两个层次：一个是数的层次；一个是义的层次。其中：数的层次就是学科的具体科目和次序，从诵经开始到读礼结束；义的层次就是学习的宗旨和方向，从为士开始到为圣人结束。从荀子所论述学习的两个层次来看，学习主要是和人格生命的培养和完成密切相关。"全之尽之，然后学者也"，学习的终极目标就是一种"全之尽之"的"成人"境界。"君子知夫不全不粹之不足以为美也，故诵数以贯之，思索以通之，为其人以处之，除其害者以持养之。使目非是无欲见也，使耳非是无欲闻也，使口非是无欲言也，使心非是无欲虑也。及至其致好之也，目好之五色，耳好之五声，口好之五味，心利之有天下。是故权利不能倾也，群众不能移也，天下不能荡也。生乎由是，死乎由是，夫是之谓德操。德操然后能定，能定然后能应。能定能应，夫是之谓成人。天见其明，地见其光，君子贵其全也。"（《荀子·劝学》）故此，"学不可以已"，学为圣人是伴随终生的过程，是生命个体对自我生命的体认过程，更是学习者道德生命不断得以塑造和完善的过程。

二　守本与兼容：三晋儒家思想文化的独尊和变异

在汉唐时期三晋大地出现了许多大儒，他们继承了三晋儒学的风骨，同时也为儒学的整体发展做出了独特贡献。其中，汉唐时期代表性的儒家学者为王通和柳宗元。王通生逢南北朝大乱之后的隋唐一统时代，提出了重新确立儒学主流思想地位的主张，认为儒、释、道思想有相通之处，可以合二为一。王通的学说上承孔子、孟子，下启韩愈、柳宗元，直接影响了宋明理学。柳宗元不仅是进步的文学家，也是当时的改革潮流即"永贞革新"的主将，还是继王通之后的重要思想家，对于理学思想的形成发挥了承上启下的作用。柳宗元不仅继承了王通的思想，还提出了"统合儒释"的观点，对于宋代理学思想的出现起到了积极的推动作用。

王通适应时代的需要而决心以明王道为己任，并以培养治国济民和推行王道政治的佐治人才作为其学术宗旨，以宏道为宗旨且以济世为目的，就是王通思想文化的本真所在。为此，王通在全面地创造性地继承与发扬儒家思想文化的基础之上，提出"三教可一"的主张，用于吸收佛、道的思想文化精华，来充实和完善儒家学术思想，在增强儒家思想文化的思辨性的基础之上，强化儒同佛、道进行抗衡中的学术力量。此外，王通为了更好地宣扬其思想文化，通过在河汾设教的传道行为来扩大儒学的社会影响力和自我生命力，用自己的行动践行了一代儒学大师宏道济世的学术情怀。

第一，在儒、佛、道三家关系问题上，王通是第一个从当时隋代社会发展实际和儒学自身的社会地位出发，提出"三教可一"的学术主张，为后来韩愈、柳宗元等吸收佛、道的思想文化提了学术范式，也为宋明理学对佛、道思想文化的吸收和借鉴开了先河，为隋唐时期儒学复兴和改造指明了方向。王通提出"三教可一"学术主张的前提，是他认识到了三教并存的社会现实状况。儒、释、道三教并没有因王朝之兴盛和更迭而消亡，同样王朝的兴盛和更迭也不是因为三教的责任，只是"苟非其人，道不虚行"的缘故罢了。周、晋、梁三代之亡，是由于统治者的无能，从而造成儒、释、道三教之中能辅助政治的内容并未真正发挥应有的效应。王通认为三教之间相互争斗是不利于社会长治久安的，"政恶多门"；况且佛、道二教自身也存在诸多缺点和不足之处，比如佛教来自于西方，必然会存在许多不适应中国的现实情况；再比如道教之中也有不符合社会道德规范的内容。既然废除佛、道二教是不可行的，那么解决的办法又是什么呢？王通的观点是希望出现"圆机之士"和"黄极之主"，能真正融合三教之一，以"共言九流"。王通的"三教可一"思想实际上所从事的就是振兴儒学和改造儒学的学术尝试，韩愈、李翱等人包括后世宋明理学家正是站在王通思想文化的基础之上，把振兴儒学的使命给予发扬光大。

第二，王通在河汾设教的传道之中，用自己的行动向后人展示了儒学大师的学者风范，"王孔子"的美誉让我们读到了"万世师表"的形象和地位。同样，王通也用自己的行动向师道衰微的时代，发挥了自己的呐喊和学术的力量。隋唐时期，我们在谈及师道时更多情况下是将目光投向了韩愈及其《师说》。实际上王通本人的言行及其《文中子》中对于门人的教导，就是对师道的最好明证。王通认为包括天子在内的任何人，都需要从师学习。"惟道所存"就是拜师和求师的标准，同样"道"既是为师的标准又是为师的任务。"繁师玄闻董常贤，问贾琼以齿。琼曰：'始冠矣'。师玄曰：'吁！其幼达也。'琼曰：'夫子十五为人师焉，陈留王孝逸，先达之傲者也，然白首北面，岂以年乎？琼闻之，德不在年，道不在位。'"（《立命》）就是说，从师的标准是视其是否有道与德，从师是师其道与德，因此，不在于年龄的大小与地位的高低。"德不在年，道不在位"，乃是对孔子"学无常师"思想的继承与发挥，让我们是乎探觅到了韩愈"无贵无贱，无长无少，道之所存，师之所存"思想的源头。

柳宗元一生以"明道"为志向，以复兴儒学的高度自觉，"取道之原""顺天致性"，重塑明道与行道相结合的理想人格。柳宗元所倡导的古文运动中的"古文"既是文学复古的体现，同时也是儒学复兴的直接载体，通过复兴古文的方式来实现尧、舜、禹治人之道的社会理想，就是古文运动的主旨所在。"文以明道"就是要在文学创作的过程之中，在文学领域实现对"道"的思考和践行。

第一，唐代贞元、元和年间，以韩愈、柳宗元为代表的一大批作家，大力提倡并创作古文，掀起了一次影响深远的文体革新活动，这次活动被称为"古文运动"。古文运动从其表现形式上来看，是一场以复兴古文体为主的文学运动。但是，究其实质来看，古文运动在中唐儒学发展史上占有重要的历史地位。韩愈、柳宗元将儒学复兴的思潮推向高峰，韩愈主张建立儒家的道统，攘斥佛老；柳宗元曾师事陆质，直接受其《春秋》学的影响，重疑辨，期望通经致用。韩愈和柳宗元古文创作最深刻的精神追求乃是儒道之复兴，他们期望通过儒道的重振来达成改革现实的愿望。其古文创作，展现了对儒家思想的深刻理解，贯注着抨击时弊，重振儒道的巨大热情。作为中唐时期与韩愈并列的柳宗元，同样认为古文运动的根本目的在于恢复古道。柳宗元由于把"兴尧舜孔子之道"作为"素志"，因而"求尧舜孔子之志唯恐不得""行尧舜孔子之道唯恐不慊"（《送娄图南秀才游淮南将入道序》），柳宗元言语之中无不透露着以"尧舜孔子之道"作为人生志向的人生宏愿。故此，柳宗元和韩愈既是古文运动的主要倡导者，也是儒学复兴运动的主要倡导者。中唐时期的古文运动，就在于借助古文的手段来恢复古道亦即儒学复兴。

第二，柳宗元吸收儒家和道家的"自"论思想，强调对主体自身力量的重视，也即主体能动性的发扬和倡导。孔子重视个体能力的发挥，"为仁由己，而由乎人哉！"（《论语·颜渊》），成仁在自己，他人无法替代。孟子同样重视人之本身，强调个体之我的心性修养及其在修齐治平之内圣外王理想中的重要性，"求则得之，舍则失之，是求有益于得也，求哉我者也"（《孟子·尽心上》）。荀子在区分天人各自不同领域的基础之上，指出："心者，形之君也，而神明之主也，出令而无所受令，自禁也，自使也，自夺也，自取也，自行也，自止也"（《荀子·解蔽》），一切都在于"自"，都在于我之心，而非外在的他者的安排、命令。老子同儒家一样，强调"自"在修行、求知等活动中的重要性，所谓"知人者智，自知者明；胜人者有力，自胜者强"（《老子·三十三章》），就是重视和提倡修身方面自己最为关键，不能外求于人。柳宗元同样也强调"自"在个体道德形成过程中的重要作用，而对于教育者来说发挥道德个体"自"的作用，就是要在教育过程之中真正做到"顺天致性"。柳宗元在《种树郭橐驼传》中，充分表达了其对于"顺天致性"自然教育法的推崇。按照"顺天致性"的自然教育观，教育工作者要尊重人的身心发展规律，最大限度地发挥人的主观能动性，既尊重人的自然发展规律同发挥人的主观能动性相结合，促进每个生命个体的个性发展。

三 承继与拓新：三晋儒家思想文化的复兴和终结

在有宋一代，三晋士子通过饱读儒家经典而考取功名之仕络绎不绝，尤其是在河东地区出现了以众多士族家族，在当地的政治文化生活之中产生了较为深远地影响。在五代十国时期，由于山西特殊的地理位置而造成儒学传递的时断时续。"自石晋燕、云十六州之割，北方之为异域也久矣，虽有宋诸儒叠出，声教不通"（《宋元学案·鲁斋学案》）。盛行于南方的程朱理学，在北方地区几乎没有什么影响。直至元朝实现统一之后，儒学在山西乃至北方的传播再次得以复兴和延续，特别是山西人郝经为儒学在三晋大地的传播做出了重要的贡献。明代三晋人士薛瑄承程朱理学之大宗，其本人及其河东学派对于儒学的兴盛起到了重要的推动作用，直至有清一代，三晋大地的儒学思想在诸多思想体系之中仍然占据着中心地位。

孙复以"道"为核心的思想体系，主要体现其对于《春秋》的研读之中。《春秋尊王发微》既是开启宋代经学之代表性学术成果，又是体现孙复治学方法和治学态度的学术力作。我们对于孙复《春秋》学的解读，就是要探寻《春秋尊王发微》对于理学之学术价值，并从中借鉴和继承孙复之"不惑传注"的学术风格和治学精神。

第一，疑传、疑经、变古是宋代研治经学的主流，《春秋尊王发微》具有开风气之先的学术功效。"孙复为宋初大儒，其治《春秋》，实开宋人重《春秋》之先声。程颐《回礼部取问状》记：'孙殿丞复说《春秋》，初讲旬日间，来者莫知其数。堂上不容，然后谢之，立听户外者甚众。当时《春秋》之学为之一盛，至今数十年传为美事'"（《河南程氏文集》卷七）。孙复讲《春秋》出现的盛况，一方面反映了孙复的学术影响，另一方面也反映出当时学者对孙复治学风格的首肯。孙复开了风气，以后治《春秋》者相继效法，宋代治《春秋》出名的如孙觉、刘敞、瞿子方、叶梦得、吕本中、胡安国、高闶、吕祖谦、程公说、张洽、吕大圭、家铉翁等，他们的《春秋》学在内容上固然与孙复多有不同，舍传求经、变专门学为通学这一特点却是完全一致的。北宋初年《春秋》学研究兴起的意义在于，《春秋》学体现和反映了北宋学者致力于摆脱汉唐以来重视名物训诂的章句之学，主张从自己对经典的理解出发，开辟研治经学的新途径，进而开创出符合时代和思想发展的义理之学。孙复以"尊天子，黜诸侯"立论，把传统《春秋》学中"一字褒贬"的"笔法"，说成是有贬无褒，这算是他的创建。孙复指出："孔子作《春秋》，于其笔削，损之益之，以成大中之法"，亦即指孔子把纲常伦理贯彻于人物的褒贬评价之中。孙复这种治经的精神与方法，被后来的理学家所继承，特别被朱熹的《通鉴纲目》一书发挥成为一套完整的封建史学的书法体系，被封建史学家们奉为圭臬。孙复的学术影响不仅局限在其《春秋》学。他对传统经学的否定和批判，在促进当时整个学风的转向，促使儒学从汉唐的章句之学向宋明的义理之学的转换上，也起到了一定的推动作用。

第二，欧阳修在《孙明复先生墓志铭（并序）》中指出，"先生治

《春秋》,不惑《传》注,不为曲说以乱经。其言间易,明于诸侯大夫功罪,以考时之盛衰,而推见王道之治乱,得于经之本义为多"。这里所谓"不惑传注",即指孙复之经不拘泥于汉代以来的训诂解经,而是通过经书"考时之盛衰,推见王道之治乱",寻求圣贤精神。孙复治学主要是治经,其治经重经不重传,重探求义理不重文字训诂,语言风格简易明了。"舍传以求经"的治学方法,即以时代的需要为出发点,直接从经学中寻求有用之道,并以自己的理解,进行阐述,提出见解,实际上开了宋朝一代以义理解经的风气。北宋初期是我国封建社会学术思想的一个巨变的关节点,这个学术思想的巨变首先表现在学风的转变上。作为汉唐儒学的主要表现形式,崇尚天人感应论的今文经学在南北朝时期开始衰落,进行文字训诂的古文经学在唐代变得更为兴盛。但是,古文经学派墨守师说,终身在训诂圈内殚精竭虑,至北宋初期已经严重束缚了儒学的向前发展。因此,变革儒学的表现形式就成为北宋初期儒家学者所面临的重要课题,孙复就是倡导儒学新风的开路者和践行者。清代孙葆田在《重刻孙明复小集序》中写道:"当宋时谈经者墨守注疏,有记诵而无心德。有志之士,若欧阳氏、二苏氏、王氏、二程氏,各出新意以解经,蕲以矫学究专已守缺之陋,而先生(指孙复)实倡之",其把新学风的倡导之功归于孙复,孙复是当之无愧的。孙复认为前代儒生无所发明,但求委曲于旧之注说,主张回到经本身去。这正是后来理学家的治学精神,从而开启了注重本经的道与义理之学,标志着我国古代思维方式的一大进步。

郝经一生的学术追求以"不学无用学,不读非圣书","有用"之学、"圣书"之道,是其一生学术活动的真实写照。郝经思想文化的价值就在于,立足于"圣书"之道,阐释"有用"之学,使儒学在社会日常功用之中体现其学术价值和社会责任。

第一,郝经"用夏变夷"之学术观,是在儒家传统的"用夏变夷"之命题基础之上的新发展,是从理论上明确提出并较为系统地论证了夷狄统治中国的合理性。儒家传统的"用夏变夷"的观点,在孔子思想之中就有一定程度上的体现。《论语·八佾》记载:"夷狄之有君,不如诸夏之亡也",孔子的夷夏之变是文化及伦理道德的层面而着眼的,故夷夏之变就是文化之变而非种族之变。孟子在此基础之上指出,"吾闻用夏变夷者,未闻变于夷者。陈良,楚产也,悦于周公、仲尼之道,北学于中国。

北方学者，未能或之先也。彼所谓豪杰之士也"（《孟子·滕文公上》）。在孟子看来，出生于夷地楚国的陈良，在学习中原的周孔之道后使得其学识超过了北方的学者，陈良可以被看作"用夏变夷"的典型代表人物。陈良的典型性在于验证了孟子用华夏文化改变狄夷文化的案例，这是一种文化上的优越感和自豪感。显然，孔孟思想具有内在的一致性。唐代韩愈从儒家的道统出发，提出了"诸侯用夷礼则夷之，进于中国而中国之"的"用夏变夷"的新观点。韩愈在《原道》之中所谈到的夷狄之法，实际上就是外传入中国的佛教文化。韩愈所担心的是佛教文化凌驾于儒家文化之上，故提倡重塑儒家之道统，以复兴儒学为己之使命。在郝经看来，所谓"中国遂亡也"，只是以华夏（汉族）作为"中国之主"政权的暂时结束，而作为儒家思想之本的"先王之道"并没有消亡。相反，只要真正接受并推行"先王之道"，无论是哪个民族建立的政权都能够长治久安。故此，无论是何种民族建立的政权，也无论是在何地由何人所建立的政权，只要用儒家之士、行中国之道，就是中国之主。即以儒家之道是否被采纳和推行，作为衡量其是否为中国之主的"用夏变夷"之学术观。

第二，郝经基于"用夏变夷"之学术基础，提出"能行中国之道，则中国之主"的"文化中国"观，对于用"先王之道"统一各民族之思想文化，强化各民族对于华夏文化或中国文化的文化认同，具有十分重要的思想文化启蒙价值和实践价值。"中国"作为一个文化概念，在孔子的思想之中就曾有体现："诸侯用夷礼，则夷之；进于中国，则中国之。"孔子在《春秋》之中，用礼的标准来区分中国和狄夷的思想，被后世所接受和认同，并成为历代儒家学者所坚持和奉行的标准。直至金元之际，中州士人的"中国观"随着政权的更迭，开始发生转变——由忠"国"向忠"夏"转变，即从王朝政权层面向华夏汉文化的文化认同转变。元好问在其《中州集》之中，按照"道统文脉无南北"的标准来收录诗歌，"视九州四海之人物，犹吾同国之人"的文化认同理念，所形成的"中国"意识和中华文化观被同世不同地域的人广为接受和认同。

薛瑄在长期的学术研究和教育实践生涯之中，形成了自己的以"教本于道，道本与性"的复性说为核心，以笃实践履、身体力行的"实学"思想理论与学风为特色的"为学之道"，并在其弟子及在传弟子的传承之下，形成了独具学术风格和学术精神的河东学派。"实学新风"和"师道传承"，就是薛瑄思想文化的学术地位和文化价值之所在。

第一，薛瑄是"学贵践履"的"实践之儒"，在理论和实践方面积极倡导并形成求实、务实的实学思想和学风，为明代中、后期实学思潮的兴起奠定了坚实的基础，起着开风气之先的向导和旗帜作用。薛瑄的实学思想是对孔子"为己之学"的继承和发展。孔子说："古之学者为己，今之学者为人"（《论语·宪问》），为己就是为学求知要躬行践履，以求德业并进；为人就是只能讲说不思实行，以求进身的阶梯。薛瑄就是倡导躬行践履的"为己之学"，"读书不体贴向自家身心上做工夫，虽尽读古今天下书，犹无益也"，"读书体贴到自己身心上方有味，皆实理也，圣人岂欺我哉！"（《读书录》卷二），读书就是要在自家身心上做工夫，亲身体认而得其实，这就是真正的"为己之学"，即薛瑄所倡导的"实学"。薛瑄提倡以实定名和以名责实的名实观，这也是其所追求的求实和务实学风的宗旨所在。他说："读圣贤之书，句句字字见有的实用处，方为实学。若徒取以为口耳文词之资，非实学也"（《读书录》卷一），读书就是要追求道理之名和道理之实的相吻合，并以道理之名去考求和验证道理之实，"实理皆在乎万物万事之间，圣贤之术不过模写其理耳。读书而不知实理之所在，徒滞于言辞之末，夫何益之有？"（《读书录》卷十），同样也需要在道理之实中去应用道理之名，名实相合，读书之道成矣！薛瑄又进一步指出，"天理如人，天理之名，如人之有名。既识人名，须亲见人之貌，方为真识其人；既知理之名，须真知理之实，方为真知其理。徒知理之名而不知理之实，犹徒知人之名而未尝亲见其人之貌，又乌为真知真识哉？"（《读书录》卷三），读书就是要追求名实相符，探寻真知真识的过程就需要求实、务实，身体力行才能获得真知真见，"体于身心，则有实用矣"（《读书录》卷五）。

第二，薛瑄讲学授徒二十余年，弟子遍及秦晋关陇和吴楚闽越大地，形成了强大的学术阵容，被人称为河东学派。以薛瑄为首的河东学派，是同姚江学派并列的明朝两大显学，"大抵朱、陆分门以后，至明而朱之传流为河东，陆之传流为姚江，其余或出或入，总往来于二派之间"（《四库全书提要》卷五八），"明河东一派，沿朱之波，姚江一派，嘘陆之焰，其余千变万化，总出入于二者之间，脉络相传，一一可案"（《四库全书提要》卷九四），"朱、陆二派，在元则金、吴分承，在明则薛、王尚异，四百年中，出此入彼，渊源有自，脉络不诬"（《四库全书提要》卷五八），由此可见河东学派的思想渊源和学统传承关系，以及河东学派在明朝思想文化史上的重要历史地位。薛瑄的弟子们能"恪守师说"的原因，在于薛瑄本人就是一位恪守道统之士。薛瑄认为在儒家道统不被彰显的唐代，韩愈重抬道统之说是只有"豪杰"才能具有的行为和举动，所以"韩子乃孟子以后绝无仅有之大儒"。薛瑄提倡道统，既为了重塑儒家学术传承之脉络，更为了排斥异端之说（主要是佛老之说），即"汉儒谶纬九流之杂，唐士释老辞章之支"等异端邪说。薛瑄的弟子们能"恪守师说"的原因，还在于薛瑄倡导以实学内容和实讲风格来传授学问、教授弟子。薛瑄倡导"实理"，"实理皆在乎万物万事之间，圣贤之书不过模写其理耳！读书而不知实理之所在，徒滞于言辞之末，夫何欲之有？"（《读书录》卷十），而要追寻"实理"就需要为师者实讲。薛瑄极力反对明初的讲学诵经之讲风，"俗儒不知教人之本，或为讲语之类，使学者诵习全文，为说书应答之用，其坏人才也甚矣！"（《读书录》卷四），讲者照本宣科，学者照本背诵，脱离实际，不求实用，真的是害人害己。故此，薛瑄认为："凡圣贤之书，一字一义灼见下落而体之心，体之身，继之以勿怠，则推之人者，不外是而所学皆为实理，虽不言道，而道即在是矣！"（《文集》卷十二）明道的目的在于致用，明道体现在致用上。"圣人所以为圣人，无一毫之不实处"（《读书续录》卷九），"圣贤工夫，步步着实"（《读书录》卷七），儒家圣贤之所以为圣贤，皆在能够以实心践实理，以实得载实言，内外合一，处处皆实。河东学派正是在恪守儒学之道统传承，坚守讲实学求实理的过程之中，形成了独具特色的师风和学风。正是如此，薛瑄被尊为"开明代道学之基"的"明初理学之冠"。

总之，务实与权变、守本与兼容、承继与拓新既是三晋儒家思想发展各个阶段的鲜明特征，又是对三晋儒家思想文化总体特征的高度概括。我们对于三晋儒家思想文化特点的总结和概括，为更好地研究和把握三晋儒家思想文化提供了学术条件。此外，从我们对三晋儒家思想文化发展历程的总体把握来看，三晋儒家思想文化既契合于儒家思想文化发展的整体进程之中，又彰显出了体现地域风情的文化风格和文化个性。如先秦时期三晋儒家与法家之间的不解之缘、唐代提出三教可一之融释、道入儒的文化交融、元代用夏变夷观念的创新及文化中国观的提倡、明代实学思想的提倡以及清代傅山子学研究的倡导，都是儒家思想文化与三晋地域风情之间互动和融合的产物。

第二节　三晋儒家思想文化的价值

中华民族和中国人民在修齐治平、尊时守位、知常达变、开物成务、建功立业过程中培育和形成的基本思想理念，如革故鼎新、与时俱进的思想，脚踏实地、实事求是的思想，惠民利民、安民富民的思想，道法自然、天人合一的思想等，可以为人们认识和改造世界提供有益启迪，可以为治国理政提供有益借鉴。传承发展中华优秀传统文化，就要大力弘扬讲仁爱、重民本、守诚信、崇正义、尚和合、求大同等核心思想理念。

——《关于实施中华优秀传统文化传承发展工程的意见》

一　社会教育价值：基于三晋儒家思想文化　营造向上向善社会文化

中华优秀传统文化积淀着多样、珍贵的精神财富，如求同存异、和而不同的处世方法，文以载道、以文化人的教化思想，形神兼备、情景交融的美学追求，俭约自守、中和泰和的生活理念等，是中国人民思想观念、风俗习惯、生活方式、情感样式的集中表达，滋养了独特丰富的文学艺术、科学技术、人文学术，至今仍然具有深刻影响。传承发展中华优秀传统文化，就要大力弘扬有利于促进社会和谐、鼓励人们向上向善的思想文化内容。

——《关于实施中华优秀传统文化传承发展工程的意见》

（一）三晋儒家思想文化社会教育价值之：务实与权变

先秦时期以子夏和荀子为代表的三晋儒家，思想文化之中体现了务实与权变的思想特征。子夏"学以致其道"的儒学思想文化，开创了宋明理学儒学"道问学"之治学路径，为后世儒学注重向外求知以达人的内在本性发扬提供了学术思路。子夏对包括儒家经典在内外观的典章文物的重视，使得其在治学过程之中更加重视外在的学习和践履，所以就会在其弟子及其后学过程中形成相对重视向外求知的学习方式和修身行为。子夏认为即使是"洒扫应对"之中也包含着礼的因素，更体现着学习者如何实践和应用所学到之礼。子夏强调通过外在的学习甚者包括洒扫应对之小事的学习等方式，来使学习者体悟儒家之道的思想和行为，恰恰正是以孔子为首的多数儒者所不能接受和容忍的行为，所以子夏身上隐隐约约就存在孔子称为"小人儒"的倾向。荀子以性恶论为本，倡导注重外在学习的"外王"之道，寄希望通过于具有强权的王者来实现国家之统一。从子夏到荀子，他们在思想之中都体现出了结合先秦社会发展之实际状况，从儒学自身内部探寻适合社会发展需要的思想动因和学术特征，从而使得先秦时期三晋儒家与法家之间结下了不解之缘。先秦时期，"三晋多权变之士"的思想评价之中，当然也包括对于先秦时期三晋儒者的认识和评价。

在先秦时期，在子夏和荀子的思想文化之中，所谓务实就是既注重儒学自身的传统又关注对具体事物的接受和学习，倡导对于日常生活的关注和学习，并从日常生活之中体悟儒家学术的道理；所谓权变就是能结合三晋社会之具体实际，提出相应的文化对策，从而使得儒家文化在与诸文化的竞争之中保持既有的活力。我们在文化建设的过程之中，就应该坚持务实和权变的方针和原则。即我们应该在关注人民日常生活的基础之上，根据具体变化的情况有条件地、有针对性地提出文化建设的策略。所谓有条件，就是进行文化建设过程之中，应根据具体条件进行相应的文化建设，文化产品的形成应是具体条件之下并与环境相结合的产物，从而使得文化产品具有强烈的地域生命力；所谓有针对性，就是在结合具体条件进行文化建设的过程之中，应采取有针对性的文化措施，分层次、分批次地进行文化建设。这样就能符合当地文化建设的具体情况，也能满足不同层次的人群对于文化的需求。此外，务实和权变的前提是要坚持促进文化建设成效的宗旨，否则如果一味地追求务实和权变，在一定程度上会导致文化成果的庸俗化和平庸化，从而不利于先进文化的形成和优秀文化成果的出现。以满足于人民文化需要为出发点，以优秀文化成果的培育和养成为着眼点，在文化建设过程之中坚持务实和权变，是有利于先进文化形成和出现的重要保证。

（二）三晋儒家思想文化社会教育价值之：守本与兼容

唐代以王通和柳宗元为代表的三晋儒家，思想文化之中体现了守本与兼容的思想特征。王通在面对唐代儒家道统不能得以彰显，而佛家和道家学术思想流行的社会现实，独创性地提出了"三教可一"的思想，为唐代儒学重新恢复和确立其道统地位提供了思想基础。王通提出"三教可一"学术主张的前提，是其认识到了三教并存的社会现实状况，儒、释、道三教并没有因王朝之兴盛和更迭而消亡。同样，释和道各有其长处和不足，借鉴和吸收其长处可有利于儒家思想文化的健康发展。王通的"三教可一"思想实际上所从事的就是振兴儒学和改造儒学的学术尝试，韩愈、李翱等人包括后世宋明理学家正是站在王通思想文化的基础之上，把振兴儒学的使命给予发扬光大。柳宗元在借鉴和吸收王通"三教可一"思想文化的基础之上，大力倡导旨在复兴儒学的古文运动，并寄希望通过倡导先秦时期儒家的道统思想，来复兴儒学和重振儒学在思想文化领域中的主导地位。

无论是王通的"三教可一"还是柳宗元的古文运动，守本是其目的、兼容是其手段，并实现了目的和手段的结合和统一。在我国现今文化生活领域，在文化建设过程之中坚守我们自身的文化本位，倡导文化本位意识，应是社会主义文化建设的目的所在。文化本位就是涉及在文化建设过程之中，以谁为主或为本的根本性问题。社会主义文化反映和体现社会主义社会建设过程中的特色和特点，坚守社会主义文化的社会主义特色，是我们进行文化建设的根本所在。社会主义文化服务于社会主义现代化建设，并彰显社会主义现代化建设的文化成果，是我们进行文化建设的本质所在。因此，坚持社会主义文化的社会主义特征，是我们进行文化建设过程中"守本"的价值和意义所在。同样，在坚守我们文化自身特征的情况下，吸收和借鉴包括西方文化在内的外域文化的长处，是更好地固守社会主义文化本质的关键所在。在当今社会文化背景之下，国与国之间的文化交流和互动日益加强，正视和面对外国文化是进行文化互动和交流的前提。我们只有在接触和了解外国文化的基础之上，才能在文化交流过程之中以积极和主动的姿态来应对文化挑战及保持文化自信。同样，我们对于外国文化接触和了解的过程，就是我们吸收和借鉴外国文化的过程，也是促进我们文化自身建设的过程。故此，守本和兼容是我们现今进行文化建设过程之中，倡导文化本位、促进文化交流、加强文化自信的根本所在。

（三）三晋儒家思想文华社会教育价值之：承继与拓新

宋元明清时期以孙复、郝经、薛瑄和傅山为代表的三晋儒家，思想文化之中体现了承继与拓新的思想特征。作为宋初理学三先生之一的孙复，在继承有唐一代以韩愈为代表的复兴儒学运动的思想文化成果的基础之上，如何复兴儒学及重新构建儒学的道统地位，是摆在其面前的重要课题。孙复从研究《春秋》学入手，从儒学学术研究方法入手为宋代理学的发展提供了方法论基础。与孙复不同的是，元明清时期的儒家学者，在程朱理学占统治地位的年代，如何在承继理学之道统的基础之上，让理学在新的社会历史文化背景之下保持旺盛的学术生命力，就成为他们所要面对和解决的新问题。郝经在元朝北方理学复兴之际，创造性地发挥"用夏变夷"儒家文化传统，既扩大了理学在元代的接受范围和程度，又为理学在元代的复兴和发展提供了方法论指导，尤其是创造性发挥"文化中国"之概念，更加扩大了儒家文化在北方的文化认同和文化影响；在明代，有程朱理学继承人之称的薛瑄，创造性地提出实学思想，更加注重儒家学术对于日常生活的指导力，其所倡导的求实和务实的学风，开启了有明一代学术思想发展的新风尚；傅山在清代，针对理学日益空疏的学风以及儒者不切合实际的学术研究方法，力倡子学研究，在冲破儒家经典对于人们思维控制力的同时，吹响了近代个性解放的思想号角。以孙复、郝经、薛瑄、傅山为代表的三晋儒家学者，面对儒学发展的新形势和新任务，勇于担当，敢于突破，引领了各代儒学发展的新风尚。

在社会主义文化建设过程中，同样面临承继和拓新的文化问题。首先，在文化建设过程之中面临的问题就是如何承继传统文化的问题。承继传统文化，首先面临的是如何认识传统文化的问题，如何看待传统文化在当今文化建设中的作用问题。我们必须承认的是：传统文化之中确实存在不适应当今文化发展的成分或文化因子，故此对待传统文化就不能做出一概而论的肯定或否定的认识和评价态度。因此，我们就应该吸收和借鉴有利于当代文化发展的文化因子，让其在当今文化发展之中发挥应有的作用和力量，以不断增强全体人民对于中国文化的文化向心力。我们在对传统文化进行有取舍性的继承基础之上，还面临如何认识我们现今的文化传统的问题，也即社会主义文化建设过程之中的文化成就问题。即我们以何种态度面对自己的文化成就，以何种态度来面对自己文化发展过程中需要不断解决的问题和困难，更深层次上还涉及以何种态度继续引领文化向前发展的问题。此外，我们还需要正确面对外国传统文化和文化成就的问题，同样也面临着对于外国文化的借鉴和吸收问题。社会主义文化建设所要解决的关键问题，主要包括公民个人层面、社会层面、国家层面三个层面的文化发展问题。在现阶段，我们就应该以社会主义核心价值观为指引，来面对和承继我们既有的传统文化和文化传统，以创造出具有高度文化向心力和文化认同感的文化成果，引领社会主义文化建设向更高、更好的层次发展，进而为丰富和拓新社会主义文化事业做出新贡献、奉献新力量。

二 学校教育价值：立足三晋儒家思想文化 构建高等教育文化资本

围绕立德树人根本任务，遵循学生认知规律和教育教学规律，按照一体化、分学段、有序推进的原则，把中华优秀传统文化全方位融入思想道德教育、文化知识教育、艺术体育教育、社会实践教育各环节，贯穿于启蒙教育、基础教育、职业教育、高等教育、继续教育各领域。以幼儿、小学、中学教材为重点，构建中华文化课程和教材体系。编写中华文化幼儿读物，开展"少年传承中华传统美德"系列教育活动，创作系列绘本、童谣、儿歌、动画等。修订中小学道德与法治、语文、历史等课程教材。推动高校开设中华优秀传统文化必修课，在哲学社会科学及相关学科专业和课程中增加中华优秀传统文化的内容。加强中华优秀传统文化相关学科建设，重视保护和发展具有重要文化价值和传承意义的"绝学"、冷门学科。推进职业院校民族文化传承与创新示范专业点建设。丰富拓展校园文化，推进戏曲、书法、高雅艺术、传统体育等进校园，实施中华经典诵读工程，开设中华文化公开课，抓好传统文化教育成果展示活动。研究制定国民语言教育大纲，开展好国民语言教育。加强面向全体教师的中华文化教育培训，全面提升师资队伍水平。

——《关于实施中华优秀传统文化传承发展工程的意见》

既然地方高等教育是实现地域文化传承和转化的重要文化载体，那么我们就有必要从建构地方高等教育的文化资本入手，来实现地方高等教育对三晋儒家思想文化的传承和转化。我们试图从三晋儒家思想文化交流机制、学科表征、研究机构三个方面，来探讨如何立足三晋儒家思想文化，构建高等教育文化资本。

（一）建设三晋儒家思想文化交流机制，促进大学与地方的文化互动

地方高等教育与地方社会要形成良好的运行机制，真正把三晋儒家思想文化融入地方高等教育办学实践过程之中，需要从三个方面来进行运作：首先，利益主体各方的共谋发展是实现二者之间良性互动的内在驱动力。地方高等教育为社会提供服务，是地方高校与社会服务对象之间以利益为纽带，互利互惠的社会活动。在这种双方的活动之中，利益各方都以实现自我发展为最终目的，公益性的行为或牺牲自我的行为都会成为妨碍二者之间实现良性互动的不利因素。因此，对于地方高校来说，如何通过提供及时、快捷、优质的社会服务，不断提升自己在地方社会的社会声誉，并增强自己的竞争实力是关键所在；对于社会企业来说，如何利用地方高校所提供的智力支持和人才保障，来不断增强企业的社会竞争力，从而在市场竞争中立于不败之地是发展所在；对地方政府来说，如何通过制定政策来充分保障二者之间的良性互动，从而达到经济发展、社会进步、文明提升的目的，是政府在合作之中所要寻求的目标。因此，作为利益主体，从参与合作各方的主观动机而言，都希望在服务和被服务中发展自己、壮大自己，这是利益各方积极参与并支持社会服务活动的根本的内在动力。其次，地方社会需求是实现二者之间良性互动的外在推动力。地方高等教育通过科学研究、人才培养等，实现其对地方社会的服务功能。同样，又由于人才培养的周期性和市场需求的及时性等之间的矛盾，就需要地方高等教育在自身的办学实践活动之中，密切联系地方经济社会的发展规律和发展需求，来制定人才培养的具体工作。此外，地方高等教育又不能仅仅简简单单成为社会服务的中转站，它还必须保持自己的文化个性，所以就要求地方高等教育既贴近市场发展需求，又能引领社会发展未来。最后，建立必要的中介组织是实现二者之间良性互动的不可或缺的辅助力量。良好的中介组织可以为地方高等教育和地方社会企业之间的合作提供必要的平台，为二者之间更好的实现对接提供服务。中介组织既可以为地方高等教育提供社会企业所需要的信息，也可以为地方企业提供地方高校所需要的信息。而地方高等教育和地方企业之间的信息沟通，是保障二者之间进行良性互动的黏合剂、相互沟通的桥梁。

（二）注重三晋儒家思想文化学科表征，完善地域特色的学科文化体系

地方高等教育要在学科建设的过程之中，注重构建体现三晋儒家思想文化的学科表征，就需要根据区域社会发展的需要，发展新兴学科、交叉学科、边缘学科、高科技学科，通过集中优势力量，找到地方高等教育整体发展的突破口，以特色建设和发展，带动一般的、非特色的学科专业的建设和发展，进而达到地方高等教育整体的协调和全面的发展。在具体的学科建设过程中，要注重三方面特色的综合：第一，地方性特色。主要指在学科建设过程之中，学科专业建设、课程设置和人才培养目标要紧密结合地方经济建设和社会发展的现实需求和长远规划。第二，应用性特色。主要指在学科建设过程之中，注重学科理论与地方经济建设和社会发展之间的具体实践之间的联系，切实通过地方高等教育培养符合地方需求的应用型人才。第三，独特性特色。主要指地方高等教育在学科设置过程之中，要深度剖析地域精神的本质内涵，因地制宜，创建属于本地域独有的地域文化特色，并进而成为地方高等教育发展的文化品牌。为了进一步在地方高等教育办学实践过程中落实学科体系建设的地方性、应用性和独特性的学科特色，地方高等教育还需要做好以下三个方面的工作：第一，在地方高等教育中开设相关专业，培养地域文化传人。地域文化需要专门的研究人员，地方大学应发挥其学科体系的整体优势，通过开设相关专业，培养与地域文化相关的研究人员。如山西戏剧学院对山西戏剧剧种的研究、山西财经大学开展对“晋商精神”的研究等。第二，地方高等教育要组织专门人员，开发具有地域特色的校本课程，并在地方大学的课程体系之中，在通识模块的课程设置中，增设如地方方言研究、地域民俗风情研究、地域宗教信仰研究等自由选修性的课程，以此来增强地方大学的学生对地域文化的文化认同。第三，地方高等教育机构要鼓励教师在课堂教学的过程中，利用恰当的方式和手段来宣扬地域文化，并适时地向大学生介绍最新的有关三晋儒家思想文化的研究成果；也可以采用“请进来、走出去”的教学方式，邀请三晋儒家思想文化研究方面的专家和传承人，来课堂为学生们讲课；同样也可采用“田野工作”的方式进行授课等，以此增强对大学生进行地域人文传统教育与地域文化熏陶。

（三）建立三晋儒家思想文化研究机构，形成具有地域特色的文化成果

地方高等教育与地域文化之间的良性互动，是保证地方高等教育生命力和特色化的关键所在。山西高等教育需要从以下四个方面展开相应的工作：首先，整合大学人力资源创建专门的三晋儒家思想文化研究基地。地方高等教育要利用校内相关专家学者和地方特色专业的学术优势，在整合本地域之内本土文化研究机构的基础之上，创建专门开展三晋儒家思想文化研究的学术机构。并以此机构为依托，进行本土文化的发掘、抢救、修缮、保护和研究工作。山西高等教育要紧紧围绕三晋儒家思想文化研究的这些重点，发挥大学教师群体的专业优势与智力资源优势，借助学校图书馆的藏书资源和高校之间联动机制，充分利用当地博物馆、民俗馆等文化资源，深入民间开展具有浓郁地方特色的民风民俗、民间艺术、民间文学的地毯式普查，以实物收藏、文字记载、音像记录等方式予以留存；在此基础上系统地开展区域文化典籍的整理和研究、历史名人与历史事件研究、文化艺术研究、民风民俗研究等，深入挖掘精神要素，赋予时代内涵，展示区域文化魅力，培育人文精神。其次，设立基于三晋儒家思想文化的研究刊物，有条件的大学可以在学报设立地域精神研究专栏。地方大学通过创建专门性的文化研究机构，可以为专设的文化研究刊物或文化研究专栏提供丰富的并具有一定研究水平的地方性文化研究成果。比如，我们可以利用《晋阳学刊》这个文化平台，来研究山西地域文化；我们也可以通过各个高校的学报，来宣传和研究三晋儒家思想文化；我们还可以通过各个高校的微信平台，来在线交流三晋儒家思想文化。此外，地方大学还可以通过征文奖励等活动形式，来鼓励和激发本地区乃至国内外学者关注和研究三晋儒家思想文化的学术热情；通过"三晋学者"来宣扬山西的文化品牌，推动对山西地域文化的学术关注。再次，每年定期召开三晋儒家思想文化研究学术会议，在弘扬地方性文化的基础之上有目的地输出地方性文化。地方高等教育可以围绕"一会一主题"的会议组织形式，就专门领域的地方性的文化资源进行交流和研究，并积极开展地域文化与母文化、地域文化与外域文化之间的互动和交流，以此来加强地域文化的应用和转化研究，进一步扩大三晋儒家思想文化的影响力和生命力，并鼓励和支持教师参加相关的学术会议，让更多的专家学者了解、认知、关注

关于地方性文化的研究成果，让三晋儒家思想文化真正地走出地域走向全国。三晋儒家思想文化只有在不断的研究和深入的交流之中，才能彰显其魅力、体现其价值，也真正才能"活"起来，走进地方性大学的日常生活。

结语　儒学风韵　恩泽三晋

　　加强中华文化研究阐释工作，深入研究阐释中华文化的历史渊源、发展脉络、基本走向，深刻阐明中华优秀传统文化是发展当代中国马克思主义的丰厚滋养，深刻阐明传承发展中华优秀传统文化是建设中国特色社会主义事业的实践之需，深刻阐明丰富多彩的多民族文化是中华文化的基本构成，深刻阐明中华文明是在与其他文明不断交流互鉴中丰富发展的，着力构建有中国底蕴、中国特色的思想体系、学术体系和话语体系。

——《关于实施中华优秀传统文化传承发展工程的意见》

　　着力构建具有中国底蕴、中国特色的思想体系、学术体系和话语体系，是我们文化建设和文化发展的目标所在。作为中华文化的重要组成部分，三晋文化在中华文化发展过程之中做出了重要的贡献。在新的历史时期，面对新的文化发展目标，三晋文化如何继续在中华文化建设过程中做出应有的贡献，既关乎三晋文化自身的发展问题，又与中华文化发展的整体进程紧密相连。

　　作为三晋文化的重要组成部分，三晋儒家思想文化为三晋文化的发展做出了应有的贡献。以子夏为代表的三晋儒家学者，从先秦、汉唐至宋元明清的发展历程之中，提出了"尊道学""王制""三教可一""用夏变夷""文化中国""春秋"之学"个性解放"等创造性的文化命题，主导和引领了三晋文化包括中国儒家文化发展的趋势和方向。而这些文化命题的提出，既是承继儒家思想文化的结果，更是三晋儒家学者结合三晋社会思想文化发展的实际进行文化创新的结果。务实与权变、守本与兼容、承继与拓新之三晋儒家思想文化特点，就是三晋儒者面对三晋社会变迁及儒学思想文化发展的趋势所作出的文化应答。包含子夏、荀子、王通、柳宗元、孙复、郝经、薛瑄及傅山等在内的儒家学者，在中国儒学以及中国思想文化发展史上占有十分重要的文化地位。因此，借鉴和吸收三晋儒家学者所取得的文化成就，继承和弘扬三晋儒家学者的治学态度和治学方法，就成为我们当今进行三晋文化建设所必须要面对的文化资源和承继的文化传统。

作为中国传统文化主体的儒家文化，三晋儒家文化自然也是三晋传统文化的主体内容。三晋儒家文化作为三晋传统文化的精神核心，是中华文化及儒家文化在三晋大地的本土化和个性化的文化表征，具有丰富的历史底蕴与鲜明的地域特色，对三晋大地的文化建设具有十分重要的指导价值。三晋文化建设的最终目的在于满足三晋人民日益增长的物质文化需求，丰富三晋人民的社会日常生活，增强三晋人民对于三晋文化的文化自信和文化认同。在现今三晋文化建设过程中，如何在注重文化整体建设的共性基础之上，保持三晋文化自身的地域文化特征及其地方文化个性，是养成三晋人对于三晋文化的文化自信和文化认同的关键所在。同样，加强三晋传统文化的传承与开发，更加有助于丰富三晋文化的表现形式，进而拓展三晋文化自身的生命力，推动三晋文化建设的顺利开展。因此，在三晋文化建设过程中，有针对性地开发和利用三晋传统文化中儒家文化的优秀文化因子，服务于当今三晋文化建设，就具有十分重要的理论价值和现实意义。

总之，三晋文化建设只有立足于三晋大地，立足于三晋传统文化，深入挖掘三晋传统文化所内涵的优秀文化因子，才能构建出既符合三晋大地的地域特色，又体现中华文化发展总趋势的具有个性特点的地方文化。同样，具有地域特色的三晋文化，才能增强其对于地方人民的文化引领，发挥地方文化对于地方社会经济建设的文化价值。

参考文献

1. （光绪）《山西通志》，中华书局 1990 年版。

2. 山西省史志研究院：《山西通史》，山西人民出版社 2001 年版。

3. 乔志强主编：《山西通史》，中华书局 1997 年版。

4. 刘泽民：《山西通史》，山西人民出版社 2001 年版。

5. 降大任：《山西史纲》，山西人民出版社 2004 年版。

6. 张玉勤主编：《山西史》，中国广播电视出版社 1992 年版。

7. 李元庆主编：《三晋文化学术研讨会论文专集》，山西古籍出版社 1999 年版。

8. 李元庆：《三晋古文化源流》，山西古籍出版社 1997 年版。

9. 李元庆：《晋学初集》，山西人民出版社 2003 年版。

10. 李元庆、孙安邦主编：《三晋一百名人评传》，山西人民出版社 1992 年版。

11. 冯宝志：《三晋文化》，辽宁教育出版社 1991 年版。

12. 吕思勉：《先秦史》，上海古籍出版社 1982 年版。

13. 朱熹：《四书章句集注》，中华书局 1983 年版。

14. 杨伯峻译注：《论语译注》，中华书局 1980 年版。

15. 杨伯峻译注：《孟子译注》，中华书局 1960 年版。

16. 王先谦撰：《荀子集解》，中华书局 1988 年版。

17. 胡玉衡、李育安：《荀况思想研究》，中州古籍出版社 1985 年版。

18. 张曙光：《外王之学——〈荀子〉与中国文化》，河南大学出版社 1995 年版。

19. 韩德民：《荀子与儒家的社会理想》，齐鲁书社 2001 年版。

20. 陈飞龙：《孔孟荀礼学之研究》，文史哲出版社 1982 年版。

21. 王先慎撰：《韩非子集解》，中华书局 1998 年版。

22. 李启谦：《孔门弟子研究》，齐鲁书社 1987 年版。

23. 李启谦、王式伦：《孔子弟子资料汇编》，山东友谊书社 1989 年版。

24. 韩星：《先秦儒法源流述论》，中国社会科学出版社 2004 年版。

25. 钱穆：《先秦诸子系年》，中华书局 1985 年版。

26. 国学整理社：《诸子集成》，中华书局 1954 年版。

27. 郭齐勇、吴根友：《诸子学志》，上海人民出版社 1998 年版。

28. 孙开泰：《中国春秋战国思想史》，人民出版社 1994 年版。

29. 吴龙辉：《原始儒家考述》，中国社会科学出版社 1996 年版。

30. 葛志毅、张惟明：《先秦两汉制度与文化》，黑龙江教育出版社 1998 年版。

31. 董仲舒：《春秋繁露》，中华书局 1992 年版。

32. 司马迁：《史记》，中华书局 1959 年版。

33. 王仲荦：《魏晋南北朝史》，上海人民出版社 1982 年版。

34. 吕思勉：《隋唐五代史》，上海古籍出版社 1984 年版。

35. 刘昫：《旧唐书》，中华书局 1997 年版。

36. 欧阳修、宋祁：《新唐书》，中华书局 1975 年版。

37. 王通：《文中子说》，上海古籍出版社 1989 年版。

38. 李小成：《文中子考论》，上海古籍出版社 2008 年版。

39. 王立中：《文中子真伪索考》，商务出版社 1938 年版。

40. 尹协理、魏明：《王通论》，中国社会科学出版社 1984 年版。

41. 柳宗元：《柳宗元集》，中华书局 1979 年版。

42. 张勇：《柳宗元儒佛道三教观研究》，黄山书社 2009 年版。

43. 孙昌武：《柳宗元评传》，南京大学出版社 1998 年版。

44. 吴文治编：《柳宗元资料汇编》，中华书局 1964 年版。

45. 何书置：《柳宗元研究》，岳麓书社 1994 年版。

46. 韩愈：《韩昌黎全集》，世界书局 1935 年版。

47. 吕大防：《韩愈年谱》，中华书局 1991 年版。

48. 刘国盈：《韩愈评传》，北京师范大学出版社 1991 年版。

49. 吴文治编：《韩愈资料汇编》，中华书局 1983 年版。

50. 钱冬父：《唐宋古文运动》，中华书局 1980 年版。

51. 李道英：《唐宋古文研究》，北京师范大学出版社 1992 年版。

52. 李申：《隋唐三教哲学》，巴蜀书社 2007 年版。

53. 孙复：《孙明复小集》，文渊阁《四库全书》本。

54. 石介著：《徂徕石先生文集》，中华书局 1984 年版。

55. 孙复：《春秋尊王发微》，文渊阁《四库全书》本。

56. 赵伯雄：《春秋学史》，山东教育出版社 2004 年版。

57. 朱熹：《朱文公文集》，商务印书馆 1934 年版。

58. 黎靖德编：《朱子语类》，中华书局 1986 年版。

59. 王懋竑：《朱熹年谱》，中华书局 1998 年版。

60. 陆九渊：《陆九渊集》，中华书局 1980 年版。

61. 王守仁：《王阳明全集》，上海古籍出版社 2011 年版。

62. 司马光：《资治通鉴》，中华书局 1965 年版。

63. 蒙培元：《理学的演变》，福建人民出版社 1984 年版。

64. 侯外庐：《宋明理学史》，人民出版社 1984 年版。

65. 钱穆：《宋明理学概述》，中国文化大学出版部 1980 年版。

66. 刘复生：《北宋中期儒学复兴运动》，文津出版社 1991 年版。

67. 黄宗羲：《宋元学案》，中华书局 1986 年版。

68. 马端临著：《文献通考》，华东师范大学出版社 1985 年版。

69. 宋濂：《元史》，中华书局 1976 年版。

70. 郝经：《陵川集》，吉林出版集团 2005 年版。

71. 泰鸿昌著：《郝经传》，新华出版社 2010 年版。

72. 董小苏主编：《郝经研究集》，山西古籍出版社 1998 年版。

73. 元好问：《中州集》，中华书局 1959 年版。

74. 赵琦：《金元之际的儒士与汉文化》，人民出版社 2004 年版。

75. 张廷玉：《明史》，中华书局 1974 年版。

76. 薛瑄：《薛瑄全集》，山西人民出版社 1990 年版。

77. 赵北耀主编：《薛瑄学术思想研究论文集》，山西古籍出版社 1997 年版。

78. 李元庆：《明代理学大师——薛瑄》，山西高校联合出版社 1993 年版。

79. 黄宗羲：《明儒学案》，中华书局 2008 年版。

80. 傅山：《霜红龛集》，山西人民出版社 1985 年版。

81. 傅山：《傅山全书》，山西人民出版社 1991 年版。

82. 吴连城：《傅山荀子淮南子评注手稿》，上海古籍出版社 1990 年版。

83. 魏宗禹：《傅山评传》，南京大学出版社 1995 年版。

84. 侯文正：《傅山传》，山西古籍出版社 2002 年

85. 王夫之：《船山全书》，岳麓书社 1991 年版。

86. 葛荣晋：《明清实学史》，中国社会科学出版社 1994 年版。

87. 梁启超：《清代学术概论》，东方出版社 1996 年版。

88. 侯外庐：《中国思想史纲》，中国青年出版社 1980 年版。

89. 朱绍侯等主编：《中国古代史》，福建人民出版社 2004 年版。

90. 姜广辉：《中国经学思想史》，中国社会科学出版社 1998 年版。

91. 黄怀信、李景明：《儒家文献研究》，齐鲁书社 2004 年版。

92. 严正：《儒学本体论研究》，天津人民出版社 1997 年版。

93. 李明辉主编：《儒家经典诠释方法》，华东师范大学出版社 2008 年版。

94. 刘蔚华、赵宗正主编：《中国儒家学术思想史》，山东教育出版社 1996 年版。

95. 汤一介、李中华主编：《中国儒学史》，北京大学出版社 2011 年版。

96. 冯友兰：《中国哲学史》，中华书局 1961 年版。

97. 钱穆：《国学概论》，商务印书馆 1997 年版。

98. 韩强：《现代新儒学心性理论评述》，辽宁大学出版社 1992 年版。

99. 姜林祥：《解构与传承：孔子、儒学及其现代价值研究》，齐鲁书社 2002 年版。

100. 唐凯麟、曹刚：《重释传统——儒家思想的现代价值评估》，华东师范大学出版社 2000 年版。

后　记

　　本书为山西省教育科学"十三五"规划课题《三晋传统教育文化在大学文化建设中的价值研究》（课题编号：CH－16072）的研究成果。我本人主要致力于教育文化与教育政策研究，主持并完成了山西省教育科学"十二五"规划指令性课题：《基于地域特色的山西高等教育文化资本研究》和山西省社科联重点课题：《"山西精神"在山西高等教育组织文化中的建构研究》两项省级课题，并发表了《论大学组织文化意识形态的价值冲突及其整合》（2013 年）《论地域精神在地方性大学文化资本中的建构》（2014 年）《大学微文化资本研究》（2015 年）《基于地域文化的地方高等教育文化资本构建研究》（2016 年）等系列学术论文。《三晋儒家思想文化与价值传承研究》，就是在前期学术研究积累的基础之上撰写而成的，既是我本人对前期关于三晋思想文化研究的学术反思，更是今后深入开展三晋思想文化研究的学术尝试。

　　三晋儒家思想文化作为三晋传统文化的重要组成部分，在三晋传统文化形成和发展过程中占有十分重要的历史地位。从汉代以来，儒家在意识形态领域的独尊地位得以确立之后，儒家思想文化就演变成为封建社会文化中的主流文化，以"四书""五经"为标准的儒家经典也随着成为学校教育的主要内容，特别是在科举制度创建之后更是成为科举考试的主要内容。以儒家经典为代表的儒家思想文化，也就成为学校教育和科举考试的主要内容，并逐步发展成为我国传统教育文化的主体内容。同样，三晋儒家思想文化既是三晋思想文化的主体内容，也是三晋传统教育文化的主体内容。我们对于三晋传统教育文化的研究，就必须关注三晋儒家教育思想文化。作为三晋儒家思想文化的主体——三晋儒家学者，自然而然地就进入我们的研究视野和研究范围。以子夏、荀子、王通、柳宗元、孙复、郝经、薛瑄及傅山等为代表的三晋儒家学者，在三晋儒家思想文化从兴起与分化、独尊和变异、复兴和终结的发展历程之中，提出了一系列重要的学术命题，为三晋儒家思想文化及我国儒家思想文化的发展做出了重要的学术贡献。本书以"三晋儒家思想文化与价值传承研究"为题的学术研究，就是在对三晋儒家学者的思想文化进行梳理和分析的基础之上，剖析三晋儒家思想文化自身内涵的优秀文化因子，为当今三晋教育文化及三晋文化乃至中华文化的发展提供思想基础和文化资源。

在本书的写作过程中，特别感谢我的家人对我的学术研究工作的支持和帮助：我的父母作为我人生的坚强后盾，为我的生活和学习提供了无私的呵护和无尽的关爱，他（她）们的爱是我一生的幸福和财富；我的爱人——孙杰先生，既是我的生活伴侣又是我的工作助手，为我提供了温馨和惬意的生活环境和家庭氛围；我的女儿——孙悠然同学，在山大附小学习成绩名列前茅，是我一生的自豪和骄傲。我真心地希望，我能在所有家人的鼓励和帮助下不断取得更好的学术成果，以回报爱我的人和我爱的人！

需要特别感谢的是太原师范学院政治系，感谢它为我的学术发展创造了广阔的空间，为我提供了大量工作与学习的机会。正是因为得到同事们对我亦友亦师的鼓励、帮助和支持，《三晋儒家思想文化与价值传承研究》才能最终圆满完成并得以出版，生活在政治系这个群体之中，我感到非常愉快！同样，我还要感谢对我的学习和生活提供过帮助的所有朋友，正是因为你们的支持和厚爱，才有我今天的学术成就和学术收获。在此，向支持和关爱我的所有家人、朋友和同事，道声谢谢，感谢你们！

本书的出版是一个学术研究阶段的结束，更是一个新的学习阶段的开始。感谢翻阅此书的专家和读者，是你们赋予了本书新的价值和生命，期待你们的批评雅正！

春天是一个充满希望的季节，在一个充满希望的季节里完成书稿的撰写工作，让人对未来的学术生活充满了梦想和期望！我喜欢这样的季节，我喜欢充满梦想的未来，让我们一起拥抱春天，放飞梦想……

刘莉萍

太原师范学院政治系

2017 年 2 月 16 日